U0494914

威风化人

（2017）

——北京师范大学宣传思想工作研究

主　编：程建平

副主编：刘长旭　陈　霄

光明日报出版社

图书在版编目（CIP）数据

成风化人：北京师范大学宣传思想工作研究.2017 / 程建平主编. -- 北京：光明日报出版社，2019.11
（光明社科文库）
ISBN 978 - 7 - 5194 - 4798 - 4

Ⅰ.①成… Ⅱ.①程… Ⅲ.①北京师范大学—宣传工作—研究 Ⅳ.①G651

中国版本图书馆 CIP 数据核字（2020）第 013051 号

成风化人：北京师范大学宣传思想工作研究（2017）

CHENGFENG HUAREN：BEIJING SHIFAN DAXUE XUANCHUAN SIXIANG GONGZUO YANJIU（2017）

主　　编：程建平

责任编辑：陆希宇　　责任校对：龚彩虹
封面设计：中联学林　　特约编辑：张　山
责任印制：曹　净

出版发行：光明日报出版社
地　　址：北京市西城区永安路 106 号，100050
电　　话：010 - 63139890（咨询），010 - 63131930（邮购）
传　　真：010 - 63131930
网　　址：http：//book. gmw. cn
E - mail：luxiyu@ gmw. cn
法律顾问：北京德恒律师事务所龚柳方律师

印　　刷：三河市华东印刷有限公司
装　　订：三河市华东印刷有限公司
本书如有破损、缺页、装订错误，请与本社联系调换，电话：010 - 63131930

开　　本：170mm × 240mm
字　　数：314 千字　　印　　张：17.5
版　　次：2021 年 1 月第 1 版　　印　　次：2021 年 1 月第 1 次印刷
书　　号：ISBN 978 - 7 - 5194 - 4798 - 4

定　　价：75.00 元

序 言

党的十八大以来，宣传思想工作在全局工作中处于重要位置。党中央为此出台了一系列重大决策，实施了一系列重大举措，为开创宣传思想工作新局面指明了前进方向。作为党的宣传思想工作重要组成部分，高校宣传思想工作的开展对于其全面贯彻党的教育方针，坚持社会主义办学方向，培养中国特色社会主义事业的建设者和接班人具有重要而深远的意义，而加强和改进宣传思想工作是当前各高校面临的一项重大而紧迫的战略任务。

为进一步贯彻落实全国高校思想政治工作会议和中央31号文件精神，学校于2017年设立宣传思想工作专项课题，用以资助教师对高校宣传思想工作和思想政治工作的共性问题进行研究。一年多来，学校老师积极响应，从不同学科领域、多个审视角度深入研究学校宣传思想工作。诸多可操作性研究内容一方面探索出了学校宣传思想工作新手段、新方式，产出了一批具有代表性的优秀成果，推动了教师在理论研究中深化对教育规律、育人规律的认知，提升了学校宣传思想工作的专业化、科学化、规范化水平；另一方面也为学校贯彻落实第十三次党代会任务部署，加快“双一流”建设提供了重要参考。

该文集作为北师大教师在实际工作中不断总结实操经验、挖掘研究题材、深入理性思考的科学结晶，集中体现出老师们“抬起头能服务、沉下心能科研”的履职能力，是北师大教师投身教育事业、奉献孜孜热情立德树人的缩影，也是北师大宣传思想工作科学高效开展的智慧保障之一。党委宣传部将系列优秀成果汇编出版，则进一步推动了高校宣传思想工作理论研究成果的社会孵化，扩大了高校理论集萃的辐射范围，为弘扬北师大“学为人师 行为世范”的校训精神提供了良好平台。

目　录
CONTENTS

政治认同视域中的高校思想政治教育*

吴玉军

现代性以个体理性能力的提升为基本标志。与传统社会不同，现时代是一个反思的时代，对于已有的价值观念，个体往往予以批判性的反思和质疑，而非盲目被动地接受。大学是“科学运用理智之艺术”的学校，独立理解、自由思想的价值应该在大学教育中得到明确体现，理性、审慎能力的提升是大学教育应该坚守的品质。如何引导富有理性的、审慎的高校学生对政治理念产生认同感，并外化为自觉的行动，是新时代高校思想政治教育需要认真思考的重要课题。

使受众发自内心、心悦诚服地接受和认可宣传教育的内容，亦即引导人们产生认同感是思想政治教育的出发点和落脚点，也是判断思想政治教育工作成效的关键。在推动高校思想政治教育“进教材、进课堂、进头脑”的“三进”工作中，“进头脑”即引导学生对教育内容产生认同感，是高校思想政治教育的根本目标，也构成了“三进”工作中最为重要的环节。在经济全球化深入推进、社会生产生活方式急剧变革、社会思潮多元、信息传播方式多样化的背景下，在个体理性反思能力和批判能力不断提高的情境下，思想政治教育面临新挑战，同时也面临新机遇。新时代的思想政治教育，必须结合社会新变化因时因地因人有效推进，切实增强大学生对国家倡导的政治理念产生认同感。

---

* 作者吴玉军，北京师范大学哲学学院。

一、政治认同及其功能

在不同的场合，人们对认同（identity）一词含义的理解有所不同。有的将它理解为“归属”（belongingness），有的将其理解为“身份”。从词源上讲，Identity起源于拉丁文的idem（即相同，the same）。在哲学和逻辑学中，idem通常被译为“同一性”，表示两事物之间的相同性或同一性，或者表示同一事物在跨越时空后所表现出的一致性和连贯性。对此，洛克就指出，“我们如果把一种事物在某个时间和地点存在的情形，同其在另一种时间和地点时的情形加以比较，则我们便形成同一性（identity）和差异性（diversity）的观念。”① 具体到人的同一性，情况就复杂得多。人的同一性，不仅表现为外在形态在不同时空中的一致性，还表现为内在的统一性，即心理、意识、情感、价值观的同一。一个身处不同情境中的个体，尽管外在的现象没有出现多大变化，但由于内在状况的变化，也很难称其与原来相同。例如，心灵哲学中所探讨的“大脑移植”问题就说明了这一点。当一个人的头颅中被移植入另一个人的大脑时，从外表看这个“新人”还保持原来模样，但其精神世界已全然改变，成了另一个人。这表明，人的同一性不单单是一种物理性的、肉体的存在，也是一种精神性的存在。对内在、精神同一性的追求，也反映了人有别于动物的理想性和超越性的一面。因为，尽管人的肉体和生命是有限的，其精神追求却是无限的，有限的个体生命通过精神的提升可以获得升华，人由此获得自身的价值感和意义感。在这一意义上，人的同一性或认同具有形而上的向度。正是借助这种超越的本性，人不断朝着理想的、可能性的生活迈进，力图追求物质与精神、主观与客观、理想与现实的统一。人的同一性恰恰体现在对这种总体性自我的理解和把握当中。

自我同一性不仅作为一种事实性存在，它还是自我的辨别结果，即自我需要辨识自己究竟是否具有同一性，在什么意义上的同一性。无疑，这就落脚到归属问题。所谓归属，“是指一个存在物经由辨识自己与其他物之共同特征，从而知道自己的同类何在，肯定了自己的群体性。”② 这种辨识过程是一种确认过程，自我在与他者的比较中，发现自己的独特之处，意识到自己与其他成员的相似性和差异处，进而达到对“我是谁”的确认。因此，“认同”是对“我是

---

① 洛克．人类理解论：上［M］．北京：商务印书馆，1959：302.

② 江宜桦．自由主义、民族主义与国家认同［M］．台北：扬智文化事业股份有限公司，1998：10.

谁”这一问题的追问过程。在追问过程中，自我可以明晰自己从哪里来，现在身在何地，又将走向何处，最终明确自己的特性，发现自己属于哪个类别，不属于哪个类别，从而获得归属感。

无论是基于自我同一性的确认，还是基于归属感的寻求，认同的最终结果要归结到认同主体的价值判断上，即是否支持、赞同某种观点、立场。因此，认同感的强弱与否，与其价值体验和价值判断密切相关。

认同之于个体、群体、政府和国家都具有重要的意义。就个体层面而言，它为个人的价值判断提供了基本参照，“知道你是谁，就是在道德空间中有方向感；在道德空间中出现的问题是，什么是好的或坏的，什么是值得做和什么不值得做，什么是对你有意义的和重要的，以及什么是浅薄的和次要的。”① 也正是在这意义上，认同是行动意义的重要来源，决定了行动的方向和力量。“我们必须先知道我们是谁，然后才能知道我们的利益是什么。”② 一个人、一个群体在追问自己的身份，探寻心理的归属，寻找生存的意义时，往往最终会落实在行动之中。认同的功能在政治生活实践中表现得十分明显。政治认同是人们在政治生活中产生的感情和意识上的归属感。江姐面对敌人的严刑拷打，宁死不屈；黄继光奋不顾身、用胸膛堵枪眼；焦裕禄不顾重病缠身，带领兰考人民勇敢治沙……所有这些行为举动，与其强烈政治认同感以及由此生发出的使命感和责任心紧密相关。正是这种强烈的认同感，激发起他们无尽的热情，催生出舍生忘死的举动，迸发出巨大的力量。

认同构成政治统治合法性的基础，它为政治统治维系自身统一性和连续性提供了重要保障。政治认同的重要功能之一也体现于此。任何一种政治统治体系不可能仅仅依靠暴力来维持自身的统治，只有得到绝大多数成员的支持和认可，才能确立自己的权威，进而保证统治者和被统治者之间的良性互动。这也就是所谓的合法性问题。合法性就是指一种统治能够让被统治者认为是正当的、合乎道义的，从而使人们能够自愿服从或认可的能力与属性，它表征着被统治者对统治正当性与合理性的认可。合法性问题，归根结底是民众的认同问题。对于一种统治而言，民众能否对其产生认同感，能否认可其政治理念、政策主张，是判定其存在是否具有合法性的关键。“如果没有某种认同的基础，任何政

---

① 查尔斯·泰勒. 自我的根源：现代认同的形成［M］. 南京：译林出版社，2001：38.

② SAMUEL P, HUNTINGTON. The Erosion of American National Interest［M］//EUGENE R, WITTKOPF, JAMES M. *The Domestic Sources of American Foreign Policy*. Rowman & Littlefield Publishers, 1999: 11.

权都无法持久。”① 对于一个国家来说，如果无法使国民确立起对自己的认同感，在内从心认可自己归属这个国家，意识到自己的国民身份，国家的存在就缺乏稳固的民众心理基础，就会受到各种地方势力和宗派势力的挑战，有面临解体的可能。对于一个政党而言，如果不能通过有效的意识形态工作、良好的执政绩效、富有吸引力的政治纲领、有效的组织架构、良好的公众形象来增强自身的执政效力，使民众自觉接受其执政地位的属性，就会存在被抛弃的危险。在历史和现实中，某些国家的解体、某些政党的倒台、某些政府的解散，无不与民众对其失去认同感相关。正因如此，任何一个国家、政府，任何一个政党，都注重采取行之有效的方式提升人们对自身的认同感，唤起并维持民众对自身的合法性信仰。

一种政治统治要获得人们的认同感，需要一定的条件资源作为支撑。一般说来，这些条件资源包括绩效资源、制度资源、意识形态资源。从绩效资源来看，一种政治统治必须以实际成就、以一定的政绩证明自身具备治理能力。如此一来，其满足社会成员利益的程度就成为政治认同的逻辑起点。“为了使共同体中的成员能够认为统治者的指挥地位是具有合法性的，那么就需要这种地位明确地表现出它所具有的公共福祉的活力。”② 总的看来，政绩越高，人们的利益诉求越得到满足，其政治认同感也就越强。从制度层面看，现代政治统治注重制度设计，注重有效地处理不同主体之间的矛盾，切实保障和实现人们的各项权益，从而提升其执政理念、政策主张的吸引力。

无论是绩效资源的获得，还是制度资源的建构，都是利用看得见、摸得着的实实在在的成果来增进人们的认同。除此之外，精神层面力量的调动，也是提升政治统治合法性和增强政治认同必不可缺少的举措。意识形态工作就属于这种类型。“合理、适度的意识形态策略运用，可以为统治秩序提供一种有效的道义诠释，并通过某种程度上受控的政治社会化过程，将统治者的政治强制转化为被统治者的政治信仰和政治义务。”③ 作为政治认同的观念性资源，意识形态是指在一定的经济基础上形成的系统的思想观念，代表了特定阶级或社会集团的利益，反过来又指导该阶级或集团的行动。意识形态具有十分重要的作用，它一经创造出来，就会形成相对独立的价值体系，依靠自身的逻辑力量影响其

① 诺内特，塞尔兹尼克．转变中的法律与社会：迈向回应型法［M］．北京：中国政法大学出版社，2004：61.

② 让—马克·夸克．合法性与政治［M］．北京：中央编译出版社，2002：47.

③ 何显明．意识形态的合法性诠释功能及其限制［J］．现代哲学，2006（1）.

他价值观念系统，从而对人们的思想和行为产生重要影响。意识形态内涵特定的价值理想、理论学说和政策主张，是政治合法性的观念基础、解释性框架，具有价值导向功能，能够对多元价值观念和人们多样化的价值选择起引领作用，引导人们对主流意识形态的认认同，维护现有的社会制度和秩序。意识形态还具有凝聚功能，它通过系统性的论证证明自身的科学性和有效性，凝聚整个意识形态与全社会的价值观念体系，凝聚社会共识。总之，意识形态在政治理想、政治价值、政治态度、政治行为等方面对社会成员发挥着引导、动员、凝聚的功能，为政治统治提供论证和辩护，是凝聚人心、增强政治认同的重要方式。

作为传播主流意识形态的载体和工具，思想政治教育不仅具有传授知识，提升个体理性认知水平的功能，还肩负着受众的政治情感态度和政治价值观养成的重任。因之，传播主流意识形态和主导价值观念，引导人们对特定的政治理念的认同是思想政治教育的根本任务，如何使人们发自内心、心悦诚服地认同社会主流价值理念，是思想政治教育的出发点和落脚点，也是判断思想政治教育有效性的关键。

二、现代性语境下的政治认同困境

认同是要寻求同一性、稳定性，其目的在于给人带来安全感和稳定感，引导人们确立稳固的认同焦点，但认同问题的产生却开始于差异性、流变性和价值的断裂。当不同的意识形态和多样化的价值观念呈现在面前时，人们面临着认同的万花筒，容易失去认同焦点。认同问题的发生与非确定性密切相关，在相对孤立、繁荣和稳定的环境里，通常不会产生认同问题。“只有面临危机，身份才成为问题。那时一向被认为固定不变、连贯稳定的东西被怀疑和不确定的经历取代。”① 现代性带来流动多变、价值断裂的世界，全球化造就自我与他者之间价值观念碰撞的现实场域，恰恰是引发认同问题的重要情境。在当代中国，现代性的深入推进，全球化的深入发展，个体理性反思能力的不断提升，人们思想观念的多样性、多变性、批判性不断增强，这些使得包括高校思想政治教育在内的思想政治工作和政治认同面临新情况、新挑战。

（一）全球化造就了自我与“他者”交流交融交锋的现实场域

认同，是一种辨识的过程，即自我通过与他者的比较，力图发现自我与他者有何共同点和区分之处，进而达到对“我是谁”即自我身份的确认。因而，

① 乔治·拉伦. 意识形态与文化身份：现代性与第三世界的在场［M］. 上海：上海世纪出版集团上海教育出版社，2005：195.

认同的形成以对“他者”的看法为前提，对自我的界定总是包含对“他者”的价值、特征及其生活方式的理解。外在的“他者”构成了自我反观自身的镜子，正是由于“他者”的出现，才会引发自我对自身的反思，进而导致认同问题。

他者是一种十分独特的存在，一方面，他者是与自我不同的存在；另一方面，自我除非对他者有所了解，否则自己不会成为自己，不会获得自我意识和自我认同感。如此一来，他者是与自我密不可分的另一个自己，他者构成了自我反观自身的一面镜子，自我通过借助他者这一镜子，可以更好地辨认出自己的形象。

尽管他者作为反观自我的镜子具有重要作用，但是，对于自我而言，他者的作用往往是在否定性的意义上被接受的。自我与他者之间包含权力向度。黑格尔在《精神现象学》中关于主人—奴隶关系的分析就表明了这一点。在他看来，他者的显现对于“自我意识”的形成必不可少。主奴双方之间的行为是一场殊死搏斗，任何一方都试图消灭对方，都以对方为中介确证自己的存在。冲突的结果是强者成了主人，弱者成了奴隶。主人将他的对方放置在自己的权力支配之下，通过奴隶的加工改造间接与物发生关系，享受了物。对于主人而言，奴隶就是他者，由于他者的存在，主体的意识才得以存在，权威得以确立①。在思想文化交流中，自我与他者之间的权力博弈往往以一种或隐或现的关系内涵其中。而当一种思想文化以强大的经济和军事实力为后盾而对对方发生影响作用时更是如此。

全球化语境下不同文化、价值观念和意识形态的交流、交融和交锋，造就了自我和“他者”关联的现实场域，也为人们审视自身文化、价值观观念和意识形态提供了现实的参照系。全球化进程中处于强势地位的国家，会凭借自身经济、政治和军事优势对处于弱势地位的国家施加影响，并力图将其纳入自身发展体系之中。“全球化是一把双刃剑，它既是加快经济增长速度、传播新技术和提高富国与穷国生活水平的有效途径，也是一个侵犯国家主权、侵蚀当地文化和传统、威胁经济和社会发展的有很大争议的过程。”②

全球化背景下的本土文化与外来文化之间的矛盾，导致了认同问题的产生。联合国教科文组织、世界文化与发展委员会在其《文化多样性与人类全面发展》的报告中指出：“标准化的信息和消费模式在世界各地传播，引起人们内心的焦

---

① 黑格尔．精神现象学［M］．北京：商务印书馆，1979：127－129.

② SAMUEISON R. Globalization：Advantages and Disadvantages［J］. International Herald Tribune，January 4，2000.

虑和不安。人们开始把注意力转向自己的文化，坚持本土文化价值观，把文化作为确定自我身份的一种手段和力量之源。对于那些最贫苦无依的人们来说，他们的价值观是他们拥有的唯一财富。在这个纷繁复杂的世界上，传统价值观使他们不至于迷失自我，并赋予他们生活以切实的意义。在世界许多地区，我们都能看到一种回归传统和部族主义的倾向。……人们担心的是，在经济发展的过程中，民族身份、归属感和个人的意义正在逐渐消失。"① 在经济全球化过程中，文化身份日益受到关注，基于文化价值理念的不同而引发的矛盾和冲突也日益明显。尽管当今世界的发展并非如亨廷顿所言的文明之间剧烈的冲突，但是文化身份在塑造今天国际政治格局，引发民族国家内部矛盾等方面的力量得到日益明显的体现。

近代中国面临西方列强这一个外在的“他者”。由于双方实力差距悬殊，近代中国在与西方列强的博弈中，文化自信心明显不足，深陷文化认同、政治认同危机当中。经过新中国成立以来近 70 年的建设，特别是改革开放 40 年来的发展，我国经济总量跃升到世界第二位，综合国力、国际竞争力、国际影响力迈上了一个大台阶，国家面貌发生了历史性的变化。但是，在思想文化领域，西强我弱的格局没有从根本上改变。与我国的国际地位相比，我们的话语权和文化影响力依然薄弱；与我国的经济地位相比，我们的文化软实力有待增强；在学术领域，“目前在学术命题、学术思想、学术观点、学术标准、学术话语上的能力和水平同我国综合国力和国际地位还不太相称。”② 面对复杂而激烈的意识形态和价值观较量，中国作为社会主义国家，将长期面对西方遏制、促变的压力，意识形态领域中渗透与反渗透、分裂与反分裂、颠覆与反颠覆的斗争必将长期进行下去。面对在话语权方面居强势地位的“他者”——西方，我们迫切需要有效应对意识形态的渗透、分裂和颠覆，巩固主流意识形态的地位；迫切需要把中国故事讲好，把中国声音传播好，让世界了解和认同我们倡导的价值理念，塑造和传播社会主义中国的良好形象。在信息获取手段日益便捷的今天，各种社会思潮越来越多地进入人们的视野。高校作为人才的聚集地、知识的创新源，社会的首善之区，历来是各种社会思潮汇聚之所。在全球化的今天，我们必须高度重视多元多样的社会思潮、价值观念对价值观形成过程中的大学生的影响，有效传播社会主流意识形态和主导价值观念，摈弃不良思想观念。

---

① 联合国教科文组织，世界文化与发展委员会. 文化多样性与人类全面发展—世界文化与发展委员会报告［M］. 广州：广东人民出版社，2006：7.

② 习近平. 在哲学社会科学工作座谈会上的讲话［M］. 北京：人民出版社，2016：15.

（二）社会转型导致了差异性和多样性的扩张

认同具有“同一性”的含义，既表示两个事物之间的相同或同一，也表示同一事物在时空跨度中所体现出来的一致性和连贯性。自我“同一性”或社会“同一性”的实现，有赖自我或社会内部拥有一种主导性的因素，从而将各种差异性的力量有效统合起来。

传统社会植根于自然经济基础之上。自然经济以家庭为生产单位，规模小，分工协作程度低，产品的生产和消费基本上是为了满足生产者的自身需要，资本的积累、扩大再生产并不存在。这对传统社会的劳动产生了深刻影响，使得社会扩大再生产的源泉——剩余价值——得不到有效积累。少量剩余劳动的分配被纳入政治轨道，并被优先用于等级制度的维护以保证官僚机构的运行；豪华物品如宫殿、祠堂、庙宇、特权服饰等用于生产统治集团各个等级以保证他们的消费。与之相对应，传统自然经济条件下的精神生产也相对不够发达。精神生产领域在很大程度上是由少数人独占的。由于受社会资源匮乏的限制，识字、写作属于少数人的特权，大众教育和文化普及在古代社会中是难以想象的。劳动人民尽管在神话、传说、民间故事中创作了丰富多彩的文化，但是他们往往与科学、艺术、哲学等自觉的精神活动成果的生产、享用或消费关系不是很大。“当只有少数人有机会与能力认识文字与写作时，‘知识阶层’的文字创作——历史叙事、诗词与种种学说理论，等等——容易形成一套文化系统，这套系统有别于民间，或者所谓村落族群、乡里社会的文化形式。”① 这些由“士大夫”阶层主导的“高级”文化与在普通民众中流行的“民间文化”，二者之间形成了高低分明的等级秩序。这套“高级”文化构筑了一整套通贯宇宙和人间事物的整体性的学说，为政治统治的合法性辩护，并获得政治的强有力支持。这样，在传统社会中，经济、政治、文化、社会等各领域之间尚未分化，缺乏自主性，社会的整合依靠自上而下政治力量的强制。

与传统社会诸领域合一的状况不同，在现代社会，经济、文化、社会诸领域从政治的宰制中获得独立，各领域通过功能的分化和有机互补实现“有机团结”。在现代社会，以追求实利为导向的经济活动获得了与政治活动平等的地位，从事经济活动与从事政治活动一样，都具有同等的尊严和价值。传统社会横亘在士大夫和商贾之间的价值高低序列被打破了。不同的领域也各自有着自身追求的特定价值，在政治领域，人们追求的是“正义”，在经济领域追求的主

---

① 蔡英文. 主权国家与市民社会［M］. 北京：北京大学出版社，2006：145.

要是“公平”和“效率”，在文化领域追求的是“自由”和“个性”，等等①。每个领域追求的价值在其他领域中往往难以适用，各领域不需要也不可能接受其他领域的价值约束自身，相反，所有的需要是从自己内部生发出的具体规范。

社会诸领域的分离，各个领域不同的价值追求，使得“没有一种教条可以被无限制地提升到神圣的地位而独自整合社会秩序。政治权力的地位就像其他活动或工作的位置，是轮流更替的，它无法获得无与伦比的报酬。”② 如此一来，任何一种生活方式，任何一种价值理念，只要不违反法律规定都有其存在的意义和价值。那种力图通过自上而下强行贯彻“元叙事”获得价值共识的方式，已经不再适用于现代社会。相反，不同价值理念之间的理性交往和沟通成为现代人的选择。无疑，价值多元化为人们的价值选择提供了充分自由。但多种竞争性价值观念的存在，也使人们面临着价值认同的万花筒。认同的万花筒在客观上分散着人们价值选择的注意力，人们的文化价值认同因此也容易失去焦点。

具体而言，当代中国社会呈现出明显的“多样化”特征：经济成分和利益多样化、社会组织形式多样化、社会生活方式多样化、就业岗位和就业形式多样化。多样化的社会现实促使多样化价值观念的生成。随着经济体制的深刻变革、社会结构的深刻变动、利益格局的深刻调整，人们在思想认识上的独立性、选择性、多变性、差异性将会进一步增强，思想领域日趋多元、多样、多变，各种思潮此起彼伏，各种观念也交相杂陈，不同价值取向同时并存，彼此之间甚至发生矛盾和冲突。确立全体社会成员认同上的最大公约数，增强社会主义意识形态认同，汇集共识，有效引领和整合复杂的社会思想意识，避免因利益格局调整可能带来的思想对立与混乱，显得十分迫切。

（三）独立私人空间的存在使得价值个体化日益明显

与经济、文化不够独立相对应，在传统社会，独立的私人空间并不存在。人的一生几乎由外在的共同体事无巨细地规定好了，人的生命世界被限定在特定的群落和阶层身份范围当中。“龙生龙，凤生凤”，一个人一出生就处在特定的阶层之中，如果没有特殊意外，这种身份是伴随其生命全过程的。对于传统社会中的人们而言，这种社会性的、外加性的身份，就如同一个人的肉体生命一样自然。确定的社会身份严格规范着个体行动的点滴，“每一个人都占据分给

---

① 贺来．“道德共识”与现代社会的命运［J］．哲学研究，2001（5）．

② GELLNER E. *Conditions of Liberty：Civil Society and Its Rivals*［M］．Allen Lane，Penguin Press，1994：188．

他的位置，他必须依此行事。他所扮演的社会角色预先规定了他的行为的整个‘脚本’，很少留有独出心裁和打破常规的余地……一举一动都被赋予象征意义，必须遵守公认的格式，按照既定的形式进行。”① 个人的内在情感体验、价值追求，也无不与外在秩序保持高度一致。价值选择绝不是自由的事情，对“善”的理解也绝不可能私人化。任何游离于既定秩序之外的行为方式，都会招致怀疑和谴责。价值反思、价值批判、解构权威，这些在现代社会中常见的事情，在缺乏个性与自由的传统社会是难以被容忍的。

在现代社会，私人领域和公共领域、社会道德与个人道德区分开来。价值回答的是什么是善的问题，而规范处理的是什么是正当问题。前者属于私人领域，涉及的是个人的价值追求，而后者属于公共领域，关涉到社会规范的一致性。价值和规则、社会道德和个人道德所处理的问题不同。社会道德和规则是每个生存于社会中的个体必须履行的责任和义务，它是维系一个社会存在的基本条件，是社会所有成员必须遵守的规范。它具有类似法律规范一样的强制约束力，社会上的每个成员都可以感受到它的压力。一个个体不论具有什么样的兴趣、爱好，他都必须执行社会道德的规定，否则要受到道德舆论的谴责，甚至面临放弃作为社会成员的权利或资格。从这意义上说，隶属公共领域的社会道德，它们作为明确的规则，要排除私人性的东西。因此，公共领域追求的是“对”或“正确”，他强调的是“正当优先于善”。也就是说，当自己的宗教、道德或哲学学说与社会正义原则发生冲突的时候，普遍的正义相对于特殊的善，拥有无可争辩的优先性。这样，公共领域强调的是清晰明澈的工具理性，那些事关终极意义和关怀的东西，统统被排除其外。在现代社会，个体拥有一个不受外在专制权力干预的私人空间。这一空间构成了对外在力量“说不”的边界。外在的力量，包括来自其他个体、国家和社会的力量，可以无限制地朝这一边界靠近，但绝不能逾越该边界，否则就对个人自由构成侵犯。如此一来，公共权力对私人生活全盘控制的可能性消失了，个人自由与国家权力之间具有相对清晰的界限，公权的运作受到法律的严格限制，任何人也不能借公共利益之名侵犯他人的自由。

相比起公共领域的开放性，私人领域是一个隐蔽的场所，它不为社会所有人共享，具有高度的私人性。隶属于这一领域的个人道德，“是在满足社会道德要求或不违反社会道德规定的条件下，经由自我选择的个人特殊的生命理想，

---

① 伊·谢·科恩. 自我论：个人与个人自我意识［M］. 北京：生活·读书·新知三联书店，1986：129.

所构成的道德自我期许和自我约束，这部分的道德原则由于是自我设定的，所以不能普遍地适用于每一个人；换句话说，任何个人都可以选择自己独特的道德理想，所以他的道德标准不必然为其他人所共享。"① 相对于义务和责任的普遍强制性，一个美好的社会所展现出来的德行，亦即个人道德，基本上取决于个体的自我选择。相比起对的原则（principles of right）不能任由个人选择而为社会强行要求而言，善的观念（conceptions of the good）是私人的，现实中的每个个体在按照自己的理解追求自己的善的观念。因此，在遵循社会道德，遵从公共领域中的善的前提下，私人领域的个人道德表现出极大不同，也没有一个可以衡量的公共标准。私人空间的存在，使得价值、信仰成为个人的事情。从个体的角度对价值作出富有个性化的理解和诠释，成为现代社会的一个显见事实。

（四）现代性语境下个体反思能力的不断增强

价值多元化和价值个体化意味着价值怀疑在现代社会成为常态。当已有的价值观念被置于理性法庭面前时，就成为了自我批判、质疑和解构的对象。从某种意义上说，现时代是一个缺少价值权威的时代。在传统社会，已有的风俗习惯、传统观念在人们的头脑中占有重要地位，通过潜移默化的熏陶，这些价值观念自然而然地渗透到人们的头脑中。同时，价值权威的确立通常离不开"克里斯玛型"的人物。"这些伟大的先知以他们非凡的人格力量与深邃智慧，把人类的基本价值和文化的早期积累凝结为系统的文献形式，取得了经典的意义。"② 与普通民众相比，这些先知具有神圣性、神秘感，他们拥有一般人难以企及的洞察力和至高的道德水准。这些伟大的先知经过后人的膜拜，披上了一层又一层既神秘又神圣的面纱，他们的话语、训诫和作品经过后人一遍又一遍的解读获得了经典的权威性。

与之形成鲜明对照，现代化的过程是个体理性反思能力不断提升的过程。现代性意味着个体独立意识的产生和发展。现代性拥有一个强烈的信念：不要成为过去的奴隶，不要为过去所累赘，不要盲从任何权威。"要有勇气运用你自己的理智""脱离自己所加之于自己的不成熟状态"③，构成了现代性的最强音。现代性就是力图消除束缚个体理性和个体自由的枷锁，使自我真正成为自我规定、自我存在和自我发展的存在者。在现代社会，任何制度设计、任何意识形

① 林火旺. 正义与公民［M］. 长春：吉林出版集团有限责任公司，2008：96.

② 陈来. 价值·权威·传统与中国哲学［J］. 哲学研究，1989（10）.

③ 康德. 历史理性批判文集［M］. 北京：商务印书馆，1990：22.

态，都需要经受住理性法庭的检验才能获得合法性。一种意识形态，如果理论完备性不够，如果与人们的实际感受不符，如果经不起个体理性的检验，就会面临被抛弃的危险。

三、高校思想政治教育中政治认同的达成

价值权威受到质疑的时代需要我们重塑价值权威，价值认同和政治认同受削弱的现实迫切需要我们确立认同。时代的变化要求我们的不是削弱政治认同，而是需要以适应时代要求的新方式方法增进政治认同。一方面我们需要认识到，共识是稳定的基础，没有一定的认同，社会稳定就难以实现。价值多元化，各种“合乎理性的完备性”思想观念的存在，并不表明现代社会是一个复杂多变的、偶然的社会。现代社会需要采取理性的方式探求社会整合的有效途径，使得每个公民在充分享受自由权利的同时，获得稳定感和安全感。另一方面，我们也需要充分认识到思想政治教育开展的现代性语境。现时代是个体理性反思能力高度提升的时代，现时代的思想政治教育不能采用简单灌输的方式；相反，需要充分尊重每个人的理性反思能力，允许、鼓励人们对相关的价值观念，甚至是冲突的价值观念予以充分理解和分析，在此基础上做出反思性的批判和选择。价值选择是人的自由，保持价值观念的多样化是人们获得这一自由的前提。在不违背法律，保证社会秩序的前提下，要让不同的观念都有展示自己的机会，让不同的观念保持理性的对话和沟通。

基于这一理解，我们认为：第一，传播主流意识形态和主导价值观念是思想政治教育的应有之义。教育与价值观紧密相关，任何教育都不同程度地具有价值渗透和价值追求，那种所谓纯粹客观中立的知识讲授是不可能的。“学校无论使用旧方法还是使用新方法，都旨在强迫学生接受适量的、统治意识形态隐匿其中的‘专门知识’，（法文、算术、博物学、科学知识和文学），或者干脆就是提纯的统治意识形态（伦理学、公民教育和哲学）。”① 以所谓的国家中立原则来对意识形态教育的合法性提出质疑是不成立的。国家中立原则是自由主义的一项基本原则，这一原则要求“必须在什么可以被称为好的生活的问题上，或在什么能使生活具有价值的问题上保持中立。”② 也就是说，在涉及人们关于不同的善的理解和追求时，政府必须保持中立，对于何种生活方式更有意义和

---

① 路易·阿尔都塞．意识形态和意识形态国家机器［J］．当代电影，1987（3）．

② DWORKIN R. *A Matter of Principle* ［M］. Cambridge: Harvard University Press, 1985: 191.

价值不作评价。自由主义担心的是，如果在事关终极问题上作价值观高低的排序，会引发公共领域的持续动荡，政体将被派别纷争和仇恨所危及。尽管自由主义的这一顾虑不无道理，但这不能构成质疑传播主导价值观和确立主流意识形态的理由。教育旨在解决把人培养成什么样的人的问题，即引导人们认同什么样的文化、价值观念，具有怎样的行为方式。实际上，任何一个国家采取特定的方式进行思想政治教育，尽管一些国家不冠之以思想政治教育的称谓。现代国家承担着传播主流意识形态的职责，在思想政治教育的过程中，我们除了对各种思想流派予以客观地讲解和分析外，还需要对人们进行有效的价值引导。对一些特定的价值观念予以阐述是一项基础性工作，但不是工作的全部。思想政治教育工作者还需要对价值观念的优劣做出评判。那种认为价值教育的“主要任务不是认同和传授‘正确’的价值观，而在于帮助学生澄清其自身的价值观”① 的观点是不成立的。思想政治教育有其鲜明的政治立场和政治导向，对于何谓正确、何谓错误，哪些观点应该坚持和倡导，哪些观点应该摒弃和抵制，立场必须清楚。

在高校思想政治教育中，一方面应该让学生对不同的思潮予以了解，这是培养和锻造其基本价值品格的前提。但是，仅仅对这些思潮加以理解是不够的，还需要引导学生对这些思潮做出理性的反思批判。在此，牢牢掌握话语的主动权不是一句简单的口号，而是实实在在的行动。“国家身份是以特定的叙事手段制造出来的。”② 在认同的建构过程中，话语作为特定的叙事方式发挥着重要作用。众所周知，话语不是中立的，相反，它与权力紧密结合在一起。在任何社会，话语一旦产生，就受到若干程序的控制、筛选、组织和再分配。没有纯粹的、不计功利的话语，存在的只是权力制约下的话语，在一定条件下，话语本身可以转化为权力。要重视话语的规范、选择、过滤功能。在国民教育中，国家凭借强大的力量，对课程内容进行特定的选择和编排，以确定哪些内容可以进入教科书，编排的顺序如何，叙述方式怎样。也正因如此，世界各国特别是多民族国家的教科书中，强调各族群和平共处、维护国家领土完整和统一的事实和人物占主导地位，而那些鼓吹民族分裂的人物要么不进入教科书之中，要么纳入教科书后被列为批判的对象。“在绝大多数情况下，认同都是建构起来的

① RATHS, L E, HARMIN, et al. *Value and Teaching: Working With Rules in the Classroom* [M]. Columbus, Ohio: Merrill, 1978: 8-9.

② S HALL, D HELD. *Tony McGrew. Modernity and Its Futures* [M]. The United Kingdom: Polity Press, 1992: 4.

概念。人们是在程度不等的压力、诱因和自由选择的情况下，决定自己的认同。”① 在建构认同特别是政治认同的过程中，国家必须牢牢把握议题设置权、话语主导权，必须掌握好政治导向，这一点毋庸置疑，在思想政治教育中更是如此。

第二，政治价值引导是教师的天职。教师不仅是知识的传播者、智慧的启发者，更是精神的熏陶者、人格的影响者和特定价值观的体现者。众所周知，教师职业的主要任务是教学。在英语词典中，“teaching”（教学）的解释义是“pedagogy”。而“pedagogy”这个词语来源于拉丁语“pedagogue”，其本意指的是担任监护任务的奴隶或者卫士，其主要职责是指引（agogos）孩子（daides）去上学。从这个意义上讲，教师就是学生的引路人。“带路确实是一项非常重要的任务和职责，带路人必须将孩子带好，要明确你要将他们带到何地，要承担有可能会误人子弟的精神重负。”② 正因为教师承担着为学生引领方向的重任，柏拉图指出，“教育乃是从小在学校里接受善，使之抱着热情而又坚定的信念去成为一个完善的公民，既懂得如何行使又懂得如何服从正义的统治。”③ 在此，柏拉图强调了教育过程中善的养成、灵魂塑造的重要性。

作为学生社会化过程中的引领者，教师的言行对学生政治理想的引导、价值观的塑造、道德观念的形成产生重要影响。在价值多元的现代社会，引导学生形成正确的政治观和价值观，更是教师不可推卸的责任。教师需要把握价值引领的正确方向。课堂，不是任意发牢骚的场所，不是演说家随意演说的舞台。从某种意义上说，教师和学生的知识是不对称的，教师在自己的专长领域中拥有更多的知识，如果教师出于某种目的而刻意讲授某种不合适的观念，学生是难以对其做出有力的反驳的。也正因如此，对于教师而言，“如果他不尽教师的职责，用自己的知识和科研经验去帮助学生，而是趁机渔利，向他们兜售自己的政治见解，我以为这是一种不负责任的做法。”④ 坚持正确政治方向，遵守宣传纪律，站稳政治立场，是一名合格教师应该具备的基本素养。

第三，增强理论的说服力。“理论只要说服人［ad hominem］，就能掌握群众；而理论只要彻底，就能说服人。所谓彻底，就是抓住事物的根本。”⑤ 一种

---

① 塞纽尔·亨廷顿．我们是谁：美国国家特征面临的挑战［M］．北京：新华出版社，2005：21．

② 曹永国，母小勇．什么是教师：一个始源上的疏证［J］．教师教育研究，2012（2）．

③ 柏拉图．柏拉图全集：第三卷［M］．北京：人民出版社，2003：389．

④ 马克斯·韦伯．学术与政治［M］．北京：生活·读书·新知三联书店，2005：38．

⑤ 马克思，恩格斯．马克思恩格斯选集：第一卷［M］．北京：人民出版社，1995：9．

理论体系能否打动人，关键在于它是否科学、逻辑是否严密，论证是否透彻，能否经得起理论的质疑和实践的检验。

理论要富有说服力，首先要逻辑自洽。逻辑自洽性体现为理论体系的“若干个基本假设之间，基本假设和由这些基本假设逻辑地导出的一系列结论之间，各个结论之间必须是相容的，不是相互矛盾的。”① 逻辑的自洽性不是静止的，而是动态的，它要根据实践的需要不断进行自我调整，以便使理论体系能够有效地适应变化了的现实。也就是说，意识形态的有效性表现为它不是封闭的教条，而是开放的理论体系，具有理论弹性和现实适应性。“我们的理论是发展着的理论，而不是必须背得烂熟并机械地加以重复的教条。”② 一个不能接受新思想新观念、不能进行自我反思自我批判的理论体系，将会在自我封闭、故步自封中失去生机和活力，最终被人们淘汰。思想政治教育要富有说服力，需要对现实保持高度敏感性。问题是时代的声音。一个落后现实乃至违背现实的理论体系，不仅不能发挥理论的先导作用；相反，会阻碍现实的发展。当代中国社会正发生着巨大变化，当代中国人的生产生活方式、思想观念在经历着巨大的变革。时代在发展，理论需要不断创新，高校的思想政治工作必须正视和有效回答面临的时代问题。只有以创新的理论为支撑的思想政治工作，才具有真正的生命力。高校思想政治教育工作者必须提高自身对现实问题的敏感性，提高对问题的应答能力。只有直面问题、分析问题、抓住事物根本、作出科学回答的理论，才具有活力，才能够获得学生的认同。

思想政治教育要富有说服力，还需要具备自我反思、自我批判的精神和勇气。马克思主义指出，“新思潮的优点又恰恰在于我们不想教条式地预期未来，而只是想通过批判旧世界发现新世界。”③ 在马克思主义看来，自我批判与革新是批判者应该具有的品质，理论研究者必须具有不惧怕对自身理论进行革新和批判的勇气。“如果我们的任务不是构想未来并使它适合于任何时候，我们便会更明确地知道，我们现在应该做些什么，我指的就是要对现在的一切进行无情的批判，所谓无情，就是说，这种批判既不怕自己所作的结论，也不怕同现有各种势力发生冲突。”④ 在思想政治教育工作中，我们必须坚持马克思主义的基本立场、基本观点，与此同时，我们也应该对自我进行建设性的反思和批判。

---

① 陈殿林．论社会主义核心价值体系的自洽性［J］．长江论坛，2007（3）．
② 马克思恩格斯选集：第四卷［M］．北京：人民出版社，1995：681．
③ 马克思恩格斯全集：第四十七卷［M］．北京：人民出版社，2004：64．
④ 马克思恩格斯全集：第四十七卷［M］．北京：人民出版社，2004：64．

“我们过去往往批判别人，而对自己的不足反而忽视或遮掩，这不仅使我们的理论丧失了解决问题的穿透力，而且也使公信力受损。实际上，只有以自我批判的态度，才能真正重建建设性批判，才能避免破坏性的外在的批判。”①

第四，提升思想政治教育的感召力。思想政治教育工作的效果与受众的切身感受紧密相关，受众的切身感受是意识形态合法性与否的最根本评判标准。因而意识形态的合理性一方面体现为自身论证的逻辑自洽性，同时“这种自洽的论证和说明必须与多数个体对世界的经验和感觉相符合。”② 民众的感受既有精神层面的感受，也有物质层面的感受。在思想政治工作中，对于这两种感受要同时兼顾。就第一个层面而言，要考虑受众的认知状况和心理体验。思想政治工作需要对受众释疑解惑。习近平总书记指出：“凡是广大干部群众普遍关注的深层次问题，都要从历史和现实、理论和实践的结合上作出令人信服的回答。”③ 思想政治工作者必须对关涉意识形态稳定和发展的重大理论和现实问题作出有效的回答。

政治认同是立足一定物质条件基础上的引导、动员、强化，否则，宣传教育会流于空洞的口号，其成效将大打折扣。在现实生活中，人们对一种政治统治是否认同，与它能否实现人们的权利、保障人们的权利密切相关。保障和实现公民的基本权利，是现代政治的基本要求。现代政府必须保护人们的合法权利不受侵犯，需要采取切实有效的行动提升人们的福祉。为此，国家需要推进法治，保障个体的自由权利；不断完善各项民主制度，满足人们的政治参与诉求；创造公正的环境，确保人人平等；建立健全社会保障制度，为人们的生存和发展提供良好的条件。只有在国家利益与个体利益之间找到恰当的结合点，使人们切实感受到国家给予自己的福祉，才能够使人们对其产生高度认同感。因此，在高校思想政治工作中，必须关注学生们的切身感受，着力解决其面临的实际问题。要将解决实际问题同解决思想问题结合起来，着力解决学生最关心、最直接、最突出的问题，要及时有效地解决他们学习上的困难、思想上的困惑、生活中的困窘、就业中的迷茫等问题。只有将这些具体工作切实做好、做细，才能真正做到以情感人。

第五，不同思想观念保持理性的交流和沟通。认同是一个关系性概念而非实体性概念，认同感是在自我与他者互动中形成的。“我们总是在与一些重要的

---

① 韩震．如何彰显马克思主义的魅力［N］．北京日报，2015－11－02．

② 沈湘平．与时俱进地建构党的先进意识形态［J］．中国特色社会主义研究，2005（5）．

③ 习近平．在全国党校工作会议上的讲话［J］．求是，2016（9）．

他人想在我们身上找出的同一特性的对话中，有时是在与它们的斗争中，来定义我们的同一性。”① 诠释一个人的认同或身份，就必须建立在对他与他者之间的异同性的辨识基础上。对某种价值理念的认同，同样也离不开对差异性的价值理念的理解分析，离不开不同价值理念之间的互动。

在价值多元的时代，人们在很多问题上不可能取得绝对同一的看法，对于同一问题，每个人会从不同的角度生发出自己的看法，这些看法之间很可能存在冲突。不同的价值观念也都有着数量不等的受众，都程度不同地得到受众的支持。为此，应当遵循平等、真诚、宽容原则，营造出宽松的舆论氛围，容许不同的声音存在，使每个人在法律允许的范围内自由地表达自己的观点；要包容差异，每一种价值观念，只要没有触犯法律，都有存在的权利，都有展示自身的机会。也正因如此，在价值多元化、信息获取便捷化的新时代，思想政治教育不能对某些价值观念、社会思潮进行简单地围堵，不对简单的意识形态的强行灌输。围堵、填鸭式的灌输解决不了问题，透彻的说理和论证才能从根本上说服人。一种理论体系能否打动人，前提是它是否科学，逻辑是否严密，说理是否透彻。在这一意义上，政治认同的取得，取决于能否进行好的论证，从理论上作出令人信服的说明。高校是学术研究重镇，高校师生具有较高的理论水准，具有相对较强的理论反思能力和批判能力。思想政治课教师必须提高自身的理论水平，教师必须要对现实棘手问题作出令学生信服的回答，才能使他们心悦诚服地接受和认可。为此，切实加强学术研究，对相关重大而又复杂的理论问题进行深入分析考察，作出令人信服的论证和回答，是高校思想政治教育必备的功课。高校思想政治教育应当有很强的理论含金量，高校思想政治教师绝不是传声筒或复读机；相反，他们需要以深厚的理论研究为后盾，对国家政治生活基本要义作理性的理解和把握，引导学生以正确的方法和理性的态度触摸社会的政治脉搏，进而培养他们独立的辨析能力、理性爱国的精神以及对社会责任的担当。

第六，重视个体理性反思能力，增强反思性认同。在认同的建构中，认同主体不是被动的，而是主动的、有选择性的。个体理性反思能力的提升是现代性的突出标志。任何政治社会制度的设计，只有经得起个体理性法庭的审视才能获得合法性。社会良性运行，需要公民既维护自己的权利，又承担责任义务；既保护好私人空间，又有公共意识和公共精神；既遵守社会的基本规范，又对社会保有批判和反思的精神。所有这些，都需要富有理性审慎能力的现代公民

---

① 查尔斯·泰勒. 现代性之隐忧［M］. 北京：中央编译出版社，2001：38.

的出现。思想政治教育教学要传播主流意识形态，确立主导价值观念，但这一过程应该是批判性、反思性的，学生不应该是被动的、被强行灌输的。大学是“科学运用理智之艺术”（费希特语）的学校，独立理解、自由思想的价值应该在大学教育中得到明确体现，理性、审慎能力的提升是大学教育应该坚守的品质。

为此，在思想政治课教学中，教师应尽量创设开放性的情景、开放性的题目供学生思考，引导他们从不用的角度审视问题。理论讲授要有层次性，防止“幼儿教育的成人化”“成人教育的幼儿化”。不能用抽象的语言给低龄儿童讲授深奥道理，用常识性的东西给理论层次高的大学生讲授本应在幼儿阶段讲授的简单问题。思想政治教育要尊重学生的身心发展规律，对于不同年龄阶段的学生在讲授内容、讲授方法上一定要有差别、有侧重。中学、大学、研究生各阶段的思想政治教育需要有效衔接，教育内容在广度上要不断拓展，在深度上要不断提升，与学生不断扩展的生活、不断增长的知识、不断提升的理论水平和认知能力相契合，从而使各个阶段的思想政治课都富有新颖性和启发性，使学生充满好奇心。我们需要认识到，大学阶段是一个人理性反思能力较强，并且也需要进一步提高的阶段，高校思想政治教育应该立足学生的这一最大实际，将学生的理性反思能力和批判能力提升到新的水平，使他们的认同感建立在理性的、审慎的基础之上。这是现代思想政治教育的要求，更是当代大学思想政治教育的需要。

习近平关于青年大学生思想政治教育重要论述研究*

应中正　宋健　丁凌　刘梦然

习近平关于青年大学生思想政治教育的重要论述，是加强和改进大学生思想政治工作的根本遵循。本课题对十八大以来习近平关于青年大学生思想政治教育重要论述进行了系统梳理，就相关文献资料作了基于ROST文本挖掘软件的词频分析，阐述了习近平关于青年大学生思想政治教育重要论述对改进和加强大学生思想政治教育工作的指导作用，并提出用习近平新时代中国特色社会主义思想指引青年大学生勇做新时代的弄潮儿。

学习、宣传、贯彻十九大精神和习近平新时代中国特色社会主义思想，推进习近平新时代中国特色社会主义思想进校园、进课堂、进头脑，是当前和今后一段时间高校的首要政治任务。习近平关于青年大学生思想政治教育的重要论述，是习近平新时代中国特色社会主义思想的重要部分，是我们党对大学生思想政治工作经验的新凝练，是对大学生思想政治工作规律的新认识，是对做好新形势下大学生思想政治工作的新要求，是加强和改进大学生思想政治工作的根本遵循。

一、新时代习近平关于青年大学生思想政治教育重要论述是习近平新时代中国特色社会主义思想的重要组成部分

党的十九大把习近平新时代中国特色社会主义思想确立为我们党必须长期坚持的指导思想。新时代习近平关于青年大学生思想政治教育的重要论述，是

---

* 作者应中正，宋健，丁凌，刘梦然，北京师范大学。

习近平新时代中国特色社会主义思想的重要组成部分，是加强和改进大学生思想政治工作的根本遵循。

（一）要深刻认识习近平新时代中国特色社会主义思想具有的重大理论意义和实践意义

中国特色社会主义进入了新时代，这是我国发展新的历史方位，形成了新时代思想政治教育创新发展的时代要求。十八大以来，以习近平同志为核心的党中央坚持以马克思列宁主义、毛泽东思想、邓小平理论、"三个代表"重要思想、科学发展观为指导，坚持解放思想、实事求是、与时俱进、求真务实，坚持辩证唯物主义和历史唯物主义，紧密结合新的时代条件和实践要求，以全新的视野深化对共产党执政规律、社会主义建设规律、人类社会发展规律的认识，进行艰辛理论探索，取得重大理论创新成果，创立了习近平新时代中国特色社会主义思想。刘云山指出："习近平总书记所作的党的十九大报告把十八大以来党的理论创新成果概括为新时代中国特色社会主义思想，党的十九大通过的党章修正案把习近平新时代中国特色社会主义思想确立为我们党的行动指南，实现了党的指导思想的又一次与时俱进。"①

习近平新时代中国特色社会主义思想深刻回答了坚持和发展什么样的中国特色社会主义这个时代课题。对怎样坚持和发展中国特色社会主义，习近平总书记以一系列战略性、前瞻性、创造性的观点，深刻回答了新时代坚持和发展中国特色社会主义的总目标、总任务、总体布局、战略布局和发展方向、发展方式、发展动力、战略步骤、外部条件、政治保证等基本问题。这些思想观点，在理论上有重大突破、重大创新、重大发展，深刻揭示了新时代中国特色社会主义的本质特征、发展规律和建设路径，为在新的时代条件下坚持和发展中国特色社会主义提供了科学的理论指引。习近平新时代中国特色社会主义思想是中国特色社会主义理论体系的最新成果，是马克思主义在当代中国的新发展。深入学习贯彻习近平新时代中国特色社会主义思想，对于凝聚全党全国各族人民的思想共识和智慧力量，决胜全面建成小康社会，夺取新时代中国特色社会主义伟大胜利，实现中华民族伟大复兴的中国梦，具有重大现实意义和深远历史意义。

（二）要深刻认识到习近平关于青年大学生思想政治教育的系列论述是习近平新时代中国特色社会主义思想的重要组成部分

青年是祖国的未来、民族的希望，青年中的先进分子是党的事业的接班人。

① 党的十九大报告辅导读本［M］．北京：人民出版社，2017：1.

习近平总书记高度重视青年大学生思想政治工作，习近平总书记关于青年大学生思想政治工作的重要论述把握共产党执政规律，着眼于巩固和扩大党执政的青年群众基础，深刻阐述了当代青年在时代发展中的重要作用，是习近平新时代中国特色社会主义思想的重要组成部分。

习近平总书记在庆祝中国共产党成立95周年大会上的讲话中强调："青年是祖国的未来、民族的希望，也是我们党的未来和希望。"① 他在北京大学师生座谈会上的讲话中指出："青年是标志时代的最灵敏的晴雨表，时代的责任赋予青年，时代的光荣属于青年。"② 他在同各界优秀青年代表座谈时指出："展望未来，我国青年一代必将大有可为，也必将大有作为。这是'长江后浪推前浪'的历史规律，也是'一代更比一代强'的青春责任。广大青年要勇敢肩负起时代赋予的重任，志存高远，脚踏实地，努力在实现中华民族伟大复兴的中国梦的生动实践中放飞青春梦想。"③ 当今中国最鲜明的时代主题，就是实现"两个一百年"奋斗目标、实现中华民族伟大复兴的中国梦。

（三）要深刻认识到习近平关于青年学生思想政治工作的重要论述是加强和改进大学生思想政治工作的根本遵循

习近平关于思想政治工作的思想有一个从萌芽到全面勾勒，到路径拓展，再到具体领域深化的发展过程。新时代以来，习近平总书记从坚持和发展中国特色社会主义、实现中华民族伟大复兴中国梦的全局高度，从国家长治久安、党长期执政的战略高度，对青年学生成长成才提出了一系列富有创见的新思想、新观点、新论断、新要求，深刻回答了"培养什么样的人、如何培养人、为谁培养人""如何认识青年学生、如何教育引领青年学生、如何发挥青年学生作用"等一系列重大问题，形成了思想深邃、内涵丰富、科学完整的思想理论体系，是对中国特色社会主义教育理论的进一步丰富和发展。习近平总书记关于青年学生思想政治教育的系列论述，强调青年大学生要树立远大理想信念，要培育和弘扬社会主义核心价值观，正确认识世界和中国发展大势，正确认识中国特色和国际比较，正确认识时代责任和历史使命，正确认识远大抱负和脚踏实地，掌握扎实学识，培养创新精神，提升实践能力，在实现中国梦的生动实践中放飞青春梦想。

---

① 习近平．在庆祝中国共产党成立九十五周年大会上的讲话［M］．北京：人民出版社，2016：27.

② 习近平．习近平谈治国理政：第一卷［M］．北京：外文出版社，2018：167.

③ 习近平．习近平谈治国理政：第一卷［M］．北京：外文出版社，2018：50.

习近平总书记关于青年大学生思想政治教育的重要论述，是我们党对青年大学生思想政治工作经验的新凝练，对大学生思想政治工作规律的新认识，对做好新形势下大学生思想政治工作的新要求，具有丰富的思想性、理论性。习近平新时代青年大学生思想政治教育思想，是习近平新时代中国特色社会主义思想的重要组成部分，为加强和改进当前大学生思想政治工作提供了理论指导和根本遵循。

二、新时代习近平关于青年大学生思想政治教育重要论述的文献查询和基于 ROST 文本挖掘软件分析

课题组通过查询《习近平谈治国理政（一、二卷）》《人民日报》《求是》、新华社、中央电视台等中央权威媒体报道等公开资料，检索“学习路上”习近平总书记系列重要讲话大型网络数据库、习近平系列重要讲话数据库等网络专题数据库，对习近平总书记系列讲话原文进行了收集、汇总、整理和分析。

在对习近平总书记有关青年大学生思想政治教育的讲话内容收集整理的基础上，本研究运用 ROST－CM 文本内容分析法对现有资料进行梳理和辨析。本研究以从 2012 年 11 月 15 日到 2018 年 5 月 4 日习近平总书记在各类场合发表的公开讲话原文和在各类报刊的公开发表文章为基础，将近 95 万字的有效文本导入 ROST 文本内容挖掘软件中，通过软件的分词功能和关键词语频率分析两个模块，过滤与青年学生成长成才以及高校思想政治教育无关的内容，最终选取频率最高的44 个关键词语作为本研究的高频特征词表及其频次（表1），并绘出云图（图1），后通过社会网络分析模块构建矩阵（图2）。

表 1　高频特征词及词频表

序号	关键词	词频	序号	关键词	词频
1	中国	829	9	理想信念	134
2	发展	549	10	思想	126
3	青年	313	11	知识	113
4	社会主义	204	12	实践	108
5	创新	188	13	学生	105
6	中国梦	177	14	价值观	101
7	中华民族	155	15	青春	98
8	理想	146	16	信念	98

续表

序号	关键词	词频	序号	关键词	词频
17	社会主义核心价值观	93	32	梦想	59
18	高校	88	33	战略	58
19	弘扬	86	34	道德	55
20	培育	83	35	创造	55
21	自信	77	36	力量	54
22	贡献	71	37	理论	51
23	奋斗	71	38	挑战	46
24	科学	69	39	崇高	45
25	培养	65	40	党员	45
26	学习	65	41	使命	44
27	文化	64	42	平等	43
28	革命	63	43	青少年	42
29	开放	63	44	思想政治	40
30	科技	61	45	人生	40
31	复兴	59			

图1　高频特征词标签云图

分析发现，高频特征词汇主要集中于中国梦、理想信念、教育、社会主义核心价值观、知识学习、实践、文化、创新创业、心态、意志、道德和法治等十个方面。其中，中国、青年、中国梦、理想信念、价值观、实践、创新提及

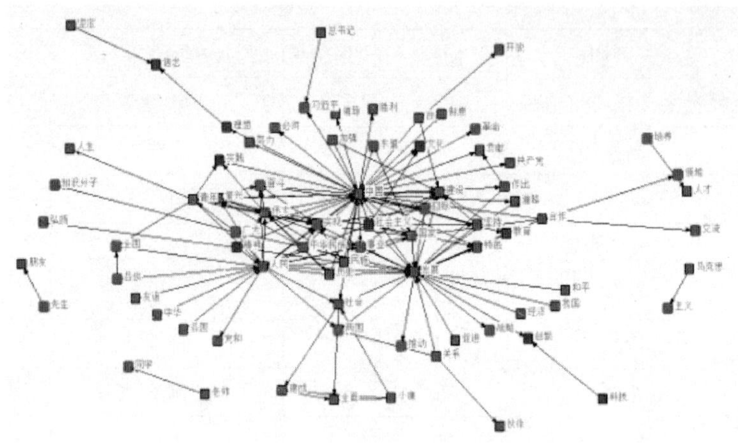

图 2　文本内容社会网络矩阵图

率较高，可见习近平总书记近几年来多注重对青年崇高理想的树立和思想信念的引导，表现出对当代我国青年寄予的亲切期望。其次，自信、知识、文化等内容也多次被提及，习近平总书记希望广大青年树立自信，努力学习科技文化知识，不断寻求真理，在实现中国梦的伟大实践中实现自我理想。由高频特征词统计结果可以看出，习近平总书记对于当代青年成长成才以及思想政治教育的重视，将青年成长发展与国家实现伟大复兴紧密相连。

课题组根据词频分析以及大学生思想政治教育实践，将所有讲话原文或文章的摘录按照十个主题进行了分类摘录，十个主题分别是中国梦、理想信念、培育和弘扬社会主义核心价值观、勤奋学习、实践育人、文化育人、创新创业、平和心态、意志品质、德法兼修。摘录完成后，每个主题按照讲话原文摘要、讲话背景、内容解读等方面进行了扩展式的学习与解读。其中，原文摘要是将讲话中与青年相关的部分连同有关联的上下文进行摘录，讲话背景是针对整个讲话的时间、地点、内容、主要观点和活动意义的介绍，内容解读是对历次讲话或文章中与青年相关的重要观点的内容与意义解读。

在思想政治教育内容整理的基础上，最后提出要深入研究习近平关于青年大学生思想政治教育系列重要论述对改进和加强大学生思想政治教育工作的指导作用：（一）我国青年大学生思想政治教育要始终把坚持社会主义方向作为政治要求，始终坚持马克思主义的指导思想；（二）我国青年大学生思想政治教育要始终坚持以人为本的工作理念，始终坚持把立德树人作为根本任务，围绕学生、关照学生、服务学生；（三）我国青年大学生思想政治教育要始终把坚持改革创新作为发展动力，要因事而化、因时而进、因势而新；（四）我国青年大学生思想政治教育要始终遵循思想政治工作规律，遵循教书育人规律，遵循学生成长规律；（五）我国青年大学生思想政治教育要始终坚持党的领导。

三、新时代习近平关于青年大学生思想政治教育重要论述的主要内容

习近平总书记关于青年大学生思想政治教育的重要论述是一个完整的科学体系，内容涉及中国梦、理想信念、社会主义核心价值观、专业知识学习、社会实践、创新创业等各个方面。

（一）关于"中国梦"

用"中国梦"来描述当代中国人的精神追求，是新时代以来以习近平同志为核心的党中央创造性提出的新概念。2012 年 11 月 29 日，习近平总书记在参观《复兴之路》展览的讲话中，他把近现代以来一代又一代中华民族优秀儿女梦寐以求的、中华民族伟大复兴的梦想，用"中国梦"这个十分简洁的名词进行概括，明确提出了"中国梦"的概念并赋予其新的注解。他说："现在，大家都在讨论中国梦，我以为，实现中华民族伟大复兴，就是中华民族近代以来最伟大的梦想。"① "中国梦"凝聚了几代中国人的夙愿，体现了中华民族和中国人民的整体利益，是每一个中华儿女的共同期盼。"中国梦"的提出，使广大群众有了易于表述的日常生活的语言，把个人发展与国家发展结合起来，用老百姓易懂、易接受的语言来说明中国特色社会主义奋斗目标。此后，他又在国内外多个重要场合，对中国梦进行了深刻阐述，特别勉励广大青年，要牢固树立中国梦，在实现中华民族伟大复兴的中国梦的生动实践中放飞青春梦想。

习近平总书记在 2013 年五四青年节同各界优秀青年代表座谈时的讲话中深入阐述了中国梦以及中国梦与青年的关系。他指出：中国梦是历史的、现实的，也是未来的；中国梦是国家的、民族的，也是每一个中国人的；中国梦是我们的，更是你们青年一代的。他强调：现在，我们比历史上任何时期都更接近实现中华民族伟大复兴的目标，比历史上任何时期都更有信心、更有能力实现这个目标，中华民族伟大复兴终将在广大青年的接力奋斗中变为现实。他勉励广大青年：行百里者半九十，距离实现中华民族伟大复兴的目标越近，我们越不能懈怠，越要加倍努力，越要动员广大青年为之奋斗；展望未来，我国青年一代必将大有可为，也必将大有作为，这是"长江后浪推前浪"的历史规律，也是"一代更比一代强"的青春责任。广大青年要勇敢肩负起时代赋予的重任，志存高远，脚踏实地，努力在实现中华民族伟大复兴的中国梦的生动实践中放

---

① 习近平．习近平谈治国理政：第一卷［M］．北京：外文出版社，2018：36.

飞青春梦想，广大青年必将同全国各族人民一道共同见证、共同享有中国梦的实现！

（二）关于理想信念教育

“功崇惟志，业广惟勤。”习近平总书记强调：“理想指引人生方向，信念决定事业成败；没有理想信念，就会导致精神上‘缺钙’。”① “青年一代有理想、有本领、有担当，国家就有前途，民族就有希望。”② 习近平总书记的一系列重要讲话深刻阐述了大学生理想信念教育的重大意义、丰富内涵和实践要求，是指引青年大学生健康成长、建功立业的科学行动指南。

他教育青年大学生要把理想信念建立在对科学理论的理性认同上，建立在对历史规律的正确认识上，建立在对基本国情的准确把握上，牢固树立社会主义共同理想和共产主义远大理想，要用中国梦激扬青春梦。这些重要论述充分揭示了理想信念对于青年学生成长成才的极端重要性。历史和现实证明，青年学生追求理想的高度决定着中华民族未来发展的高度，青年学生坚定信念的程度影响着中国特色社会主义事业发展的进度。教育引导青年学生坚定理想信念，就是要以党的旗帜为旗帜，以党的方向为方向，以党的意志为意志，树立永远跟党走的理想信念。

（三）关于社会主义核心价值观

习近平总书记指出：“青年处在价值观形成和确立的时期，抓好这一时期的价值观养成十分重要；这就像穿衣服扣扣子一样，如果第一粒扣子扣错了，剩余的扣子都会扣错，人生的扣子从一开始就要扣好。”③ 这些重要论述，深刻阐明了价值观在青年人生发展中的基础性作用。对学生进行价值观塑造，就是要坚持用社会主义核心价值观引领知识教育、引领道德养成，引导学生勤学、修德、明辨、笃实，成为社会主义核心价值观的坚定信仰者、积极传播者、模范践行者。要坚持不懈地用社会主义核心价值观引领大学生思潮，把社会主义核心价值观教育落细落小落实，内化于心、外化于行。

（四）关于勤奋学习

习近平总书记教育青年：“青年人正处于学习的黄金时期，应该把学习作为首要任务，作为一种责任、一种精神追求、一种生活方式，树立梦想从学习开

---

① 习近平．习近平谈治国理政：第一卷［M］．北京：外文出版社，2018：50.

② 习近平．决胜全面建成小康社会，夺取新时代中国特色社会主义伟大胜利［M］．北京：人民出版社，2017：70.

③ 习近平．习近平谈治国理政：第一卷［M］．北京：外文出版社，2018：172.

始、事业靠本领成就的观念，让勤奋学习成为青春远航的动力，让增长本领成为青春搏击的能量。”① “青年处于人生积累阶段，需要像海绵汲水一样汲取知识。广大青年抓学习，既要惜时如金、孜孜不倦，下一番心无旁骛、静谧自怡的功夫，又要突出主干、择其精要，努力做到又博又专、愈博愈专。”② 这些重要论述，成为青年学生在知识海洋中前进航行的人生灯塔。大学是学生系统形成知识体系的文化殿堂。对学生开展知识教育，就是要引导学生静心学习、刻苦钻研、加强磨炼，求得真学问、练就真本领。

（五）关于实践育人

“纸上得来终觉浅，绝知此事要躬行。”实践育人强调学以致用，既扎实打牢基础知识又及时更新知识，既刻苦钻研理论，又积极掌握技能。习近平总书记勉励青年大学生：“社会是个大课堂。青年要成长为国家栋梁之材，既要读万卷书，又要行万里路”③； “学习是成长进步的阶梯，实践是提高本领的途径”④； “既多读有字之书，也多读无字之书，注重学习人生经验和社会知识”⑤；“好青年志在四方，要鼓励高校学生把视线投向国家发展的航程，把汗水洒在艰苦创业的舞台，到基层、到西部、到祖国最需要的地方去，做成一番事业、做好一番事业”⑥；希望越来越多的青年人“到基层和人民中区建功立业，让青春之花绽放在祖国最需要的地方，在实现中国梦的伟大实践中书写别样精彩的人生”⑦。这些重要论述，为当代青年成长成才道路标注了鲜明的时代坐标和基层导向。高校要重视实践育人，充分发挥社会实践的育人功能，坚持教育同生产劳动和社会实践相结合，就是要不断拓展学生社会实践的平台和路径，为学生参与社会实践创造更多的机会，提供更好的条件，广泛开展各类社会实践，让学生在亲身参与中认识国情、了解社会，受教育、长才干。

（六）关于文化育人

习近平总书记高度重视文化育人和中国优秀传统文化教育。他在全国高校思想政治工作会上强调：“要更加注重以文化人、以文育人。”⑧ 他说：“中华文

---

① 习近平. 习近平谈治国理政：第一卷［M］. 北京：外文出版社，2018：51.

② 立德树人德法兼修抓好法治人才培养 励志勤学刻苦磨炼促进青年成长进步［N］. 人民日报，2017-05-04.

③ 习近平关于青少年和共青团工作论述摘编［M］. 北京：中央文献出版社，2017：55.

④ 习近平. 习近平谈治国理政：第一卷［M］. 北京：外文出版社，2018：51.

⑤ 习近平关于青少年和共青团工作论述摘编［M］. 北京：中央文献出版社，2017：53.

⑥ 习近平关于青少年和共青团工作论述摘编［M］. 北京：中央文献出版社，2017：53.

⑦ 习近平关于青少年和共青团工作论述摘编［M］. 北京：中央文献出版社，2017：51.

⑧ 习近平谈治国理政：第二卷［M］. 北京：外文出版社，2017：378.

化源远流长，几点着中华民族最深层的精神追求，代表着中华民族独特的精神标识，为中华民族生生不息、发展壮大提供了丰厚滋养。”“牢固的核心价值观，都有其固有的根本，抛弃传统、丢掉根本，就等于割断了自己的精神命脉，博大精深的中华优秀传统文化是我们在世界文化激荡中站稳脚跟的根基。”① 这些重要论述，深入阐释了中国优秀传统文化与中国特色社会主义建设、与国家治理的关系；唤醒了中华优秀传统文化的“精神基因”，使中华传统文化的优秀资源更好地滋润中国特色社会主义先进文化；激励青年大学生树立中国特色社会主义的道路自信、理论自信、制度自信、文化自信。文化滋养心灵，文化涵育德行，文化引领风尚，要加强中华优秀传统文化和革命文化、社会主义先进文化教育，要注重文化浸润、感染、熏陶，既要重视显性教育，也要重视潜移默化的隐性教育，实现入芝兰之室久而自芳的效果。

（七）关于创新创业

创新是第一动力，人才是第一资源。习近平总书记指出：“纵观人类发展历史，创新始终是一个国家、一个民族发展的重要力量，也始终是推动人类社会进步的重要力量。”② 他强调：“一切科技创新活动都是人做出来的。我国要建设世界科技强国，关键是要建设一支规模宏大、结构合理、素质优良的创新人才队伍，激发各类人才创新活力和潜力。”“要完善创新人才培养模式，强化科学精神和创造性思维培养，加强科教融合、校企联合等模式，培养造就一大批熟悉市场运作、具备科技背景的创新创业人才，培养造就一大批青年科技人才。”③ 他勉励青年大学生：“青年是社会上最富活力、最具创造性的群体，理应走在创新创造前列。”④ 这些重要论述，是对青年学生创新创造的再动员。高校要培养学生创新精神，就是要营造尊重创新、注重创新的良好氛围，激发学生创新欲望，培养学生创新意识，提高学生创新能力。青年大学生富有想象力和创造力，是创新创业的有生力量，一定要勇于创新创造，要敢于做创新创造的先锋，而不做过客、当看客，在创新创业中增长智慧才干。

（八）关于意志品质

有志者，事竟成。习近平总书记教育青年：“我们的国家，我们的民族，从积贫积弱一步一步走到今天的发展繁荣，靠的就是一代又一代人的顽强拼搏，

---

① 习近平. 习近平谈治国理政：第一卷［M］. 北京：外文出版社，2018：164.
② 习近平谈治国理政：第二卷［M］. 北京：外文出版社，2017：267.
③ 习近平谈治国理政：第二卷［M］. 北京：外文出版社，2017：275－276.
④ 习近平. 习近平谈治国理政：第一卷［M］. 北京：外文出版社，2018：275－276.

靠的就是中华民族自强不息的奋斗精神”“实现我们的发展目标，需要广大青年锲而不舍、驰而不息的奋斗”；“广大青年一定要矢志艰苦奋斗”“要有遇山开路、遇河架桥的意志”“要不怕困难、攻坚克难，勇于到条件艰苦的基层、国家建设的一线、项目攻关的前沿，经受锻炼，增长才干”①。这些重要论述，为青年学生锲而不舍学习、矢志艰苦奋斗指明了方向。高校培养学生的意志品质，就是要帮助学生锤炼坚强的进取精神，历炼不怕失败的心理素质，保持乐观向上的人生态度。青年大学生要坚信梦在前方、路在脚下，自胜者强、自强者胜，要迈稳步子，夯实根基，久久为功，敢于面对各种困难和挑战，百折不挠，愈挫愈勇。

（九）关于保持理性平和心态

“非淡泊无以明志，非宁静无以致远。”针对大学生中存在的急功近利、心浮气躁、学习就业压力大、心理问题突出、大学生自杀危机频发等现象和问题，习近平总书记指出：“青年在成长和奋斗中，会收获成功和喜悦，也会面临困难和压力。要正确对待一时的成败得失，处优而不养尊，受挫而不短志，使顺境逆境都成为人生的财富而不是人生的包袱”，“特别是要克服浮躁之气，静下来多读经典，多知其所以然”②。他在全国高校思想政治工作会上强调：培育理性平和的健康心态，是高校育人的重要方面。这些重要论述，对青年学生加强自身修养、保持理性平和心态、提升心理素质，具有重要的指导意义。高校应该成为使人心静下来的地方，成为消解躁气的文化空间，要加强人文关怀和心理疏导，引导大学生正确认识义和利、群和己、成和败、得和失，不断提升心理健康素质。

（十）关于德法兼修

以德树心，以法塑身。习近平总书记指出：“法律是成文的道德，道德是内心的法律”③；“中国特色社会主义法治道路的一个鲜明特点，就是坚持依法治国和以德治国相结合，强调法治和德治两手抓、两手都要硬；法学教育要坚持立德树人，不仅要提高学生的法学知识水平，而且要培养学生的思想道德素养”④。这些重要论述，要求高校完善章程制度、校规校纪，做到依法治校、依

---

① 习近平. 习近平谈治国理政：第一卷［M］. 北京：外文出版社，2018：52.

② 立德树人德法兼修抓好法治人才培养 励志勤学刻苦磨炼促进青年成长进步［N］. 人民日报，2017-05-04.

③ 习近平谈治国理政：第二卷［M］. 北京：外文出版社，2017：133.

④ 立德树人德法兼修抓好法治人才培养 励志勤学刻苦磨炼促进青年成长进步［N］. 人民日报，2017-05-04.

法管理，使高校发展做到治理有方、管理到位、风清气正；要加强法制教育，增强大学生的法治精神，遵守校规校纪、遵守学术规范，要崇德向善、德法兼修。

四、深入研究新时代习近平关于青年大学生思想政治教育重要论述对改进和加强大学生思想政治教育工作的指导作用

习近平新时代中国特色社会主义思想是我们党的指导思想，也是高校思想政治工作的指导思想，习近平关于青年大学生思想政治教育重要论述是习近平新时代中国特色社会主义思想的有机组成部分，是高校大学生思想政治教育的根本遵循和行动指南。

（一）我国青年大学生思想政治教育要始终把坚持社会主义方向作为政治要求，始终坚持马克思主义的指导思想

习近平总书记指出：高校思想政治工作关系高校培养什么样的人、如何培养人以及为谁培养人这个根本问题；办好我们的高校，必须坚持以马克思主义为指导；在坚持马克思主义指导地位这一根本问题上，我们必须坚定不移，任何时候任何情况下都不能有丝毫动摇①。我们要坚持用马克思主义中国化的最新理论成果武装头脑，深入学习十九大精神和习近平新时代中国特色社会主义思想，坚持用社会主义核心价值观引领大学生思潮，教育引导青年学生正确认识世界和中国发展大势，正确认识中国特色和国际比较，正确认识时代责任和历史使命，正确认识远大抱负和脚踏实地，不断增强青年学生的道路自信、理论自信、制度自信、文化自信，把远大抱负落实到实际行动中，用中国梦激扬青春梦，点亮理想的灯、照亮前行的路。

（二）我国青年大学生思想政治教育要始终坚持以人为本的工作理念，始终坚持把立德树人作为根本任务，围绕学生、关照学生、服务学生

习近平总书记指出：高校立身之本在于立德树人；思想政治工作从根本上说是做人的工作，必须围绕学生、关照学生、服务学生，不断提高学生思想水平、政治觉悟、道德品质、文化素养，让学生成为德才兼备、全面发展的人才；要把解决思想问题同解决实际问题结合起来，多做得人心、暖人心、稳人心的工作，在关心人帮助人中教育人、引导人②。我们要教育引导青年大学生努力学习、刻苦钻研、勤于实践，勇于创新、敢于创业，不断提高自身素质，让勤

---

① 习近平. 在全国高校思想政治工作会议上的讲话［N］. 人民日报，2016－12－09.

② 习近平. 在全国高校思想政治工作会议上的讲话［N］. 人民日报，2016－12－09.

奋学习成为青春飞扬的动力，让增长本领成为青春搏击的能量；要尊重学生的主体权利，以平等的主体关系和双向互动为基础，变教育活动的单向设计为共同参与，使学生主动认可和追求思想政治教育价值目标，能动地以主体姿态参与思想政治教育过程；要尊重学生发展意愿和个体价值，完善满足学生合理需求的多样化、人性化服务，鼓励学生培养自己的兴趣爱好和个性发展，促进学生自我教育、自我管理、自我服务、自我监督，促进青年大学生全面发展。

（三）我国青年大学生思想政治教育要始终把坚持改革创新作为发展动力，要因事而化、因时而进、因势而新

习近平总书记指出：做好高校思想政治工作，要因事而化、因时而进、因势而新；要沿用好办法，改进老办法，探索新办法，不断提高工作能力和水平。要用好课堂教学这个主渠道。讲思想政治理论课，要让信仰坚定、学识渊博、理论功底深厚的教师来讲，让学生真心喜爱、终身受益；要吸引更多优秀教师走上思想政治理论课讲台，让他们把传播和研究马克思主义作为光荣使命与终身追求；要让所有课堂都有育人功能，不能把思想政治工作只当作思想政治理论课的事，其他各门课都要守好一段渠、种好责任田①。

要发挥校园文化主阵地作用。加强高校思想政治工作，要注重文化浸润、感染、熏陶，既要重视显性教育，也要重视潜移默化的隐性教育，实现入芝兰之室久而自芳的效果；要注重发挥共青团、学校社团、学生自治组织的作用，调动学生参与的积极性，开展形式多样、健康向上、格调高雅的校园文化活动；要重视和加强第二课堂建设，重视实践育人，坚持教育同生产劳动和社会实践相结合，广泛开展各类社会实践，让学生在亲身参与中认识国情、了解社会，受教育、长才干；要创新方式，拓展途径，为学生参与社会实践创造更多机会和舞台。

要创新思想政治工作方式方法。高校思想政治工作要感染青年，就要运用青年喜爱并接受的话语和活动方式；让根本方法变成管用办法，将总体上的“漫灌”和因人而异的“滴灌”结合起来；教师上课要注意方式方法，讲求艺术性，讲理论要接地气，要让马克思主义讲中国话，让大专家讲家常话，让基本原理变成生动道理，要力避千书一面、千人一面的大一统、一般齐，力避脱离实际的“空话”“大话”，注重分析不同学生特点和实际。

要运用新媒体新技术使工作活起来。人在哪里，思想政治工作的重点就在哪里。互联网特别是移动互联网成为大学生主要的信息来源地和思想集散地。

① 习近平．在全国高校思想政治工作会议上的讲话［N］．人民日报，2016－12－09．

年轻人几乎是无人不网、无日不网、无处不网，意识形态许多新情况新问题也往往因网而生、因网而增。可以说，赢得互联网就赢得了学生，丢掉互联网就丢掉了学生思想政治教育的重要阵地。我们必须树立互联网思维，把我们要讲的道理、情理，把我们要讲的现实、事实，用学生喜闻乐见的语言、易于接受的方式呈现出来。要把网上的舆论引导和网下的思想工作结合起来，既要“键对键”，又能“面对面”。青年大学生既是网络新媒体的受众，也是改善网络生态的重要力量。大家要充分利用所知所学，依托学科优势和话语优势，理性思辨，澄清是非，正面发声、唱响网上好声音，传播网络正能量，净化网络空间，守护好我们共同的网上精神家园。

（四）我国青年大学生思想政治教育要始终遵循思想政治工作规律，遵循教书育人规律，遵循学生成长规律

习近平总书记指出：做好高校思想政治工作，要遵循思想政治工作规律，遵循教书育人规律，遵循学生成长规律①。

遵循思想政治工作规律。思想政治工作的规律，就是思想政治工作系统中各要素之间的本质联系。习近平总书记指出：高校思想政治工作关系高校培养什么样的人、如何培养人以及为谁培养人这个根本问题；高校思想政治工作，既是我国高校的特色，又是办好我国高校的优势；一所高校一旦在办学方向上走错了，在培养人的问题上走偏了，那就像一株歪脖子树，无论如何都长不成参天大树；加强高校思想政治工作，最重要的就是要在事关办学方向的问题上站稳立场。思想政治工作，是一门学科，也是一门科学。遵循思想政治工作规律，就是坚持马克思主义理论为指导，坚持不懈传播马克思主义科学理论、坚持不懈培育和弘扬社会主义核心价值观、坚持不懈促进高校和谐稳定、坚持不懈培育优良校风和学风，围绕学生、关照学生、服务学生，因事而化、因时而进、因势而新。

遵循教书育人规律。习近平总书记指出：高校教师要坚持教育者先受教育，努力成为先进思想文化的传播者、党执政的坚定支持者，更好担起学生健康成长指导者和引路人的责任。要加强师德师风建设，把教育培养和自我修养结合起来，引导广大教师以德立身、以德立学、以德施教。遵循教书育人规律，就是坚持教育和育人相统一，坚持言传和身教相统一，坚持潜心问道和关注社会相统一，坚持学术自由和学术规范相统一。教师要成为学生做人的镜子，以身作则、率先垂范，要有理想信念、有道德情操、有扎实学识、有仁爱之心，以

① 习近平．在全国高校思想政治工作会议上的讲话［N］．人民日报，2016－12－09．

高尚的人格赢得学生的敬仰，以模范的言行举止为学生树立榜样，把真善美的种子不断播撒到学生心中。

遵循学生成长规律。习近平总书记指出：学生在高校生活，少则三到四年，多则九到十年，正处在人生成长的关键时期，知识体系搭建尚未完成，价值观塑造尚未成型，情感心理尚未成熟，需要加以正确引导，这好比小麦的灌浆期，这个时候阳光水分跟不上，就会耽误一季的庄稼①。这就要求我们教育引导青年大学生要正确认识世界和中国发展大势、正确认识中国特色和国际比较、正确认识时代责任和历史使命、正确认识远大抱负和脚踏实地，要引导学生珍惜韶华、脚踏实地，把远大抱负落实到实际行动中，树立梦想从学习开始、事业靠本领成就的理念，让勤奋学习成为青春飞扬的动力，让增长本领成为青春搏击的能量，要鼓励高校学生把视线投向国家发展的航程，把汗水洒在艰苦创业的舞台，到基层去、到西部去、到祖国最需要的地方去，做成一番事业、做好一番事业。

（五）我国青年大学生思想政治教育要始终坚持党的领导

中国共产党的领导，是中国特色社会主义最本质的特征，是中国特色社会主义制度的最大优势。习近平总书记在十九大报告中强调：党政军民学，东西南北中，党是领导一切的②。他强调：办好我国高等教育，必须坚持党的领导，牢牢掌握党对高校工作的领导权，使高校成为坚持党的领导的坚强阵地；党委要保证高校正确办学方向，掌握高校思想政治工作主导权，保证高校始终成为培养社会主义事业建设者和接班人的坚强阵地；高校党委对学校工作实行全面领导，承担管党治党、办学治校主体责任，把方向、管大局、作决策、保落实；要加强高校党的基层组织建设，创新体制机制，改进工作方式，提高党的基层组织做思想政治工作能力；要做好在高校教师和学生中发展党员工作，加强党员队伍教育管理，使每个师生党员都做到在党爱党、在党言党、在党为党③。

高校思想政治工作是党委工作的重要内容，是党领导高校工作的具体体现，也是高校党的建设的重要抓手。高校大学生思想政治工作作为高校思想政治工作的一部分，自然要坚持党的领导，要保证正确办学方向，要巩固马克思主义在高校意识形态的主导地位，掌握高校思想政治工作主导权，用科学理论培养

---

① 习近平．在全国高校思想政治工作会议上的讲话［N］．人民日报，2016－12－09.

② 习近平．决胜全面建成小康社会，夺取新时代中国特色社会主义伟大胜利［M］．北京：人民出版社，2017：20.

③ 习近平．在全国高校思想政治工作会议上的讲话［N］．人民日报，2016－12－09.

人，用正确思想引导人，保证高校始终成为培养社会主义事业建设者和接班人的坚强阵地。要加强思政队伍建设。习近平总书记指出：“长期以来，高校思想政治工作队伍兢兢业业、甘于奉献、奋发有为，为高等教育事业发展作出了重要贡献。”① 实践证明，这是一支不可或缺的队伍，也是一支值得信赖的队伍。地方政府和高校要高度重视思政队伍建设，拓展选拔视野，抓好教育培训，强化实践锻炼，健全激励机制，推动专业化、职业化建设，整体推进高校党政干部和共青团干部、思想政治理论课教师和哲学社会科学课教师、辅导员班主任和心理咨询教师等队伍建设；各级党委和政府及高校要像关心教学科研骨干的成长一样关心思想政治工作队伍成长，使他们工作有条件、干事有平台、待遇有保障、发展有空间，最大限度调动他们的积极性、主动性、创造性；要保证这支队伍高质量、高水准，保证这支队伍后继有人、源源不断，为高校青年大学生思想政治教育提供坚强的组织保障。

五、用习近平新时代中国特色社会主义思想指引青年大学生勇做新时代的弄潮儿

习近平总书记在十九大报告中对青年提出殷切希望：“广大青年要坚定理想信念，志存高远，脚踏实地，勇做时代的弄潮儿，在实现中国梦的生动实践中放飞青春梦想，在为人民利益的不懈奋斗中书写人生华章！”② 青年是祖国的希望、民族的未来，青年的价值取向决定了未来整个社会的价值取向。青年大学生是青年中的佼佼者，是推进“五位一体”总体布局、“四个全面”战略布局的生力军，是为实现中华民族伟大复兴中国梦的青春力量。习近平总书记2014年在北大同师生代表座谈时对广大青年提出了具有执着的信念、优良的品德、丰富的知识、过硬的本领这四点要求；2018 年 5 月 2 日在与北大师生代表座谈时提出爱国、励志、求真、力行四点希望，明确回答了立什么德、树什么人的重要课题。高校要以习近平新时代中国特色社会主义思想为根本遵循，教育引导青年大学生学习领会其精神实质和深刻内涵、指导自身实践行动，找准新时代的历史方位，明确自身历史使命，练就过硬本领，勇做新时代的弄潮儿。这既是党和国家的要求，是时代的要求，也是青年大学生自身的需求和责任。

---

① 习近平. 在全国高校思想政治工作会议上的讲话［N］. 人民日报，2016－12－09.

② 习近平. 决胜全面建成小康社会，夺取新时代中国特色社会主义伟大胜利［M］. 北京：人民出版社，2017：20.

（一）要引领青年大学生找准新时代的历史方位

方位决定道路，道路决定命运。党的十九大报告指出“中国特色社会主义进入了新时代，这是我国发展新的历史方位。”① 这是在新的历史条件下继续夺取中国特色社会主义伟大胜利的新征程，是决胜全面建成小康社会进而全面建设社会主义现代化强国的新征程，是奋力实现中华民族伟大复兴中国梦的新征程。“中国特色社会主义进入新时代，在中华人民共和国发展史上、中华民族发展史上具有重大意义，在世界社会主义发展史上、人类社会发展史上也具有重大意义。”② 使命呼唤担当，使命引领未来。大学生是中国特色社会主义的建设者和接班人，承载着中华民族伟大复兴的历史使命，要教育引导大学生找准新时代的历史方位，把握当代中国的实际情况，从实际出发找准自身定位，为青年学子的成长发展指明方向，为中国梦的实现凝聚青春力量。

1. 要深刻认识党的新时代以来我国社会发生的历史性变革

“历史车轮滚滚向前，时代潮流浩浩荡荡。历史只会眷顾坚定者、奋进者、搏击者，而不会等待犹豫者、懈怠者、畏难者。”③ 自1840年鸦片战争爆发，中华民族走过了近百年的屈辱历程，遭遇“千年未有之大变局”，无数仁人志士身先士卒，矢志不渝。中国共产党在民族蒙受苦难、探求光明的逆境中应运而生。无数中国共产党人在时代的召唤下挺身而出，为民族的复兴奋斗终生。97 年的非凡历程，中国共产党带领全国人民不断探索适合中国国情的发展道路，历经艰辛，迎来了从站起来、富起来到强起来的伟大飞跃。尤其是党的十八大以来的五年，是党和国家事业取得历史性成就、发生历史性变革的五年。以习近平同志为核心的党中央，举旗定向、运筹帷幄，科学把握当今世界和当代中国的发展大势，提出一系列新理念新思想新战略，解决了许多长期想解决而没有解决的问题，办成了许多过去想办而没有办成的大事，取得了全方位、开创性的成就，推动党和国家事业发生深层次、根本性的变革。这些历史性的变革，是大学生所处的当代中国最显著的实际，是大学生成长成才和人生事业的基石，也是激励和鼓舞大学生接续奋斗的信心之源。青年学子要充分认识到这些伟大成就是我们党团结带领全国各族人民经过长期努力才取得的，要看到接下来的

① 习近平．决胜全面建成小康社会，夺取新时代中国特色社会主义伟大胜利［M］．北京：人民出版社，2017：10.

② 习近平．决胜全面建成小康社会，夺取新时代中国特色社会主义伟大胜利［M］．北京：人民出版社，2017：12.

③ 习近平．决胜全面建成小康社会，夺取新时代中国特色社会主义伟大胜利［M］．北京：人民出版社，2017：169.

工作还面临着不少困难和挑战。青年学子更要深刻认识到，作为在进军“两个百年”目标下成长起来的“千禧一代”，当代大学生比近代中国历史上的任何一代青年都更加接近中华民族伟大复兴的中国梦，比历史上任何时期都更有信心、有能力实现中国梦，要牢固树立“四个自信”，勇于担当时代重任，以切实行动为实现中华民族伟大复兴的中国梦增添动力。

2. 要深刻认识我国社会主要矛盾发生了变化

把握社会主要矛盾变化，引导学生明确时代目标。社会主要矛盾的转化是中国特色社会主义进入新的历史方位的重要根据。新的历史方位，需要解决新的主要矛盾，解答新的时代课题。“中国特色社会主义进入新时代，我国社会主要矛盾已经转化成人民日益增长的美好生活需要和不平衡不充分的发展之间的矛盾。”① 主要矛盾的转变意味着党和国家工作重心的变化，意味着发展理念和发展战略的变化，对我国发展全局必将产生深远而广泛的影响。从人民需要上看，人民群众的需求是多方面、多领域、多层次的，因此，主要矛盾的变化也是全局性、历史性的，包括青年学生在内的中华儿女要在继续推动发展的基础上，着力解决好发展不平衡不充分问题，大力提升发展质量和效益。同时要认识到，我国社会主要矛盾的变化不会改变对我国社会主义所处历史阶段的判断，我国仍处于并将长期处于社会主义初级阶段的基本国情没有变，我国是世界上最大发展中国家的国际地位没有变。因此，“两个认识”蕴含了新时代“变”与“不变”的辩证关系，它基于党和国家事业发展的巨大成就，带来社会发展的历史性变革，形成新的理论判断，开启新的实践征程，承载新的历史使命。青年学生要深刻认识和准确把握时代发展方向和社会主要矛盾变化，要着眼于解决社会矛盾和问题，确定自己新时代的前进方向、发展道路和人生目标，进而树立青年人的远大志向和使命担当。

3. 要深刻认识我国已经走进世界舞台的中央

我国的迅速崛起深刻改变了世界政治经济格局，随着国际地位和影响力的日益提升，我国已经走进世界舞台的中央。凡益之道，与时偕行。在新时代，中国在全球政治、经济、生态、安全等各个方面推出了一系列具有广泛而深远影响的中国倡议，拓展了发展中国家走向现代化的途径，给世界上那些既希望加快发展又希望保持自身独立性的国家和民族提供了全新选择，为解决人类问题不断贡献中国智慧和中国方案。当今世界，各国相互依存，休戚与共，我国

① 习近平．决胜全面建成小康社会，夺取新时代中国特色社会主义伟大胜利［M］．北京：人民出版社，2017：19.

高举人类命运共同体旗帜，坚定不移地走和平发展道路，更是得到国际社会的广泛认同和支持，成为国际关系演变中不可或缺的重要推动者，为维护世界和平、促进全球发展发挥了建设性作用，真正履行了大国责任，展现了大国担当。在新的时代，大学生要明确新时代的历史方位需要有国际视野，站在构建人类命运共同体的战略高度上才能看得更清，要以全球化的大国视野深入了解中国方案，透彻学习当前经济、政治、文化、社会、生态文明建设和党的建设等领域的中国经验；广大青年学子应从时代发展与国际格局两个维度上把握新时代的历史方位，在历史与未来的交汇处，利用国内与国际两个舞台，充实和丰富“中国智慧”与“中国方案”的精彩内涵，推动人类命运共同体的构建。

（二）要教育引导大学生明确自己的历史使命

新的历史方位，产生新的历史使命。当前我国已经进入全面建成小康社会的决胜阶段，中国特色社会主义进入新时代，开启了全面建设社会主义现代化国家的新征程。当代大学生既是新时代的亲历者、见证者，又是时代发展进步的推动者、建设者。实现中华民族伟大复兴的中国梦，正是当代青年大学生最重要的历史使命。展望未来，当代大学生必将大有可为，也必将大有作为。

1. 青年是祖国的未来

青年兴则国家兴，青年强则国家强。党和国家历来重视青年的教育和培养，毛泽东同志对青年学生寄予厚望：“世界是你们的，也是我们的，但是归根结底是你们的。你们青年人朝气蓬勃，正在兴旺时期，好像早晨八九点钟的太阳。希望寄托在你们身上。”① 邓小平同志强调：“青年一代的成长，正是我们事业必定要兴旺发达的希望所在。”② 江泽民同志勉励青年：“一切有理想有抱负的中国青年，只有在中国共产党的领导下，同人民紧密结合，为祖国奉献青春，才能大有作为。”③ 胡锦涛同志指出：“青年是祖国的未来、民族的希望，也是我们党的未来和希望。”④ 习近平同志十分关心青年成长，多次出席青年活动，与青年谈心，给青年回信，为新时代青年指明奋斗方向。党的十九大报告进一步突出强调了青年的重要地位和社会责任：“青年一代有理想、有本领、有担当，国家就有前途，民族就有希望。……中华民族伟大复兴的中国梦终将在一

---

① 中共中央文献研究室．毛泽东年谱：第三卷［M］．北京：中央文献出版社，2013：248.

② 邓小平文选：第二卷［M］．北京：人民出版社，1994：95.

③ 江泽民文选：第三卷［M］．北京：人民出版社，2006：481－482.

④ 胡锦涛文选：第三卷［M］．北京：人民出版社，2016：543.

代代青年的接力奋斗中变为现实。”① 当代青年将全过程深度参与到实现“两个一百年”奋斗目标的征程中，青年学子成长成才、建功立业的舞台空前广阔，同时也迫切需要青年学子自觉立大志、干大事，将自己的个人发展和国家民族的未来结合起来，在实现中国梦的伟大实践中创造自己的精彩人生。

2. 青年学生要认清历史机遇

每个时代都有每个时代的历史使命，一代青年有一代青年的历史际遇。党的十九大对我国社会主义现代化建设作出宏伟布局，提出新的战略目标，从现在到2020年，是全面建成小康社会决胜期；从2020—2035年，基本实现社会主义现代化；从2035年到21世纪中叶，把我国建成富强民主文明和谐美丽的社会主义现代化强国。现在的大学生，年纪在20岁上下，绝大多数研究生也在30岁以下，从现在到2050年，正是现在青年大学生成长成才、服务国家社会的黄金时间。青年学子要紧紧抓住难得的历史机遇，把人生理想融入实现中华民族伟大复兴的中国梦的奋斗中，把爱国之情、强国之志、报国之行统一起来。

3. 青年学生要勇担时代重任

习近平总书记在同各界优秀青年代表座谈时曾指出：“展望未来，我国青年一代必将大有可为，也必将大有作为。这是‘长江后浪推前浪’的历史规律，也是‘一代更比一代强’的青春责任。广大青年要勇敢肩负起时代赋予的重任，志存高远，脚踏实地，努力在实现中华民族伟大复兴的中国梦的生动实践中放飞青春梦想。”② 当今中国最鲜明的时代主题，就是实现“两个一百年”奋斗目标、实现中华民族伟大复兴的中国梦。青年大学生要树立远大理想信念，正确认识世界和中国发展大势，正确认识中国特色和国际比较，正确认识时代责任和历史使命，正确认识远大抱负和脚踏实地，掌握扎实学识、培养创新精神，提升实践能力，自觉承担起建设社会主义强国的历史使命，在实现中国梦的生动实践中放飞青春梦想。

（三）要教育引导青年学生练就实现中国梦的过硬本领

广阔的舞台需要有过硬的本领。“青年人正处于学习的黄金时期，应该把学习作为首要任务，作为一种责任、一种精神追求、一种生活方式，树立梦想从学习开始、事业靠本领成就的观念，让勤奋学习成为青春远航的动力，让增长

---

① 习近平．决胜全面建成小康社会，夺取新时代中国特色社会主义伟大胜利［M］．北京：人民出版社，2017：70.

② 习近平．习近平谈治国理政：第一卷［M］．北京：外文出版社，2018：50.

本领成为青春搏击的能量。”① 大学期间是青年学子成长、发展、成才的最重要人生阶段，青年大学生一定要刻苦学习、掌握知识、锻炼能力、提升本领，为将来打下坚实的思想政治基础和知识理论基础。

1. 用科学的理论武装头脑

习近平总书记指出：“理想指引人生方向，信念决定事业成败。没有理想信念，就会导致精神上‘缺钙’”“广大青年要坚持用邓小平理论、‘三个代表’重要思想、科学发展观武装头脑，把理想信念建立在对科学理论的理性认同上，建立在对历史规律的正确认识上，建立在对基本国情的准确把握上。”② 党的十九大的重大理论成果就是提出了习近平新时代中国特色社会主义思想，它开辟了马克思主义新境界、中国特色社会主义新境界、治国理政新境界和管党治党新境界。当代青年要全面理解习近平新时代中国特色社会主义思想的伟大理论意义和丰富思想内涵，以习近平新时代中国特色社会主义思想为行动指南，真正转化为价值认同和自觉行动。高校应以培养担当民族复兴大任的时代新人为着眼点，发挥习近平新时代中国特色社会主义思想的引领作用，引导青年学子深入理解其理论内涵和思想精髓，真正做到进教材、进课堂、进头脑。与此同时，“为学之实，固在践履”，学习贯彻习近平新时代中国特色社会主义思想，要坚持理论联系实际，坚持学用一致，在武装头脑、指导实践、推动工作上下功夫。坚持学而信、学而思、学而行，把学习贯彻习近平新时代中国特色社会主义思想不断引向深入，确立思想理论的“定盘星”、坚定理想信念的“主心骨”、筑就“四个自信”的“压舱石”。青年学子要真正把习近平新时代中国特色社会主义思想内化于心、外化于行，做到善学善用，真学真用。

2. 用优秀的文化滋养身心

习近平总书记指出：“文化自信，是更基础、更广泛、更深厚的自信”；在全国高校思想政治工作会上指出“要落实好以文化人以文育人”。党的十九大报告强调：“要以培养担当民族复兴大任的时代新人为着眼点，强化教育引导、实践养成、制度保障，发挥社会主义核心价值观对国民教育、精神文明创建、精神文化产品创作生产传播的引领作用，把社会主义核心价值观融入社会发展各方面，转化为人们的情感认同和行为习惯。”③ 高校思想政治工作要遵循“以文

① 习近平．习近平谈治国理政：第一卷［M］．北京：外文出版社，2018：51.

② 习近平．习近平谈治国理政：第一卷［M］．北京：外文出版社，2018：30.

③ 习近平．决胜全面建成小康社会，夺取新时代中国特色社会主义伟大胜利［M］．北京：人民出版社，2017：42.

化人"规律，生产先进的文化产品，发挥中华文化的感召力和吸引力。① 高校是文化高地，要发挥以文化人、以文育人的优势作用。青年大学生作为传承优秀文化、增强文化自信的希望所在，更要自觉培育和践行社会主义核心价值观，准确理解和把握其深刻内涵和实践要求，树立正确的世界观、人生观、价值观；要深刻领悟和学习中华优秀传统文化、革命文化和社会主义先进文化，在中华文化中汲取坚定前进、滋养身心的精神力量，坚定文化自觉与文化自信，成长为中华文化的"代言人"与"传承人"；要自觉抵制各类不良文化思潮的冲击渗透，筑牢思想文化的堤坝。

3. 掌握先进的科学知识

习近平总书记勉励广大青年学生："要增强知识更新的紧迫感，如饥似渴学习，既扎实打牢基础知识又及时更新知识，既刻苦钻研理论又积极掌握技能，不断提高与时代发展和事业要求相适应的素质和能力。要坚持学以致用，深入基层、深入群众，在改革开放和社会主义现代化建设的大熔炉中，在社会的大学校里，掌握真才实学，增益其所不能，努力成为可堪大用、能担重任的栋梁之材。"② 我国正处于转变发展方式、优化经济结构、转换增长动力的攻关期，正在建设创新型国家，所以国家对于创新型人才的需求比过去任何一个时期都迫切、都重要。青年大学生是科学研究的生力军，直接关系中国未来科技实力和经济实力，因此掌握先进的科学知识既是青年大学生自身发展的内在要求，也是国家综合实力提升的根本保障。近年来，中国在多个领域取得了令世人瞩目的科技成就，但仍然存在亟须攻关克难的"硬骨头"。青年大学生要勤学苦练真本领，获取文化知识、掌握专业技能、占领学术前沿，为推动中国科学技术创新发展而不懈奋斗。

4. 培养创新精神和创新能力

习近平总书记指出："未来总是属于年轻人的。拥有一大批创新型青年人才，是国家创新活力之所在，也是科技发展希望之所在。广大青年科技人才要树立科学精神、培养创新思维、挖掘创新潜能、提高创新能力，在继承前人的基础上不断超越。"③ 青年大学生是社会上最富活力、最具创造性的群体，理应走在创新创造的前列。青年是学习的黄金时期，更要倍加珍惜大好时光，不断

---

① 习近平．在全国高校思想政治工作会议上的讲话［N］．人民日报，2016－12－09．

② 十八大以来重要文献选编：上［M］．北京：中央文献出版社，2014：279．

③ 习近平．在中国科学院第十七次院士大会、中国工程院第十二次院士大会上的讲话［N］．人民日报，2014－06－10．

增强知识更新的紧迫感，集中精力，心无旁骛，刻苦钻研，努力掌握现代科学文化知识，不断汲取反映当代世界新发展的各类新知识，为实现中国梦做好知识储备。要有敢为人先的锐气，勇于解放思想、与时俱进，敢于上下求索、开拓进取，树立在继承前人的基础上超越前人的雄心壮志。要有探索真知、求真务实的态度，在立足本职的创新创造中不断积累经验、取得成果。当今中国，青年大学生正沐浴在“大众创业、万众创新”的火热氛围中，我们应该充分信任青年、热情关心青年、严格要求青年，积极为青年创新创业开展教育、传递知识、搭建平台、提供机遇，为青年学子的人生出彩提供新机会。

5. 提高实践能力

习近平总书记强调：学习是成长进步的阶梯，实践是提高本领的途径。他指出：“社会实践、社会活动以及校内各类学生社团活动是学生的第二课堂，对拓展学生眼界和能力、充实学生社会体验和丰富学生十分有益。”① 实践出真知，青年学子在学习理论知识的同时也要积极投身社会实践，要像《习近平的七年知青岁月》一书中青年习近平一般，做到理论与实践相结合，到基层去、到祖国最需要的地方去，通过服务基层、服务社会来坚定信念、磨砺自我、了解国家、增长本领，为人生的奋发有为夯实基础。社会实践、社会活动以及校内各类学生社团活动是学生的第二课堂，对拓展学生眼界和能力、充实学生社会体验和丰富学生生活十分有益。学校要积极拓展社会实践渠道，组织学生到地方、到社区、到基层开展挂职锻炼、社会调研、志愿服务等各类实践活动，了解基层社会，感受祖国发展；积极鼓励学生积极参与各类校园文化和社团活动，使学生在参与实践的过程中展现自己的风貌，提升综合素质，做到知行合一；积极鼓励学生勇于到条件艰苦的基层、国家建设的一线、项目攻关的前沿，经受锻炼，增长才干。

6. 开拓国际视野

新时代中国特色社会主义思想的“八个明确”中包括：“明确中国特色大国外交，推动构建新型国际关系，推动构建人类命运共同体。”② 习近平总书记强调：“中国必须有自己特色的大国外交……使我国对外工作有鲜明的中国特色、中国风格、中国气派”③，“要提升我国软实力，讲好中国故事，做好对外宣

---

① 习近平关于青少年和共青团工作论述摘编［M］. 北京：中央文献出版社，2017：55.

② 习近平. 决胜全面建成小康社会，夺取新时代中国特色社会主义伟大胜利［M］. 北京：人民出版社，2017：19.

③ 习近平谈治国理政：第二卷［M］. 北京：外文出版社，2017：443.

传"①；"要教育引导学生正确认识世界和中国发展大势……正确认识中国特色和国际比较，全面客观认识当代中国、看待外部世界"②。身处全球化时代，青年学子只有不断开拓国际视野，到国际舞台上展现青春风采，才能更好地讲好中国故事、发出中国声音，为世界贡献中国智慧和中国方案。青年学子要积极参加社会主义现代化建设的伟大实践，同时也要积极参与世界事务，为构建人类命运共同体贡献力量。青年大学生要融汇中国情怀与国际情怀，既要扎根中国大地，吸吮中国传统优秀文化的思想精髓，也要深入学习他国的优秀文化，吸收借鉴现代人类文明的一切有益成果；开拓国际视野，主动加强中外交流，提升跨文化交流能力。高校要为学生出国学习提供充足机会和经费支持，积极搭建出国交流平台，鼓励我国大学生走出国门到国外高校进行参观访问和学习交流，到世界大企业和国际组织去实习实践，切实开阔国际视野、提高国际交往能力；要积极提升中华文化影响力，在国际交往中主动宣介新时代中国特色社会主义思想，主动讲好中国共产党治国理政的故事、中国人民奋斗圆梦的故事、中国坚持和平发展合作共赢的故事，让世界更好地了解中国。

---

① 习近平谈治国理政：第二卷［M］．北京：外文出版社，2017：444.

② 习近平谈治国理政：第二卷［M］．北京：外文出版社，2017：349.

依托高校红色理论社团推进马克思主义大众化*

高超　孙宏业　郭冬

高校红色理论社团是马克思主义大众化的重要载体，其历史沿革经过困顿中萌芽、曲折中探索，并在实践中不断走向成熟。针对新时代红色理论社团发展瓶颈问题，应进一步明确红色理论社团在推进马克思主义大众化中的原则要求，创新红色理论社团推进马克思主义大众化的方式方法，优化高校红色理论社团队伍建设，更好地发挥高校红色理论社团在马克思主义大众化中的推进作用。

一、高校红色理论社团是马克思主义大众化的重要载体

高校红色理论社团是在校党委领导、团组织指导下，由学生自发组织、学习和研究科学理论以及参与相关社会实践活动的群众性团体组织，是高校学生学习、宣传和实践马克思主义大众化最新理论的重要平台。伴随着中国革命、建设和改革的发展进程，高校红色理论社团作为马克思主义大众化的有力载体和武器，始终在推进马克思主义大众化的过程中发挥着重要作用。

马克思主义大众化是指马克思主义由党内普及走向社会普及、由高深理论走向通俗理论、由制度维系走向群众自觉的过程。马克思主义大众化，就是在马克思主义基本理论与中国革命、建设具体实际相结合的过程中，关注群众、面向群众、深入群众、动员群众，从而获得群众支持。当代中国马克思主义大众化主要是指用生动的形式、鲜活的内容、大众的语言、科学的手段，深入浅出地研究、解释和宣传马克思主义、毛泽东思想和中国特色社会主义理论体系，

---

* 作者高超，孙宏业，郭冬，北京师范大学。

宣传习近平新时代中国特色社会主义思想，使其为广大人民群众理解和掌握，并内化为价值信仰、思维方式和行为指南。

高校红色理论社团作为马克思主义大众化的重要载体，始终发挥着重要作用。红色理论社团具有坚定的政治性，这能保证马克思主义大众化坚持正确的政治方向；红色理论社团的时代性能够激发学生学习和宣传马克思主义的能动性；红色理论社团本身具有广泛的群众基础，能够充分发挥朋辈群体的影响力，与马克思主义大众化现实路径形成良性互补。因此，高校红色理论社团在推进马克思主义大众化过程中发挥着传统宣传教育模式不可替代的作用。

1. 马克思主义大众化是高校红色理论社团的创立目的和根本要求

红色理论社团的发展，离不开先进的理论作指导，马克思主义大众化是高校红色理论社团创立的目的和发展的根本要求。马克思主义大众化包括马克思主义理论大众化、实践大众化和创新大众化三个方面，这三个方面形成了一个密切联系、有机统一的整体，为红色理论社团的发展和壮大提供了前提和方向。

首先，理论大众化是红色理论社团立足的前提。理论大众化的程度决定着社团发展的广度和深度，离开理论的大众化，社团将无法得到充分的理论保障，因而实践和创新大众化也就根本无从实现。其次，实践大众化是红色理论社团活动成效的直接体现。红色理论社团的目的在于实践马克思主义大众化成果，人民群众在实践过程中运用理论的自觉程度和正确程度是检验实践成功与否的标准。再次，创新大众化是红色理论社团之所以能够保持蓬勃生命力的源泉，是马克思主义的本质要求，它建立在理论大众化和实践大众化基础之上，为红色理论社团与时俱进，不断推广马克思主义大众化提供了根本保证，是马克思主义大众化的最高境界。

2. 高校红色理论社团为推进马克思主义大众化提供了新的路径

高校红色理论社团紧密贴近大学生，在宣传、弘扬当代中国马克思主义方面发挥着独特作用。青年大学生朝气蓬勃，有着强烈的求知欲。但是，他们尚未形成系统完善的知识结构和心理素质。社团中朋辈教育和人文情感关怀的凸显，增强了大学生对红色理论社团的认同感和归属感；红色理论社团以积极向上的马克思主义理论和实践活动为载体，寓教于乐，促进了高校大学生政治理论素质的提高。同时，红色理论社团以丰富多彩的社会实践活动为自己的生命根基。“理论一经掌握群众，也会变成物质力量。”① 红色理论社团创新了马克思主义大众化与社会实践相结合的途径。社团的活动往往是由学生自发、自愿

---

① 马克思，恩格斯．马克思恩格斯选集：第一卷［M］．北京：人民出版社，1995：9.

组织的，能够将马克思主义大众化与学生现实需求结合起来，实现二者之间的相互渗透，学生通过实践活动，将马克思主义理论内化于心，外化于行，最终实现马克思主义的大众化。

3. 高校红色理论社团是青年马克思主义者的培养基地

高校红色理论社团不仅是一个理论教育的阵地，而且是优秀大学生成长的摇篮。具有政治热情、上进心的青年学生进入红色理论社团后，社团的人才培养机制促使他们更好地成长成才。这种人才成长机制具体表现在良好氛围的熏陶、学习与使用相结合的培养、理论与实践相结合的教育、“传帮带”的示范与相互促进等方面。这种社团人才培养机制不仅应用于理论学习之中，而且扩展到专业学习、能力培养、人生规划等多个层面，从而形成全面、全程的促进式人才培养机制，使得高校红色理论社团人才辈出。因此，高校红色理论社团不仅是高校思想政治教育的新阵地、新途径、新载体，而且是优秀青年马克思主义者的培养基地。

二、红色理论社团推进马克思主义大众化的历史回溯

我国第一个严格意义的高校红色理论社团是1904年京师大学堂抗俄铁血会，当时的青年学生主要通过集会、演讲、办报、发传单等方式抗议日本、俄国在我国东北地区发动战争。五四运动前后，一大批高校红色理论社团风起云涌。纵观红色理论社团的历史发展，先后经过困顿中萌芽、曲折中探索，并在不断实践中走向成熟的过程。在这个过程中，中国共产党的指导建设、学生的满腔热情，共同拯救近代中国于水深火热之中，红色理论社团不断积累着丰富的经验，以独特的方式推进了马克思主义大众化的进程。

（一）1919—1921年：困顿中萌芽初创

自鸦片战争以来，西方列强的侵略与我国封建统治的双重压迫使得中国逐步沦为半殖民地半封建社会。辛亥革命后，“共和”取代“帝制”给中国送来一丝光明，中国高校也逐渐摆脱封建政治束缚。但随后中国陷入了北洋军阀的黑暗统治之中。十月革命的炮声，让苦闷彷徨中的中国人民特别是青年一代看到了希望，高校对学生社团的解禁与支持使得依托于社团学习、研究和宣传马克思主义的力量逐步发展起来。1919—1920年的中国，各种社会思潮竞相涌动，在爱国救亡运动中创立发展起来的进步社团也开始着手译介相关文献，学习研究马克思主义理论。

五四运动的爆发，使得少年中国学会、新民学会、平民教育讲演团、工读互助团等学生进步理论社团纷纷涌现出来，这不仅奠定了五四运动的组织基础，

也推动着以向学生、工人等宣传马克思主义理论为己任的学生红色理论社团的创立与发展，这一时期的典型代表是以各地早期共产主义小组为基础所成立的马克思主义理论研究社团。依托于各地的共产主义小组，红色理论社团如星星之火创立发展起来，这些社团既注重成员自身对马克思主义理论的研究，更注重以各式各样的实践活动向其他学生、贫苦工人以及农民宣传马克思主义，推动了马克思主义在不同群体中的大众化进程。以李大钊在北大创立的马克思学说研究会为例，社团成立次年在《北京大学日刊》上刊登启事，公开宣称其成立并招纳会员，随后社团发展到一百二十余人，其以学生为主体，但也有工人的参与。社团的主要活动是搜集马克思学说的德、英、法、日各种文字的图书资料，并加以编译，组织讨论会和专题研究，主办讲演会、纪念会等以促进马克思主义在中国的传播，同时还支援过唐山煤矿工人的罢工斗争等活动。

从上述对大部分进步社团开展的活动进行梳理，不难看出搜集译介马克思主义学说、组织讨论演讲以及参加或支援学生或工人运动是该时期进步社团推动马克思主义大众化的三个重要方面。其中，搜集译介马克思主义学说、组织讨论演讲是加深对马克思主义理论的研究与认知，而后者则是在某种程度上将马克思主义理论应用于实践，并在这一过程中向除社团成员以外的群体宣传马克思主义，从而促进了马克思主义大众化的进程。与此同时，这些理论社团大多是依托于或紧密联系于各地的共产主义小组而创立的，其发展也为中国共产党的成立提供了组织力量、奠定了思想基础。总体而言，这一时期理论社团的发展仍处于起步阶段，数量较少且承受着北洋政府的压迫，加之马克思主义也是刚刚传入中国不久，因此社团成员本身对马克思主义的理解还不够深入，难免在宣传中带有些许不足；但值得肯定的是进步社团在这一时期如星星之火开启了青年学生宣传马克思主义、进行救亡图存运动的新起点。

（二）1921—1949 年：革命中艰难探索

1921—1948 年红色理论社团在革命中艰难探索，其主要历经了从中国共产党的成立、国共合作、土地革命以及抗日战争和解放战争等重大时期，也正是在这样的背景下，理论社团的建设目的始终与当时中国共产党领导的新民主主义革命相一致。北伐战争、土地革命期间理论社团在挫折中不断成长，抗日战争中青年学生爱国热情的激发使得其高速发展，解放战争期间支撑在学生运动“第二条战线”中继续发展，在这一过程中理论社团不断探索对马克思主义的深入认知、探索马克思主义与中国实际相结合的途径。

1. 1921—1937 年的萌芽与早期成长

从中国共产党的成立到抗日战争全面爆发前夕，党从创立，历经国共合作的起起落落后不断艰难探索，在这一过程中对于马克思主义理论的认识也在不断深化；而自从中国共产党诞生后，特别是中国共产主义青年团的成立，使得以宣传马克思主义理论为己任的红色理论社团的发展有了领导核心。1921—1937 年，各高校红色理论社团成员积极投身于国共合作的国民革命，办报刊与其他非马克思主义论战、传播马克思主义，参与五卅运动、北伐战争践行马克思主义；大革命失败后，在国民党政府的高压政策下，红色理论社团同党一样遭遇了前所未有的挫折，但政治环境的持续恶化使他们在党的领导下不断探索抗日救亡，重新点燃马克思主义和中国实际相结合的星星之火。

动荡往往催生思想的论战，国民大革命时期的起起落落、土地革命时期的尝试探索使得马克思主义理论在不同群体中的传播受到质疑。因此，早期成立的北大马克思学说研究会、北大社会主义研究会，以及为声援五卅运动而成立的成都大学（1931 年并入四川大学）社会科学研究社等都通过发表文章、演讲以及办报刊等方式与各种非马克思主义论战，既加深成员自身对马克思主义理论的理解，也能厘清青年学生的思想认识，培育潜在的信仰者。1927 年大革命失败后，国民党严厉清除共产党并在全国高校内推行党化教育，在其政策高压之下，高校红色理论社团的发展几乎陷入停滞状态，但在共青团的带领之下，亦有部分学生红色理论社团参与到秋收起义以及创建农村革命根据地的斗争当中。1931 年九一八事变引起了学生的轩然大波，特别是在 1935 年“一·二九”学生运动后一大批红色理论社团发展起来。

2. 1937—1945 年的快速发展

全面抗日战争爆发后，国共合作建立起抗日民族统一战线，但不论是共产党还是国民党，都希望将青年学生置于自己的领导之下。国民党主张以严厉的手段“以党治校”，并成立三民主义青年团以吸纳青年学生，因此，在抗日救亡的爱国运动中、在国民党积极吸纳青年学生的政策背景下，红色理论社团在迫切中高速发展。这一时期红色理论社团的发展以抗日救国为主题，以根据地高校为主阵地，在数量上呈不断上升的趋势。

纵观这一阶段红色理论社团，其在成立之初并不带有明显的政治倾向性，而是以已有的学生团体（如在一起吃饭游玩的团体）、同乡团体或学生兴趣团体为基础，吸收其中的优秀分子，逐步进行马克思主义和抗日救国教育，而其对于马克思主义的大众化传播更侧重于学生所开展的各种抗日救国运动。

3. 1945—1948 年的继续发展

解放战争时期，毛泽东曾指出：“中国国境内已有了两条战线。蒋介石进犯军和人民解放军的战争，这是第一条战线。现在又出现了第二条战线，这就是伟大的正义的学生运动与蒋介石反动政府之间的尖锐斗争。”① 而作为“第二条战线”的学生运动离不开相应的马克思主义斗争理论的支撑和实践主体，除中国共产党和青年团之外，红色理论社团也是学生运动的重要支撑之一，从这一时期各高校新成立的红色理论社团可见一斑。清华大学于1945年成立的中国民主青年同盟、1948年春成立的新民主主义青年联盟主要是联合进步之青年学生与国民政府“公开谈判”；四川大学在这一时期分别成立女生社、川大文摘社以及中国火星社等。这一时期尽管解放战争仍在继续，但各红色理论社团依托于高校所开设的马克思主义理论课程，通过邀请进步人士作报告、开展马克思主义读书会以及办报刊等方式加深了学生对马克思主义理论的认识，也推动学生积极投身于爱国救亡的学生运动，探寻马克思主义理论与中国实际的结合实践中。

（三）1949—1978年：社会主义革命和建设中发展

1949年新中国成立，中国共产党由革命党转变为执政党，红色理论社团政治斗争的历史使命已基本结束。该时期国家颁布了一系列法规条例，逐步规范高校学生社团的发展，红色理论社团制度机制日趋完善。围绕当前党和国家发展任务，红色理论社团成员积极投身社会主义建设的浪潮，新中国成立之初的土改运动、“三反五反”运动、农村“四清”运动等都有学生的身影，在这样的政治实践运动中既加强了社团成员对马克思主义理论的理解，也通过其将马克思主义在广大农村地区传播。但这种运动化的发展趋向在后来“左”倾思想的错误指导下，使得红色理论社团的发展走上了一种“不正常”的状态，而在“文化大革命”期间其发展陷入全面萎缩停止阶段。

这一时期，红色理论社团与新中国社会主义建设紧密相关并为其服务。其制度化规范发展和运动式政治实践从不同的侧面推动着马克思主义大众化进程，一方面其制度化规范化发展使其在高校党委、团委的领导下成为高校思想政治理论课堂的补充，不断加强其成员对马克思主义和社会主义建设的理解和认同；另一方面运动式的政治实践则在具体的社会主义建设实践中加深了广大青年对社会主义、马克思主义的理解，并在这一过程中在广大农村地区进行着集体主义、社会主义教育，使其积极投身于新中国社会主义建设中。尽管这一时期红色理论社团的发展也遭遇过挫折与停滞，甚至走向错误的方向，但总体而言其在推动马克思主义大众化、服务新中国社会主义建设方面发挥了重要作用。

---

① 毛泽东. 毛泽东选集：第四卷［M］. 北京：人民出版社，1991：1224－1225.

（四）1978 年至今：中国特色社会主义实践中创新发展

改革开放至今，红色理论社团在中国特色社会主义的实践中不断走向成熟与创新。契合新时代下中国发展的实际需要和青年学生的兴趣需要，红色理论社团的发展在逐步恢复的过程中，积极探索与高校思想政治教育相融合的发展道路，既作为高校思政教育的“第二课堂”，也通过各种形式丰富的实践活动积极进行自我建设和开拓发展，使得马克思主义大众化的推进潜移默化、深入细致。

1. 1978—2012 年的重生与转型

1977 年，由于“文化大革命”的冲击而中断了十年的中国高考制度得以恢复，各高校都补充进一批新鲜的“血液”，高校学生社团逐步开始重生与转型，并进入发展新高潮。在当时“解放思想、实事求是”的社会大环境下，高校学生社团逐步向多元化的方向发展，政治类、学术类和文体类的社团都有所发展，红色理论社团则属于政治方面以深入研究理论为基调的马克思主义理论研究社团。在这样的背景下，红色理论社团只有在坚持党委、团委的领导下，契合学生多元化的兴趣要求，才能更好地实现其思想政治教育功能。

思想政治工作是党在高校一切工作的生命线。“文化大革命”结束后党中央开始逐步恢复受到严重破坏的高校思想政治工作，其中，对于马克思主义理论课程的恢复作为一项重要内容被提上日程。在此基础之上，各高校还根据时代发展和变化特点，增添了思想品德课。红色理论社团作为思想政治教育的重要组成部分逐步恢复发展起来，并在有关政策的支持下，步入繁荣发展新阶段。2004 年中共中央、国务院《关于进一步加强和改进大学生思想政治教育的意见》和 2005 年共青团中央、教育部《关于加强和改进大学生社团工作的意见》等文件的发布和实施使得红色理论社团迅速发展起来，如 2007 年，北京大学、天津科技大学等高校自发成立了科学发展观研究会；2009 年 11 月，山东省大学生红色理论社团联盟成立；2011 年，上海市大中学生理论学习型社团联盟成立；等等。而在红色理论社团的具体运作方式上，其不再过分拘泥于枯燥的政治理论学习或鲜明的政治实践活动，而是根据学生兴趣，将马克思主义理论教育融合入多种多样的生动活动中，使得思想政治教育潜移默化。红色理论社团与思想政治教育的密切结合以多元化的方式推动着马克思主义在学生群体、教师群体以及社会群体间的广泛传播。

2. 新时代条件下的创新发展

“党政军民学，东西南北中，党是领导一切的。”① 十八大以来，党进一步加强对高校的领导，特别是加强和改进党对高校思想政治工作的领导，掌握高校思想政治工作主动权。在新时代中国特色社会主义思想的指导下，红色理论社团也成为思想政治教育的前沿阵地、成为学习和宣传党的思想和理论的重要窗口，肩负着学习、研究和宣传马克思主义、培养中国特色社会主义事业合格建设者和可靠接班人的重大任务。十八大以来，各高校的红色理论社团在建设与发展上不断向前迈进，其运行机制体制不断朝着成熟和创新的方向发展。特别是 2016 年 12 月全国高校思想政治工作会议在北京举行后，红色理论社团踏上了自我建设与开拓发展的新征程，在时代大背景下让马克思主义真正地入脑、入心、见行动，培育更多的青年马克思主义者，并将其聚拢到党领导的伟大事业周围，是新时代红色理论社团的建设要义。例如，我国的吉林省共有大学生马克思主义理论自学组织5000 多个，参加人数达20 多万。东北师范大学为支持“青年马克思主义者学习研究会”，专门设立马列主义自学组织理论研究专项经费，每年拿出 2 万元支持自学组织的课题建设，8 万元支持各类马克思主义理论及实践领域的科研课题立项，3 万到 5 万元支持学生社会实践。此举一出，吸引了不少大学生学习和研究马克思主义理论。目前，不少地方和高校的红色理论社团正在积极探索创新发展之路，推动马克思主义理论更好地传播发展，从而为中华民族之伟大复兴积蓄青年力量。

三、红色理论社团推进马克思主义大众化的现状分析

（一）问卷设计

1. 设计维度

问卷设计主要围绕红色理论社团基本情况、社团相关制度建设及执行、社团共建、社团活动情况、在马克思主义大众化发展中的作用、社团骨干培养等方面。共设计题目 35 题，其中，客观题目 34 题，主观题目 1 题。

2. 基本情况

问卷面向全国高校红色理论社团发放，发放 300 份，收回 279 份，涉及北京、上海、福建、广西、重庆、河南等 18 个省市（山东、北京、青海、广东、台湾、上海、云南、浙江、海南、甘肃、河南、湖北、宁夏、陕西、河北、福

---

① 习近平．决胜全面建成小康社会夺取新时代中国特色社会主义伟大胜利—在中国共产党第十九次全国代表大会上的报告［M］．北京：人民出版社，2017：8．

建、重庆、山西)，覆盖北京师范大学、北京大学、清华大学、中国人民大学、中国青年政治学院、中共中央党校、华东师范大学、广西师范大学、西南大学、厦门大学、兰州大学、海南大学、陕西师范大学等多所高校。问卷发放对象主要是社团成员及骨干。

（二）数据分析

1. 红色理论社团总体处于中小规模，成员构成较为多元

调查显示，高校红色理论社团规模大部分为50人以下，较少部分的社团规模在50～100人（见表1）。由此可见，高校红色理论社团的规模总体上来说，还是属于中小规模。因此，在社团制度设计层面以及社团管理层面，我们应该着重关注中小规模社团的具体特征。同时，调查显示，高校红色理论社团的成员构成方面，以研究生为主的社团数量占比要高于本科生为主的社团的数量。由此可以看出，研究生可能更倾向于参加红色理论社团，这与研究生的理论素养较高可能有一定的关系。在社团成员的来源上，我们可以看出，高校红色理论社团的成员并非只是来源于马克思主义学院，有近一半数量的社团，其成员是由来自全校各个院系的学生组成（见图1)。人员构成上的复杂多元，对于红色理论社团建设来说具有很大的影响，在一定程度上直接关系社团的定位、活动开展形式等实际问题。

表1　您所在红色理论社团的规模为?

选项	比例
50人以下	59.81%
50～100人	23.36%
100～300人	12.15%
300人以上	4.67%
本题有效填写人次	279

2. 社团成员关系相对融洽，但社团凝聚力仍需提高

通过调查，可以看出多数被调查者对高校红色理论社团负责人、成员相互关系作出了较为正面的评价（见图2)。其中有近50%的同学指出社团负责人有责任担当意识、有较强业务及管理能力。社团成员有着共同的兴趣目标，彼此之间相处融洽（见图3)。但也有部分成员表示，所在社团的凝聚力一般（见表2)，社团成员彼此之间的交流交往仅限于活动的开展与参与方面。而又因为社团本身并未充分突出自身特色，相关的活动又流于形式，内容枯燥，缺乏创新，从而导致社团成员缺乏活力和激情，对所在社团的认同度一般。

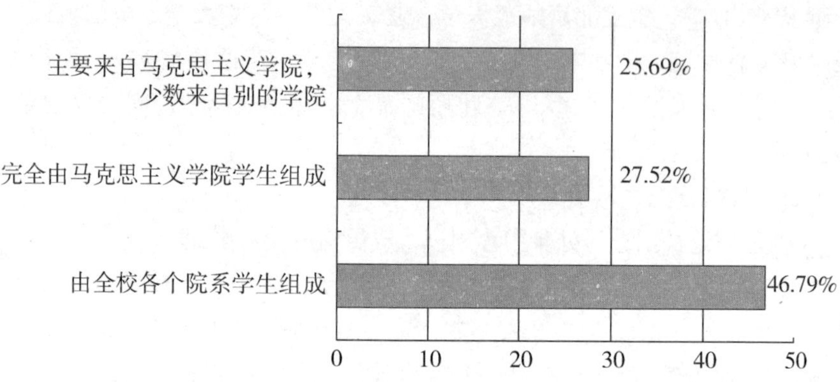

图 1　您所在红色理论社团成员的主要来源？

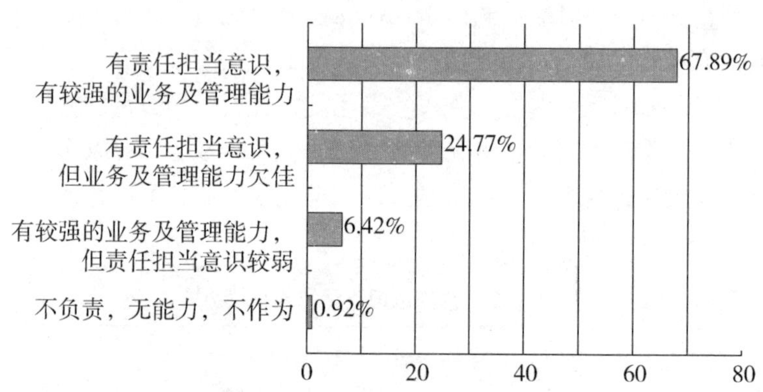

图 2　您对所在社团的主要负责人印象如何？

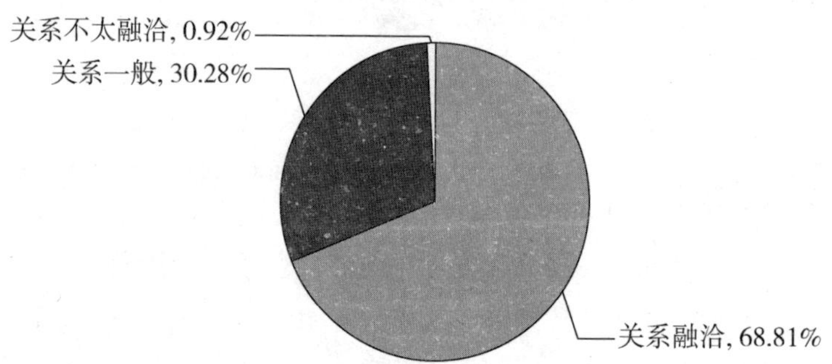

图 3　您所在社团成员关系如何？

表 2　您所在社团的凝聚力？

选项	比例
凝聚力较高，成员有共同兴趣与目标	54.13%
凝聚力一般，共同目标与兴趣仅限于活动参与	39.45%
凝聚力较低，基本无共同目标与兴趣	5.5%
对此不清楚	0.92%
本题有效填写人次	279

3. 红色理论社团活动频次较高，但活动质量亟待提升

对红色理论社团开展活动的内容，频次及质量调查，详见表 3、表 4 及图 4 至图 7。

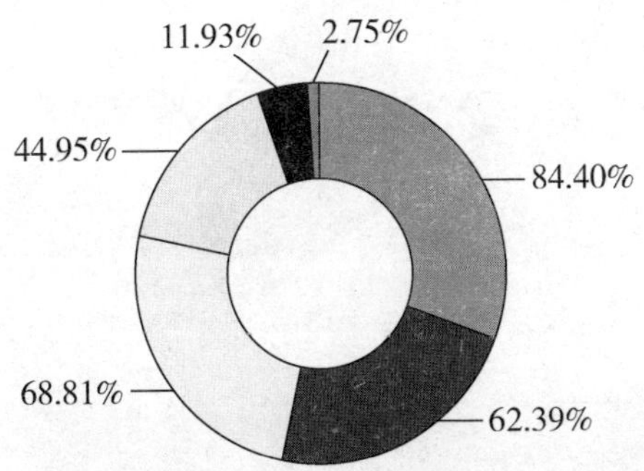

图 4　您所在的红色理论社团开展过哪些活动？

表 3　您所在红色理论社团开展的活动与党团组织活动的关系是？

选项	比例
完全一致	16.82%
有部分的交叉	75.70%
完全独立	7.48%
本题有效填写人次	279

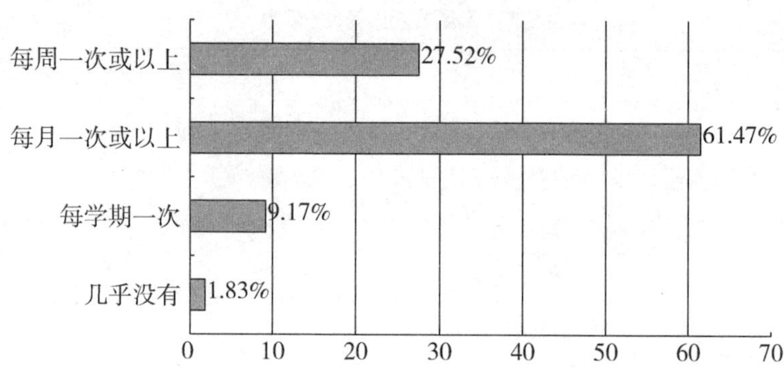

图 5　您所在红色理论社团举办活动的频率为？

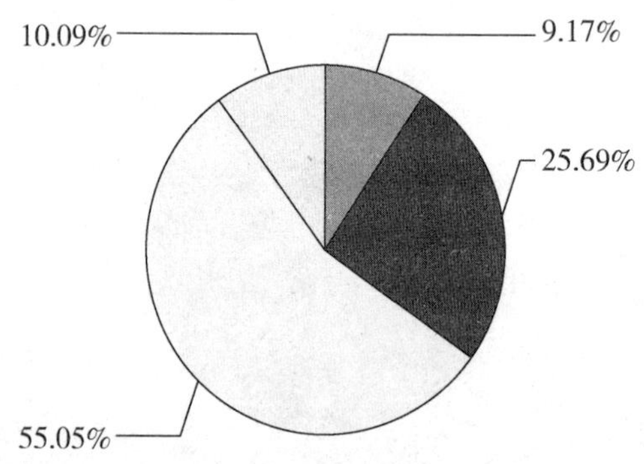

■活动形式陈旧，基本不愿意参与活动
■活动形式较为单一，主要依靠外力参与相关活动（如团委要求、学分要求）
□活动形式较为多样，能够主动参与其中一些活动
□活动形式新颖，能够体现社员发展需求，参与积极性高

图 6　您所在社团活动状况？

表 4　您参加红色理论社团举办活动的频率为？

选项	比例
全部参加	20. 56%
部分参加	77. 57%
从不参加	1. 87%
本题有效填写人次	279

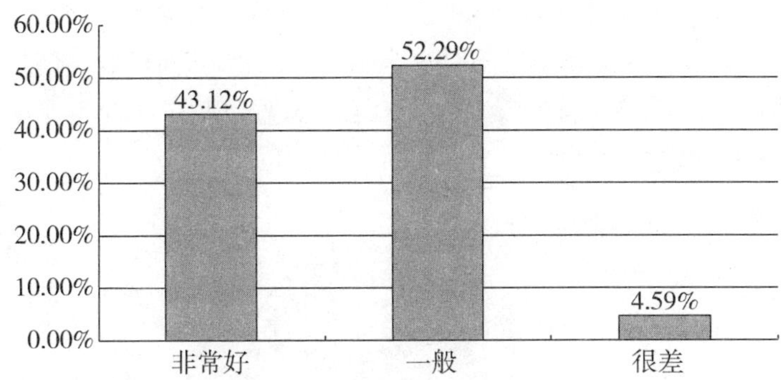

图7　您认为您所在红色理论社团活动整体质量如何?

调查显示，高校红色理论社团有三个占比较高的活动形式，依次为读书会、学术讲座等理论学习类讲座，高校论坛等校际交流类活动，理论宣讲等宣传类活动。除此之外，部分社团也开展过参观红色基地等实践类的活动，但是占比不高。由此可以看出，高校红色理论社团在其活动形式上还是更侧重于理论学习、交流、宣传类，而实践性较强的活动开展情况不佳。

在社团活动的举办频率上，我们发现绝大部分的社团能够积极进行活动开展，每月甚至每周都会举办至少一次活动。由此可以看出，高校红色理论社团活动开展频率还是比较高的，活跃性较强。但是，通过调查我们发现，红色理论社团活动的形式较为多样，成员能够主动参加部分活动，但新颖程度较低。在小部分的红色理论社团活动中仍然存在活动形式单一陈旧及成员被动要求参与等情况。就社团活动质量而言，整体质量非常好的红色理论社团虽然低于整体质量一般的红色理论社团的数量，但差距不大。由此可以看出，高校红色理论社团活动整体质量绝大部分处于中上水平。但是，我们也必须承认，还有一部分红色理论社团的活动虽有活跃度，但活动有效性并不高。

此外，调查显示大部分高校红色理论社团开展的活动与党团组织活动有部分交叉，一小部分的社团活动甚至与党团活动完全一致，完全独立于党团组织活动的仅占7.48%。可见部分高校红色理论社团的独立性较差，存在“搭党团活动顺风车”的问题。

4. 社团内部制定有规章制度，但仍需规范完善

规章制度是社团规范运行的重要保证。从目前调查的结果来看，近80%的人表示所在理论社团制定了相关的规章制度（见图8），实现了社团的规范化运行与发展。但也发现当前高校红色理论社团制度建设仍存在一定的问题，需要规范和完善。在“您认为您所在红色理论社团有哪些不足”一题（见图9）中

就有超过50%的被调查者指出所在社团管理制度存在不健全的问题，认为社团内部管理有着明显问题。调查中有部分人员表示红色理论社团没有明确的成员、干部选拔标准（见表5、表6），从中不难看出有些红色理论社团存在选人用人制度不够完善等问题。

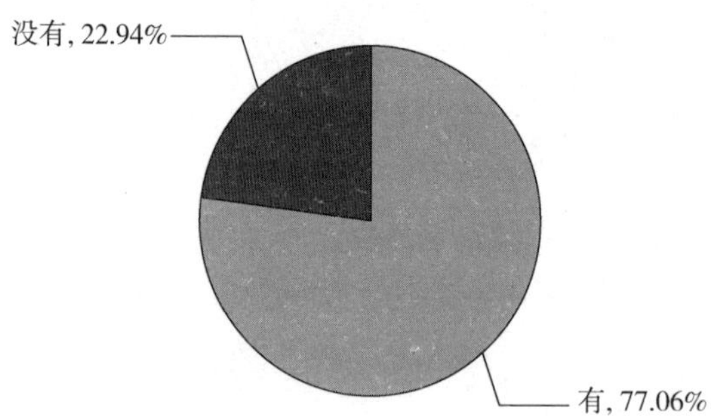

图8　您所在红色理论社团是否有完善的规章制度？

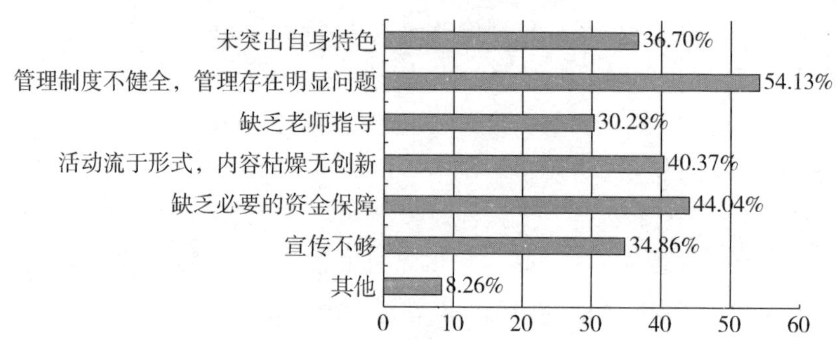

图9　您认为您所在红色理论社团有哪些不足？

表5　您所在红色理论社团是否有明确的成员选拔标准？

选项	比例
有	70.09%
没有	29.91%
本题有效填写人次	279

表6　您所在红色理论社团是否有明确的干部或负责人选拔标准？

选项	比例
有	82.24%
没有	17.76%
本题有效填写人次	279

5. 社团成员共建需要明显，但社团缺乏有效的共建机制

社团结对共建是利用协作优势推动红色理论社团发展，扩大社团影响力，推进马克思主义中国化、大众化的重要途径。超过90%的被调查者认为红色理论社团有与其他组织或单位共建的必要（见表7）。但与此形成较大落差的是，在关于“您所在社团是否与其他组织（单位）结对共建”一题中，有超过一半的成员表示所在社团不存在与其他组织或单位结对共建的情况（见表8）。这样的差距不仅直接影响了社团成员的积极性，也制约了社团发展的空间。

表7　您认为红色理论社团是否有与其他单位（组织）共建的需要

选项	比例
是	89.36%
否	10.64%
本题有效填写人次	279

表8　您所在社团是否与其他组织（单位）结对共建

选项	比例
是	42.99%
否	57.01%
本题有效填写人次	279

调查显示，与红色理论社团合作共建的对象是多元的，既包括校内的党委团委、思政课、其他社团，还包括校外的红色基地、企事业单位等，其中与校党委团委以及其他社团共建较多（见图10）。与其他单位共建的方式也是多样性，但主要是理论宣讲和学习研讨（见图11），共建方式有待进一步创新。大部分的社团与其他单位组织是围绕着某一专项主题，或是建立一次性的合作关系（见图12）。与其他组织（单位）有着长期的合作关系，且共建活动形式多样的社团仅占存在结对共建的1/2，占总体的1/5。不难看出，红色理论社团与其他组织单位共建发展可行且有益，但在具体过程中，多数高校红色理论社团与其他组织（单位）缺乏有效的结对共建机制，甚至没有同其他组织（单位）合作共建。

6. 学生红色理论社团外部支持力度不足，缺少硬件设施

高校红色理论社团作为思想政治教育课堂的重要补充，作为培养马克思主义者的重要基地，其发展既需要内部自我完善，也需要外部的支持和指导。从

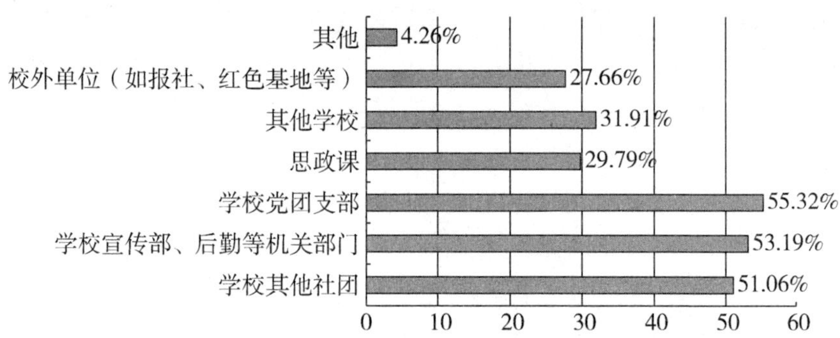

图10　与您所在社团实现共建的对象是?

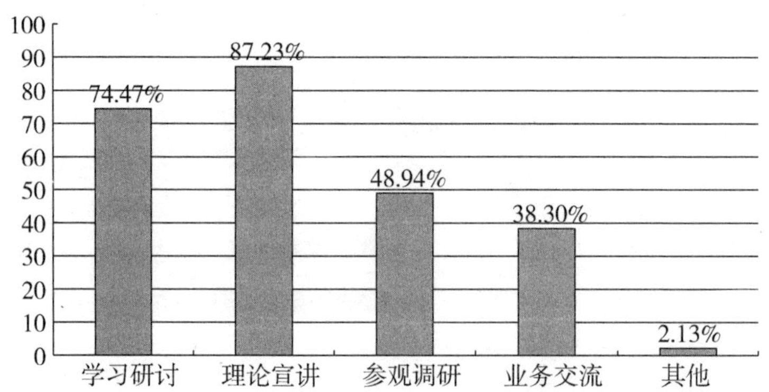

图11　共建活动主要采取的形式?

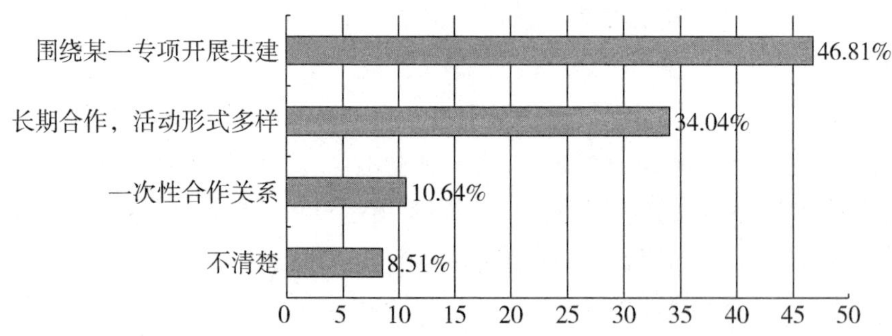

图12　您所在社团与其他组织（单位）的关系定位是

调查结果来看，被调查者指出红色理论社团内部建设中的确存在着许多问题，但外部支持力度不足也直接制约着红色理论社团的发展。在“您认为您所在红色理论社团的不足?”一题（见图13）中，有超过40%的成员表示资金匮乏是制约红色理论社团发展建设和正常开展活动的瓶颈之一。除此之外，社团成员还表示，在活动场所上，红色理论社团一般没有专门的办公场所，学校也没有为红色理论社团活动开辟专门的场所。

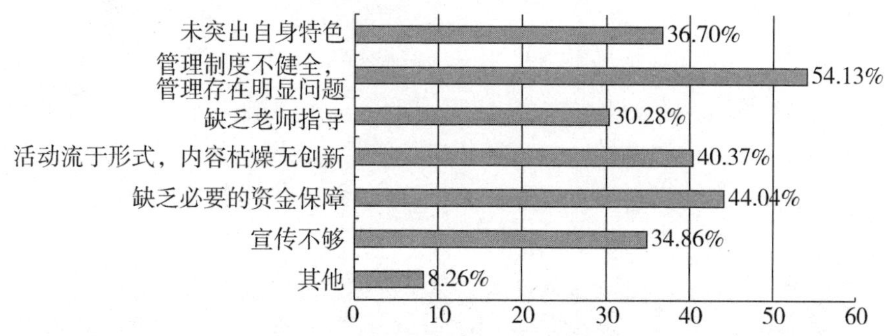

图13　您认为您所在红色理论社团有哪些不足?

（三）存在问题

随着高校学生社团的不断发展，以学习先进的科学理论和重要思想为主要内容的高校红色理论社团，在校内外发挥的影响力和作用也不断增强。高校红色理论社团作为马克思主义大众化的重要载体，它为高校宣传马克思主义提供了新的途径和方式，然而受其性质的影响，红色理论社团自身发展还存在一些问题。

1. 红色理论社团总量较少，人数规模有限，各校发展不平衡，虎头蛇尾式的社团较多。与其他体育、娱乐类兴趣社团相比，大学生对组建学术性、政治性的社团兴趣较低，因此，高校红色理论社团相对较少。同时，各校红色理论社团本身的发展水平也不平衡，有些高校的红色理论社团规模大、活动多、影响面广、自身制度建设完善，而有些高校的红色理论社团光凭社团骨干成员的一时热情，成立之初大家蜂拥而至，一段时间过后，便处于无声无息状态，存在虎头蛇尾的现象。此外，各高校红色理论社团数量上也有很大差异，有的高校拥有五六个规模庞大、人员众多的红色理论社团，但有的高校红色理论社团数量少，而且社团规模很小，有的甚至没有成立。结构、发展上的不合理不平衡问题严重削弱了社团发展的内驱力，影响社团的长远发展。

2. 红色理论社团的理论偏向比较重，实践性较弱，吸引力不够。理论学习与研讨是高校红色理论社团一项重要的活动内容，但是社团的学术研究活动多局限于老师、部分研究生和博士生，对于本科生和多数硕士生的影响较小。有些学生认为，学习马克思主义比较枯燥，不喜欢参加理论研讨类的活动。除此之外，不少被调查者反映，所在社团的活动内容缺乏针对性、创新性和超前性，内容浅显，形式不新颖，缺乏吸引力。而且有的社团存在活动形式化的倾向，这些问题对于社团更大范围的影响朋辈群体、更好地发挥社团辐射力产生了消极影响。

3. 红色理论社团在推进马克思主义大众化中的作用力不足。当前，高校红色理论社团在推进马克思主义大众化中主要存在以下问题：

第一，成员构成结构单一。目前高校红色理论社团成员的学科背景大多是马克思主义理论、中共党史、政治学以及哲学等专业，学科背景较为单一；

第二，高素质马克思主义理论人才缺乏。一方面是因为部分学生本身专业基础不扎实，另一方面因为高校对学生理论社团成员的理论培养的重视程度不够，学生社团缺乏理论专家的支持和指导；

第三，马克思主义理论的传播路径单一。目前红色理论社团主要通过理论讲座和宣讲活动进行马克思主义理论的大众化传播，相对而言，网络媒体的运用仍处于起始阶段，效果不显著。比如，红色理论社团的网站、论坛、微信、微博等网络传播平台建设相对滞后，在传播内容方面没有进行话语体系的转换，吸引力不足，传播平台由于缺乏专门人员维护，内容不能及时更新等；

第四，理论宣传内容的深度不够。部分理论社团成员的学术科研水平和理论宣讲能力有限，在推进马克思主义大众化传播的过程中，难免出现理论深度不足的情况，直接影响了理论传播的公信度和说服力；

第五，高校红色理论社团缺乏与其他社会团体、党政机关的长效联系机制。社团的发展只有与社会接轨，才能拓宽大众化传播的范围。当前高校红色理论社团多缺乏共建单位，限制了理论传播的范围，使其影响力减弱。

四、红色理论社团推进马克思主义大众化的对策建议

（一）明确红色理论社团在推进马克思主义大众化中的原则要求

马克思主义大众化是指马克思主义基本原理由抽象到具体、由深奥到通俗、由被少数人理解掌握到被广大群众理解掌握的过程。红色理论社团由高校学生依据兴趣爱好组成，通过举办各种社团活动学习、研究、宣传马克思主义理论和党的理论学习，不断提升自身的理论水平和政治素养，树立坚定的马克思主义信念，并努力在全校范围内营造良好的学习氛围。社团活动往往将马克思主

义理论与多彩的活动相结合，将马克思主义大众化的传播者与受众紧密相连，促进马克思主义大众化的发展。

1. 红色理论社团必须坚持自身特色。习近平总书记指出：“办好中国特色社会主义高校，要坚持不懈传播马克思主义科学理论，要坚持不懈培育和弘扬社会主义核心价值观，要坚持不懈促进高校和谐稳定，要坚持不懈培育优良校风和学风。”① 深刻理解学习并广泛传播马克思主义理论是高校红色理论社团的主要职责，也是社团推进马克思主义大众化的主要方式。因此，社团首要的也是最基础的任务就是积极开展各类理论学习研讨活动，加强社团成员对马克思主义及其中国化创新成果的学习与研究。读书会、研讨会等都是理论社团活动的主要形式，在此基础上还可以积极邀请马克思主义专业领域内的专家学者、邀请国内外知名专家学者举办学术讲座、交流会，就马克思主义理论热点、经典问题进行指导交流，不断提升社团成员们的理论水平。同时，理论与实践相结合，社团也应积极开展各类宣讲活动，通过宣讲不断提升社团成员的理论水平，推动马克思主义理论的传播。

2. 红色理论社团要主动加强与高校其他学生活动的融合。红色理论社团是当前高校范围内推动马克思主义大众化的重要载体。社团以学习先进的理论为主要内容，倡导自主学习、朋辈影响，在开展各类社团活动的时候要避免理论与实际相分离。“纸上得来终觉浅，绝知此事要躬行。”当前许多高校红色理论社团在指导老师的带领下，积极探索与其他各高校、社团、社区党组织的联系合作，共同策划组织与马克思主义相关的学术活动和实践活动。让社团成员通过活动更加深刻地理解马克思主义，明白理论只有与实践相结合才能发挥出更大作用。加强理论社团与其他活动的融合，要正视举办活动的导向，不可偏离，这与最终活动效果和反馈有着最直接的联系。

（二）创新红色理论社团推进马克思主义大众化的方式方法

1. 依托校园文化推进马克思主义大众化。校园文化与校园环境对学生具有润物细无声的影响。红色理论社团应充分利用校园文化和校园环境营造良好的学习氛围，让学生受到马克思主义理论的熏陶，激发和培育学生对马克思主义理论的学习兴趣。正如党和国家的方针政策大多通过电视广播、政府媒体等进行传播，这些媒体平台具有较强的导向性和示范性。红色理论社团可以借鉴学习这种传播方式，借助校报、电台、宣传橱窗等形式宣传马克思主义理论，对学生进行马克思主义人生观、价值观、世界观的引导和教育，进行正确的价值引导。

---

① 习近平．在全国高校思想政治工作会议上的讲话［N］．人民日报，2016－12－09.

2. 借助互联网开展宣传马克思主义的活动。随着互联网的兴起与应用发展，信息文化传播的方式已经越来越多元，平面媒体与网络空间的相互渗透、有机结合已经实现，网络宣传变得越来越便捷重要，逐渐成为信息传播的重要方式。微信公众号、微博、贴吧、论坛等是当前高校学生交互往来的重要平台。红色理论社团应与时俱进，创新利用各种网络宣传平台，占领网络宣传阵地，唱响主旋律。首先，社团要加强马克思主义大众化信息平台建设，建立专业化网站，增强马克思主义理论对其他网站的信息渗透，努力发挥好社团在宣传上的优势；其次，社团应集聚利用各方力量为相关的网站、网页栏目提供优质的资源；最后，社团要努力加强各网络平台与马克思主义大众化的互动性，开展开放式学习和互动式学习。

3. 以学生实际需求作为推动马克思主义大众化的导向。推动马克思主义大众化，必须切实维护好人民群众的根本利益。高校范围内推进马克思主义大众化，也要切实维护好广大学生群体的利益和需求，让学生切身感受到经济社会发展带来的福利与便捷。同时，关注学生关注的热点问题，解释和解决学生的实际问题。"马克思主义不是对'彼岸世界'的一种论证，而是对'此岸世界'的现实关注。"① 高校红色理论社团必须以学生最关心、最现实的问题为导向；用马克思主义中国化的最新理论成果对学生关注的疑难热点进行分析和解释；倾心了解学生顺应时代发展变化的新愿望、新要求、新期待，把学生的需要当作第一任务。

4. 加强红色理论社团在推动马克思主义大众化过程中的驱动力建设。红色理论社团对马克思主义理论的宣传效果除了与社团自身的能力有关之外，还与学校的一些政策息息相关。要想增强红色理论社团推进马克思主义大众化的作用，可以从高校学生群体的驱动力建设入手。学校可以把红色理论社团建设纳入学分制体系之中，以计入学分来鼓励学生参加社团工作和活动。为鼓励学生广泛地参加各种红色理论社团活动，学校可将学生社团参与情况纳入评奖评优的考核中去，进一步调动学生的积极性，促进红色理论社团推动马克思主义大众化。

（三）优化高校红色理论社团队伍建设，多方参与，形成合力

学生是红色理论社团的主体，要使红色理论社团更广泛地凝聚青年学生，离不开健全的社团成员组织管理机制；指导教师在引导社团发展，正确传播马克思主义理论中发挥着举足轻重的作用，因此应不断提高指导老师的参与性和工作水平；社会是红色理论社团开展活动的大舞台，所以要建立健全公众参与

---

① 中央党校中国特色社会主义理论体系研究中心. 当代中国马克思主义的大众化及其实现途径［N］. 光明日报，2009-08-04.

机制，让青年学生走出校园，走向社会。

1. 通过机制建设强化对红色理论社团成员的组织管理。为解决社团内部人才知识结构单一、社团成员管理不科学等问题，红色理论社团应建立健全的人才招募、选拔和管理机制。社团可以采取公开招募与院系推荐相结合的方式来招募人才，让更多对马克思主义理论感兴趣的同学加入社团参与理论学习与实践，在这个过程中保证人才招募的公平公正。公开招募给更多人有机会加入理论社团，保证社团成员学科背景的多元化；院系推荐有利于挖掘发现优秀人才，优化社团人才结构，使得理论社团与院系之家的联系更加密切。同时，也应该建立系统科学的人员考评与奖励激励机制，科学管理社团成员，减少人才的浪费与流失。

除此之外，应该选拔培养一批政治立场坚定、理论功底扎实、领导组织才能卓越的社团骨干，组建一支富有领导力和凝聚力的干部团队。就社团骨干培养而言，要着重对红色理论社团骨干加强四方面能力的培养：一是政治理论素质，社团骨干应该具备高度的政治敏感性，扎实理论基础，善于运用马克思主义分析和解决问题；二是组织和领导能力，社团骨干要善于组织和领导社团成员，有能力把同学们凝聚到社团里，为社团发展和马克思主义大众化努力奋斗；三是语言表达能力，社团骨干要善于表达，能够生动地将理论讲给别人听，促进马克思主义理论的传播，感染、影响更多的人；四是创新创造能力，社团骨干应坚持与时俱进、勇于创新，积极开展具有新时代特色的社团活动，凝聚青年学生，让红色理论社团永葆生机与活力。

2. 选派思想政治教育专职教师，加大指导力度。理论社团的发展离不开指导老师的指导与帮助。高校应充分调动教师的积极性，选派政治素质高、业务精湛的教师，尤其是思想政治教育专职教师担任社团的指导教师，为社团推进马克思主义大众化提供专业和有效的指导，并积极创造条件，提高指导教师的参与性和工作水平。目前，大多数社团的指导教师会对社团举办的大型活动给予指导，但是对于社团日常运行缺少监督负责。因此，可以实行专业教师负责制，或者实行双导师制，指导社团的活动开展与日常运行，保证红色理论社团积极发挥好推进马克思主义大众化的作用。

3. 建立健全公众参与机制，走出校园，走向社会。理论社团应建立健全的公众参与机制，走出校园，面向社会。具体可以从以下三个方面入手：一是建立社团、高校、社会三位一体、良性互动的马克思主义宣传平台。多方共促的平台建设既有利于提高社团成员的理论水平和思想觉悟，又能使理论被更多人民群众所了解和掌握，不断寻找发展的新空间，真正实现马克思主义的大众化。

二是要建立社团与党政机关、社会团体和中小学党团组织间的长效联系机制，促进马克思主义理论传播活动的顺利开展以及活动效果的及时反馈，不断推进大众化传播内容和方式的修正和革新。三是充分利用新闻媒体影响力大、传播范围广、时效性强的特点，在全社会范围内营造理论学习的氛围，推动自觉学习和实践马克思主义成为全社会的共识，实现马克思主义理论和中国特色社会主义理论体系的普及并在群众的实践中不断发展创新。

参考文献

[1] 毛泽东邓小平江泽民论青少年和青少年工作 [M]. 北京：中国青年出版社，中共中央文献出版社，2003.

[2] 邓小平论社会主义时期青年和青年工作 [M]. 北京：红旗出版社，1992.

[3] 习近平谈治国理政 [M]. 北京：外文出版社，2014.

[4] 习近平谈治国理政：第二卷 [M]. 北京：外文出版社，2017.

[5] 习近平总书记系列重要讲话读本 [M]. 北京：学习出版社，人民出版社，2016.

[6] 习近平党校十九讲 [M]. 北京：中共中央党校出版社，2015.

[7] 习近平关于青少年和共青团工作论述摘编 [M]. 北京：中共中央文献出版社，2017.

[8] 习近平的七年知青岁月 [M]. 北京：中共中央党校出版社，2017.

[9] 党的十一届三中全会以来共青团重要文件汇编 [M]. 北京：中国青年出版社，2001

[10] 建党以来重要文献选编（1921—1949）：第5，26册 [M]. 北京：中共中央文献出版社，2011.

[11] 中共党史研究室. 中国共产党历史：第一卷（1921—1949）[M]. 北京：中央党史出版社，2011.

[12] 中共党史研究室. 中国共产党历史：第二卷（1949—1978）[M]. 北京：中央党史出版社，2011.

[13] 邵维正. 中国共产党创建史 [M]. 北京：解放军出版社，1991.

[14] 雷正先. 大革命时期的青年运动 [M]. 湖北：武汉大学出版社，1997.

[15] 唐宝林. 马克思主义在中国100年 [M]. 安徽：安徽人民出版社，1997.

[16] 张允侯. 五四时期的社团（一）（二）（三）（四）[M]. 北京：生活·读书·新知三联出版社，1979.

[17] 彭明. 五四运动史 [M]. 北京：人民出版社，1984.

[18] 邱伟光主编. 共青团理论教程 [M]. 上海：上海人民出版社，1991.

基于受众行为分析的高校图书馆微信公众号运营策略研究结题报告*

弓建华　钊林真　李书宁

为了解用户需求，北师图微信团队以官方微信后台受众数据为基础，通过校内受众对微信公众号利用的问卷调查、焦点小组访谈、文献调研以及高校图书馆业界调研等方式，对本微信公众号用户行为进行分析，探寻更加适合用户使用习惯的功能和方式，并总结了微信公众号运营模式和经验。

一、引言

受众，是传播学中的重要概念，指的是信息传播的接受者。受众接收何种信息、接收信息的程度如何直接影响着大众传播的效果，受众在传播过程中并不是简单的被动接受，同时还扮演着大众媒介消费者、媒介信息的接收者、传播活动的参与者和传播效果的反馈者四种角色①。伴随着网络媒体的发展，受众在传播过程中扮演的角色重要性日益凸显，受众的行为分析也受到更多研究者的重视。对于图书馆微信公众平台的运营来说，深入分析受众需求、行为并有针对性地进行内容推送和服务，才能让微信公众号在信息传播中发挥更大的作用，起到更好的传播效果。

目前针对图书馆微信平台的研究，从中国知网数据库的数据来看，研究的

---

* 作者弓建华，钊林真，李书宁，北京师范大学图书馆。

① 方芳．企业微博品牌形象传播研究［D］．湖北大学，2013.

主题集中在微信平台功能的实现、内容的建设、技术的开发等方面①②③④。对于微信的传播效果，主要以“高校微信公众号每周排名”等平台公布的通用数据进行评估，直接针对受众进行调查的研究还比较少。虽然腾讯公司每年都会公布一些受众行为分析报告，如《2017 微信数据报告》⑤，iResearch 公司近两年也在推出一些受众行为研究报告，如《中国移动社交受众洞察报告(2017)》⑥，但是这些研究都是面向全体微信受众的，高校图书馆微信受众群体的年龄、文化素养、生活方式等具有一定的特异性，这些特点使得通用性的调查结果未必适合高校图书馆微信公众号的受众群体，目前有少量学者开始关注高校图书馆微信受众的行为研究，如杨甜对高校图书馆微信公众平台受众持续关注行为影响因素进行了研究⑦，发现感知有用性、受众满意度和期望确认等是受众持续使用研究所必须考虑的关键因素。郭顺利等对高校图书馆微信公众平台受众流失行为模型及其影响因素分析的结果发现，高校图书馆微信公众平台的服务、信息、功能的各方面的因素是影响受众流失的最根本的原因⑧。本文以现有理论、业界调研为基础设计调查问卷，结合北师大图书馆官方微信后台受众数据，通过校内受众微信公众号利用情况问卷调查、焦点访谈等形式，对微信公众号受众行为进行分析，并将分析成果用于指导微信公众号运营的实践。

北京师范大学图书馆（以下简称“北师图”）微信订阅号（bnulibrary）自 2012 年开通，以资讯推送、信息发布等方式向师生、校友和社会各界人士展示我馆发展情况，推广图书馆品牌形象。近两年来北师图微信注重主题策划，通过深耕内容，积极原创，打造精品栏目，加强校内外合作与互动等方式，不断

① 吴昊. 图书馆微信公众服务平台探索与创新：以广东省立中山图书馆为例［J］. 图书馆论坛，2015，35（1）：100－104.

② 胡安琪，吉顺权. 基于用户需求的高校图书馆微信公众平台运营策略和功能设计研究：以苏州科技大学图书馆为例［J］. 图书馆学研究，2018（8）：27－32.

③ 罗涛. 图书馆微信公众平台的建设与研究［J］. 现代图书情报技术，2015（1）：96－100.

④ 周萌. 基于微信公众平台的高校图书馆阅读推广研究［D］. 天津工业大学，2017.

⑤ 腾讯发布《2017 微信数据报告》日活受众数达到 9 亿［EB/OL］. 搜狐网，2017－11－18.

⑥ 中国移动社交受众洞察报告（2017）［EB/OL］. 搜狐网，2017－09－19.

⑦ 杨甜. 高校图书馆微信公众平台受众持续关注行为影响因素研究［J］. 情报探索，2017（2）：95－103.

⑧ 郭顺利，张向先，相甍甍. 高校图书馆微信公众平台受众流失行为模型及其影响因素分析［J］. 图书情报工作，2017，61（2）：57－66.

强化微信内容建设，使得北师图微信在校内外的影响力逐渐增强。为明确了解用户需求，北师图微信团队以官方微信后台受众数据为基础，结合新媒体指数平台上相关微信公众号的数据、校内受众对微信公众号利用的问卷调查、焦点小组访谈以及高校图书馆业界调研等方式，对微信公众号受众心理和行为进行分析，探寻更加适合用户使用习惯的功能和方式，并总结微信公众号运营模式和经验。

二、用户利用行为分析

（一）在线调查问卷情况分析

北师图为更加准确地了解本馆微信公众号用户利用行为，新媒体工作组经过前期文本调查研究，设计了网络调查问卷，通过微信公众号、学校微信企业号等途径发布《北京师范大学图书馆微信公众号受众调查问卷》，辅以特定人群用户邀请调查。

此次调查共回收有效问卷203份，其中男生47人，占23.15%，女生156人，占76.85%。从身份来看，大一至大四的四个年级调查人数占比分别为27.09%、20.20%、12.32%、8.37%，硕士、博士、教师、校友和其他身份调查人数占比分别为24.14%、1.48%、1.48%、3.45%及1.48%。从所调查对象专业来看，文史类和理工类所占比重基本相当，分别为33.50%、32.02%；经管法、体育艺术类和其他专业所占比重分别为19.21%、12.32 %和2.96%。在这些受调查人群中，有88.67%的被调查者关注了北师图微信公众号，11.33%的被调查者未关注北师图微信公众号，基本达到了了解关注用户使用需求和习惯并获取未关注用户需求的目的。总体看来，调查对象较为合理，调查结论能够客观说明问题。

（二）微信公众号一般利用情况分析

1. 阅读时间分析

在对于“阅读微信公众号图文消息的习惯”的调查中（见图1），44.83%的用户表示会在无聊时随机阅读微信公众号的图文信息，18.72%的用户表示有时间就会阅读，15.76%的用户有消息推送提示就会阅读，15.27%的用户不经常阅读，5.42%的用户会在固定时间阅读。说明大部分用户都是随机的阅读微信公众号的图文信息，而只有少数用户会在特定时间习惯性的阅读公众号的图文信息。

在阅读微信公众号的时间段（见图2）方面，更多人倾向于随时阅读和在20：00之后阅读，也有用户表示会在11：00－13：00之间阅读，还有少数人会

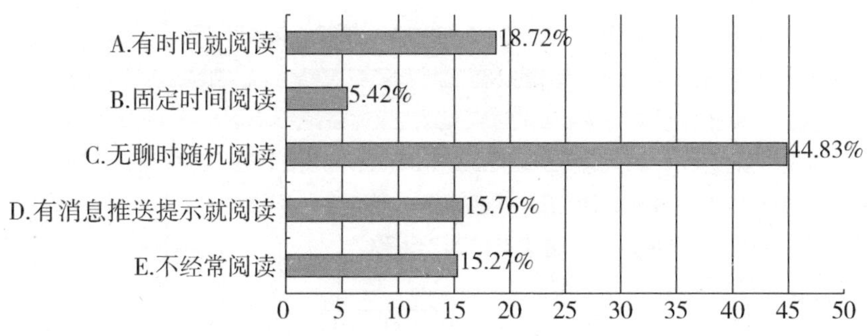

图1　公众号用户阅读频率

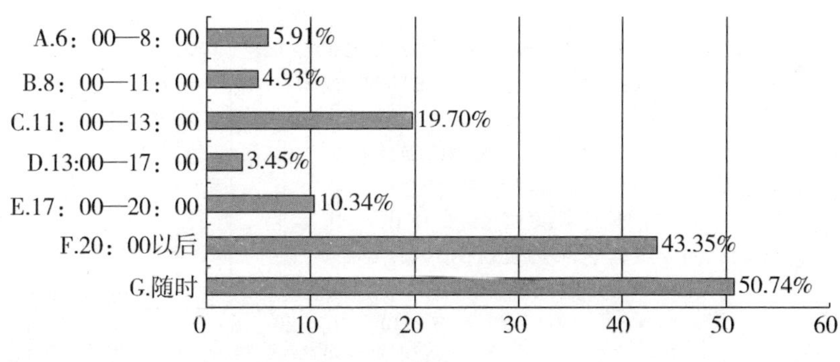

图2　阅读公众号时间

在6：00－8：00、8：00－11：00、13：00－17：00和17：00－20：00之间阅读。这可能与手机等工具的普及以及用户的作息时间有关，手机的普及使用户可以随时接收并查看信息，学生和教师在结束一天的课程之后有相对充裕的时间阅读公众号信息。因此，要想获得更好的阅读量，选择在20：00之后发布是一个非常不错的选择。

2. 关注和取消关注行为分析

在对“关注某个微信公众号的原因”进行调查（见图3）之后发现，“为生活带来便利”“对学习工作有帮助”“有助于开拓知识面”“可以缓解压力”“对推送内容比较感兴趣”等原因对用户关注某个公众号的影响较大，同时朋友同学推荐、参与投票、获得红包、奖品等原因也起到了一定的影响。而对于为什么取消关注某个微信公众号的回答（见图4），用户表示推送内容可读性不强、广告和软文太多为主导因素，其次推送内容缺乏创新性、推送频率太高的影响也较大，另外，消息界面不美观、服务功能不完善、消息回复质量不高以及其他等原因有会造成一定的影响。

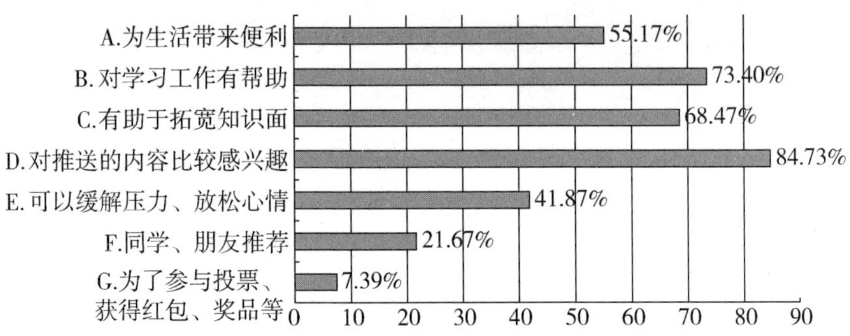

图3　关注微信公众号的原因

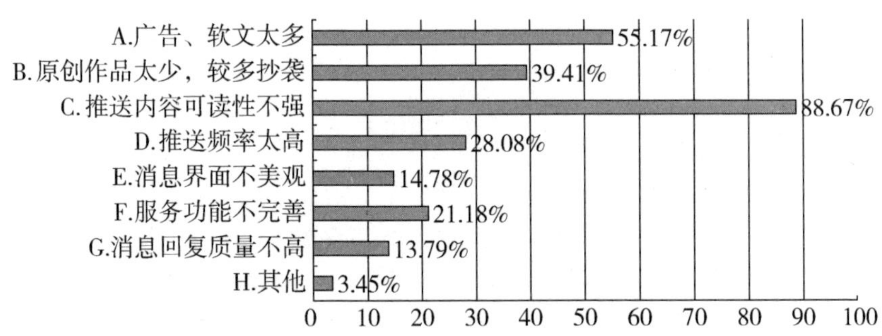

图4　取消关注微信公众号的原因

3. 推送内容多和音视频内容是否会影响用户阅读

在回答“是否会因为每次推送的内容比较多而只看头条内容”（见图5）时，55%的用户认同这个观点，会根据具体情况而定的占到30. 54%，只有14%左右的用户会将所有内容都看完。这就要求微信运营者合理设置推送条数，不要太多，最好为2—3条。如果确实有很多内容需要发布，那么选择好头条内容非常关键。

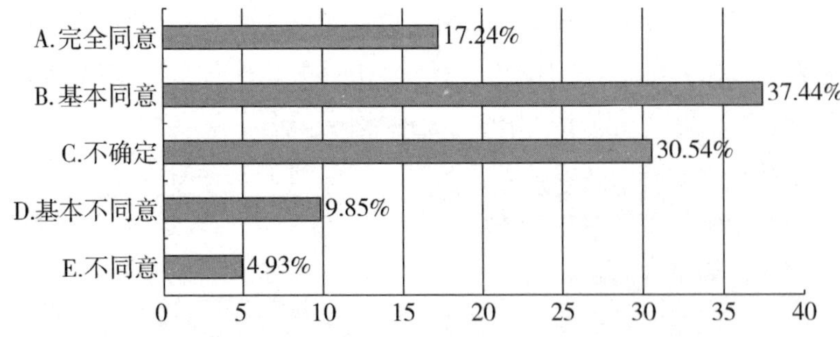

图5　推送条数多、是否只看头条内容的用户反馈情况

调查之初，很多运营者都会认为推送占用较多流量的图文会因流量收费而影响到用户阅读图文消息。但是调查结果显示：因音视频降低阅读意愿的34%，因音视频提升阅读意愿的占到了18%，48%的人则反馈不会受到这个方面的影响。

（三）北师图微信公众号使用情况

1. 获得图书馆资讯的主要途径

从调查数据来看（见图6），就目前获取北师图资讯最主要的途径来说，有55人选择了“图书馆网站”，占比为27.09%；有108人选择了“微信公众号”，占比为53.20%；有30人选择了“馆内纸质海报、通知”，占比为14.78%；有10人选择了“其他”，占比为4.93%。可见，通过微信公众号来获取北师图资讯是用户，尤其是关注了图书馆微信公众号用户的首选途径。

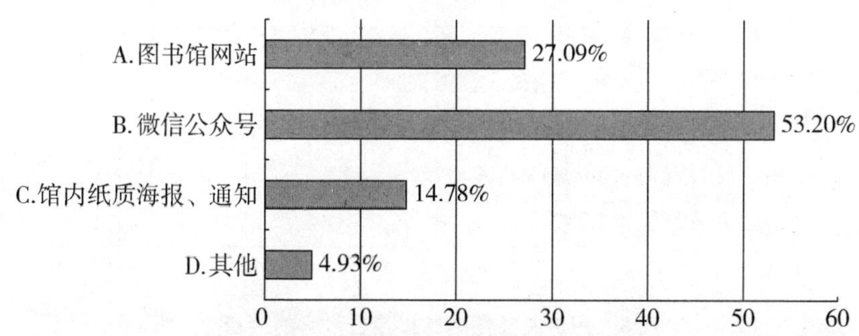

图6　用户获取图书馆资讯的首选途径

2. 图书馆微信公众号的“圈粉”主要途径

如图7所示，60%被调查者反映他们是入学初关注的北师图微信公众号，还有一部分是通过图书馆线下宣传和阅读图文信息主动关注的，也有被调查者通过已经关注的其他公众号推荐和同学推荐的方式关注，极少被调查者会通过

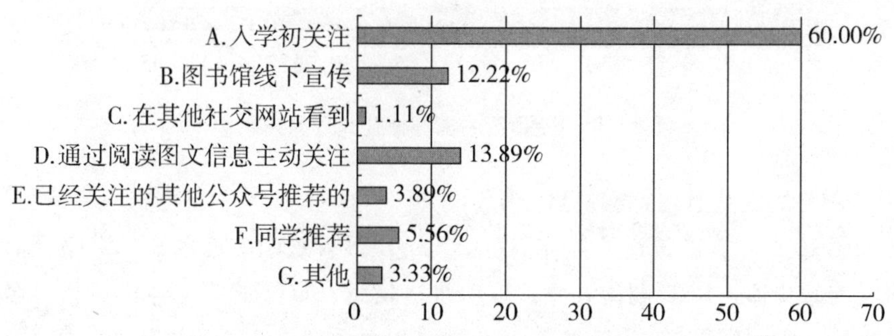

图7　图书馆微信公众号获得关注途径

在其他社交网站看到而关注北师图微信公众号，入学之初对新生的公众号宣传推广是“圈粉”非常关键的时机。

3. 图书馆微信公众号关注动机及利用频率分析

关于关注北师图微信公众号的原因（见图8），最主要的原因是为了了解图书馆通知和获取资源信息，其次是为了学习使用图书馆技巧和查询馆藏资源。在使用频率上，如图9所示，13.33%的用户表示每天会打开北师图微信公众号平台，22.78%的用户2—3天会打开一次，11.11%的用户3—5天会打开一次，7.2%的用户5天以上会打开一次，45.56%的用户表示会随机打开北师图微信公众号平台。说明大部分用户在使用北师图微信公众号时没有特定的使用频率，3天内打开微信公众号的频率较高。

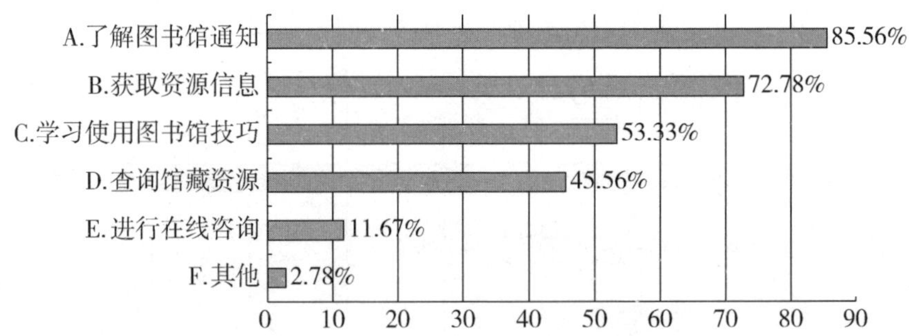

图8　用户关注图书馆微信公众号的动机

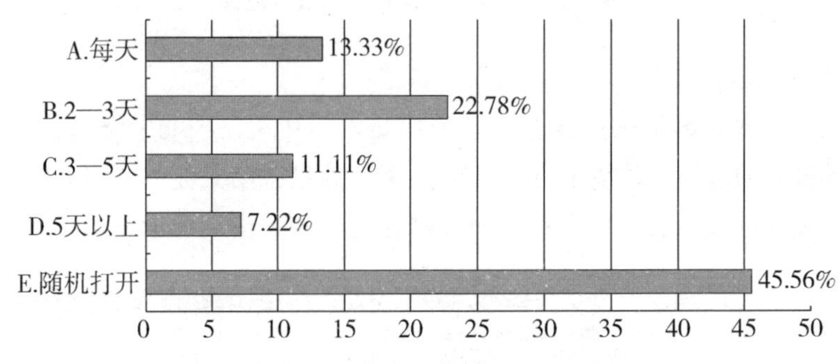

图9　用户使用图书馆微信公众号的频率

4. 用户关注热点内容和栏目分析

如图10所示，在推送的各种信息中，用户最喜欢图书馆通知、讲座等活动通告（专家讲座、BNU朗读者等）这些推送信息，京师书韵（经典数目、名师推荐书目、主题书目等）、信息素养（微课程、系列讲座、数据库培训等）、文化专栏（古籍珍品文化、二十四节气等）这些信息也吸引着读者的注意力。

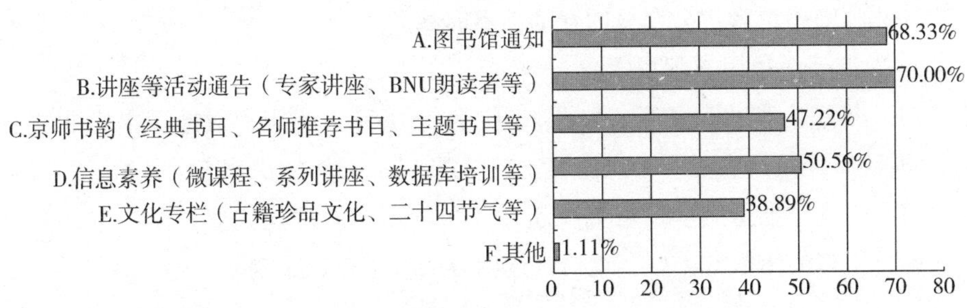

图 10　吸引用户图书馆微信公众号推送内容

在公众号菜单栏功能使用方面（见图 11），使用频率最高的是馆藏检索和开馆时间，其次是借阅政策、科研服务、信息素养、常见问题、新增资源等功能的使用次数，而在线咨询的使用较少。

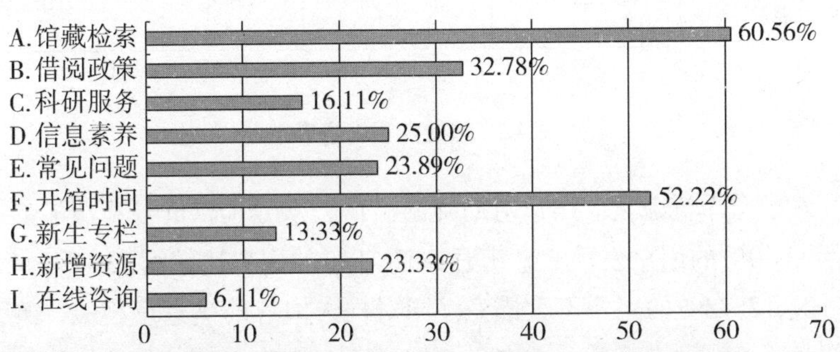

图 11　图书馆微信公众号功能菜单栏使用情况

5. 用户热点行为分析

用户与公众号的互动情况（见图 12）中，一半的用户未参与过互动，11.11% 用户通过留言回复进行互动，31.11% 的用户通过点赞进行互动，18.89% 的用户通过转发来互动，23.33% 的用户以收藏的方式参与互动。可见，

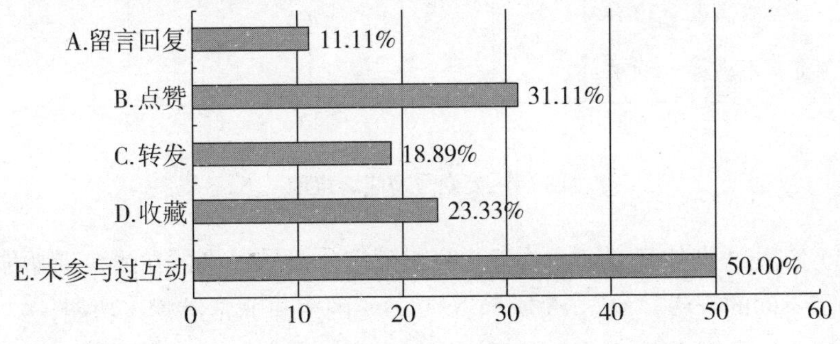

图 12　用户与公众号的互动情况

用户同北师图书馆微信公众号的互动性不够高。

6. 微信公众号用户满意度

（1）推送内容的满意度。如图 13 所示，10. 56% 的用户对推送内容非常满意，58. 89% 的用户表示对推送内容比较满意，28. 33% 的用户表示一般，2. 22% 的用户不太满意推送内容。可见，超过一半的用户对推送内容表示满意，但仍有一部分用户的体验并不好，这对推送内容的改进提出了要求。

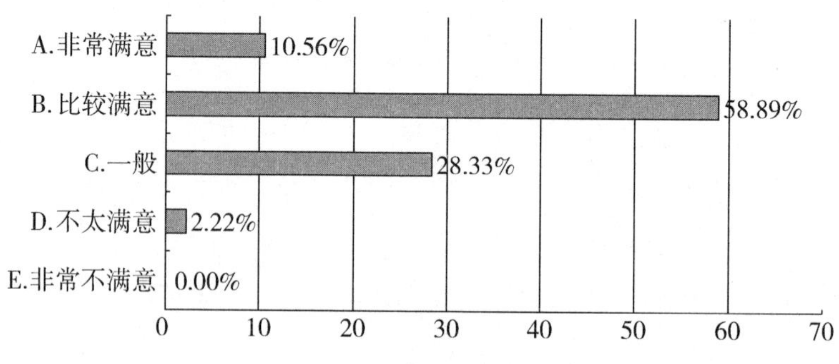

图 13　推送内容满意度

（2）功能菜单满意度。用户对北师图微信公众号提供的各项功能的态度如图 14 所示，10% 的用户表示非常满意，62. 78% 的用户比较满意，24. 44% 的用户表示一般，2. 78% 的用户不太满意。同对推送内容的满意度相似，绝大部分对提供的各项功能是满意的，也有一些用户不太满意各项功能的设定，这就要求进一步完善各项功能，满足用户需求。

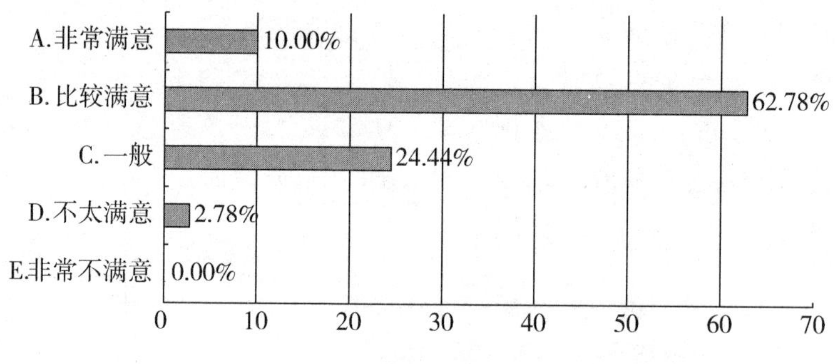

图 14　公众号功能满意度

（3）在线咨询的满意度。关于北师图微信公众号提供的在线咨询功能，用户提出了不同的看法，如图 15 所示。13. 33% 的用户非常满意该功能，47. 78% 的用户表示比较满意，37. 22% 的用户表示一般，1. 11% 的用户不太满意在线咨询功能。可见，在线咨询功能为用户提供了帮助，也仍有需要进一步提升的空间。

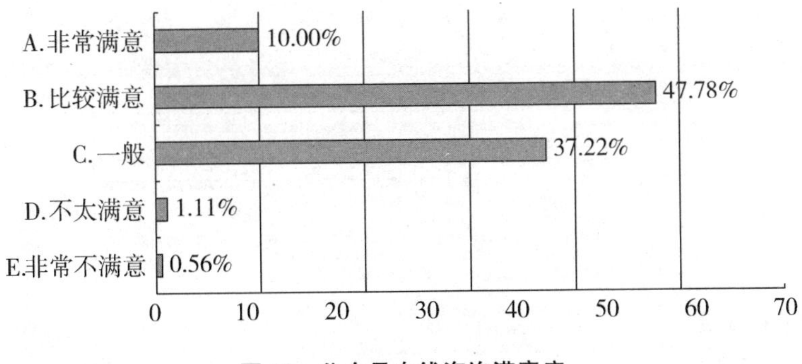

图 15　公众号在线咨询满意度

（四）访谈反馈文本分析情况

为了更深入了解本校学生对北师图微信公众号的意见和建议，项目组在全校范围内邀请师生和少量对业界图书馆微信公众号比较熟悉的馆员反馈意见。访谈以线上和线下两种方式进行，共收到意见和建议反馈共 230 人。项目组对反馈意见进行相关主题文本分析后，受众认为目前北师图微信公众号存在问题主要体现在内容推送、排版形式和微信功能三个方面，同时也提出了一些改善建议。(见表 1)

表 1　北师图微信公众号存在的问题及建议

	主要问题	受众建议
推送内容方面	内容枯燥 信息实用性弱 信息过大	信息素养内容有待丰富、深入 更多推荐图书、书单等 增加内容互动性 活动结束后及时作反馈和总结
排版形式方面	标题吸引力不足 图文排版不够精美	建议考虑多种排版风格，形式更活泼
微信功能方面	提供的服务少，增强实用性 咨询回馈不及时，互动性不强	增加还书时间提醒、座位、研究间预约功能 优化检索功能

针对图书馆微信的功能需求，受众认为图书馆应具备多样的功能（详见图 16），不仅包括图书馆通知公告、开馆时间、借阅信息查询、座位预约、活动预约和在线咨询等被动服务功能，还包括还书提醒等主动服务功能。其中，图书

馆通知公告、开馆时间、馆藏检索、新增资源、借阅政策、借阅信息查询、还书时间提醒、座位预约等基本服务功能重要性尤为突出。

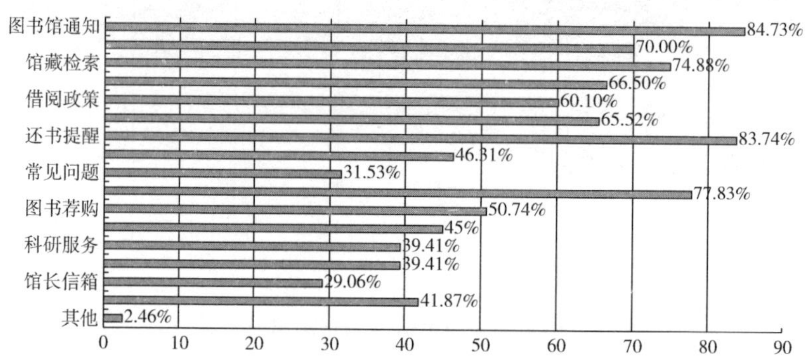

图 16　公众号应具备的功能

三、调研"双一流"高校图书馆微信公众号

已开通微信公众账号的"双一流"高校图书馆共 39 所，除其中 1 所高校无菜单栏外，其余的均设置有功能菜单。浏览各公众号的菜单栏，各馆主要将本馆的通知公告、主要服务、读者最常使用的功能集中体现出来（见表 2）。

表 2　高校图书馆微信公众号功能菜单

南开大学	通知公告	开馆时间
		最新通知
		图书馆讲坛讲座
		每月荐书
		古籍学堂
	图书馆	科技查新服务
		馆际互借服务
		研读间预约
		图书检索
	读者之友	馆藏分布
		我要赠书
		自助文印使用指南

上海交通大学	资源导航	查询图书
		思源悦读
	服务速递	最新动态
		滚动培训
		创客空间
		常见问题
	我的	我的借阅信息
		我的空间信息
		我的预约讲座
		我的学科服务
		我与图书馆的故事

厦门大学	我的	图时光
		在借图书
		预约委托
		违章欠款
		阅览座位
	查询	书刊查询
		座位信息
		公告信息
		最新讲座
		失物招领
	服务	常见问题
		宣传月
		校外访问
		云打印
		账号解绑

大连理工大学	资源服务	图书检索
		资源发现
		图书推荐
		直接荐购
		扫码荐购
	@我的	绑定解绑
		已借续借
		预约委托信息
		扫码续借
	常用服务	读者培训
		研究间预约
		通知公告
		联系方式
		更多

微信平台允许公众号菜单栏的一级菜单开设三个栏目，大部分高校图书馆

设置为读者个人中心、资源、服务、资讯等四大类：（1）个人信息类栏目名称有个人中心、我的图书馆、我的空间、我的书、我的微图等；（2）资源类栏目有馆藏资源、图书信息、书刊查询、资源导航、资源服务、资源信息、动态资源、资源搜索等；（3）服务类栏目有常用服务、微服务、服务门户、服务速递、服务互动、读者服务、服务动态、服务指南、服务大厅、读者之友等；（4）资讯类栏目有新知快讯、图书馆动态、通知公告、关于本馆、活动资讯、信息服务等。此外还有一些公众号在一级菜单中设立新生专栏（新生季、迎新专题、迎新专栏）、微信阅读数字资源入口（云悦读、智慧图书馆、微主页）板块。

38 个微信公众号的二级菜单栏共有 439 个栏目，统计分析时根据栏目内容将栏目类型分为个人信息、微信功能、馆藏资源、新生专栏、咨询帮助、阅读推广、规章制度、借阅功能、座位预约、资源荐购、通知公告、科研服务、服务指南、读者意见、信息素养和其他共 16 类（见图 17）。各馆对一级栏目的内容涵盖范围有不同的界定，相同内容二级栏目可能会划分在不同的一级栏目里，如座位预约功能，西安交大归属于“图快讯”板块，西北工业大学放在“服务指南”板块，兰州大学设置在“我的馆藏”板块。

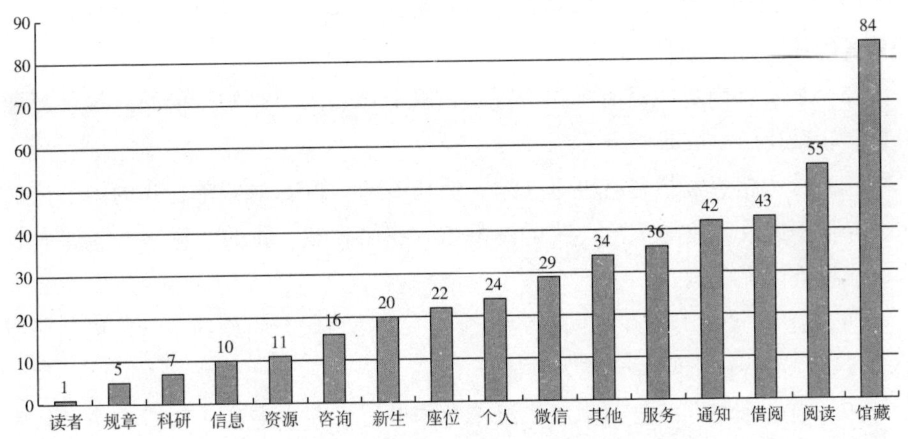

图 17　微信公众号菜单栏二级菜单分类统计

馆藏资源类中包括馆藏资源检索与推荐、新资源推荐；借阅功能类中包括与借阅相关的信息查询和预约、续借等；微信功能类是微信绑定、解除校园卡的功能；个人信息类包括了除读者个人借阅信息外的其他个人信息；座位预约类包括座位、研究间等各类空间预约；咨询帮助类包括参考咨询和常见问题等；其他类是把难以归类的各类栏目放入该类。

根据统计数据，馆藏资源推荐与查询类的栏目最多共 84 个，其次是阅读推广类栏目共55个，关于借阅功能的栏目有43个位居第三位，通知公告类栏目有42个，服务指南栏目37个。关于科研服务、规章制度、读者意见类的栏目相对是开设得最少的三个类型。

详细分析可见：

（1）馆藏资源类的栏目有资源导航、馆藏资源、数据库导航、资源动态、学术资源、外文资源、新书通报、试用资源等。资源查询方面，有的馆只给出查询纸质书资源的途径，或将纸本资源与电子资源分别设置栏目，也有的馆将馆内资源一站式搜索接入，如浙江大学的“求是学术搜索”、重庆大学的“弘深搜索”，接入了移动图书馆入口的有7个馆。资源查询方式上，有多个馆推出了利用微信“扫一扫”功能的各种栏目，如扫码查书、闪借扫码、扫码续借、扫ISBN查馆藏等。

（2）阅读推广类栏目设置多元，有云阅读、好书推荐、书评中心、读书月、图书馆节、悦读活动、杂志精选、我是朗读者、热门借阅、图书导读、文华书潮、捷阅通、微阅读、在线书城等。

（3）借阅功能类包括查询借阅历史、续借、预约图书等。

（4）通知公告类栏目内容包括通知、最新动态、培训信息、文化沙龙、活动公告等。

（5）服务指南类栏目有本馆概况、馆藏分布、入馆须知、借阅政策、超期教育、联系我们、帮助指南等。

（7）个人信息类栏目有讲座预约、活动签到、2016对账单、我的图书馆状态、存包柜记录、我的信息、我的图书馆、我的收藏、我的学科服务、课表查询、成绩查询等功能。

（8）有17个馆开通了空间预约功能，一些馆将研究间预约、座位预约功能分开设置，一些馆将两者合并为一体。

（9）有9个馆在一级菜单或二级菜单中开设了新生专栏，如新生季、新生答题、新生必修课、新生导航、才智大比拼等子栏目。

（10）资源荐购的方式多样，图书荐购、心愿书单、你选书我买单、扫码荐购你最爱的eSourse等栏目。

（11）开设信息素养类栏目的图书馆大都只在其中发布培训信息，而只有武汉大学的“小布微课”栏目深度展示了内容；不开设该类栏目的公众号，则把培训信息放在了“通知公告”类栏目中。

（12）有4个馆设置了在线咨询栏目，线咨询、咨询馆员、自助咨询和参考咨询；在栏目中设置科研服务相关内容的公众号较少，只有南开大学和复旦大学，设有科技查新、查收查引、馆际互借等。

（13）未能纳入前述类型中的图书馆的各类服务、活动都放入“其他”类别中，如毕业季活动、校外访问途径、捐赠书功能、客户端下载、自助文印、勤工助学、我与图书馆的故事、新馆展望、古籍学堂、失物招领、跳蚤市场、微社区、校车查询，等等。其中的失物招领、自助文印、校外访问、跳蚤市场等都可以较好地提升读者使用图书馆微信公众号的频率，增加用户黏性。

四、北师图微信公众号改进策略

在持续优化微信内容建设的同时，北师图微信工作团队也将微信功能的改进工作提上日程。微信功能强大，拓展、优化微信菜单栏设置，是为读者提供更优质、便捷的服务，提升图书馆用户体验的最重要途径。

通过问卷调查和访谈，对北师图微信公众号用户使用行为进行了全面的了解，其中用户对我馆微信公众号功能改进的需求较为迫切。北师图微信工作组以本次用户调查为契机，以用户最关注的需求为落脚点，迈开改进微信功能与服务的第一步。

（一）自定义菜单栏改版实践

改版前，北师图微信公众号的栏目分为“资源”“服务”和“动态”3个一级栏目，每个栏目下各设子菜单（共8个）。其中，“资源”下设子菜单为“馆藏检索”；“服务”下设置有“借阅政策”“常见问题”“科研服务”和“信息素养”4个子菜单；“动态”下呈现“开馆时间”“新生专栏”和“新增资源”3个子菜单。在2018年春季开学第一个月中点击量排名前三的栏目依次是馆藏检索、借阅政策和开馆时间。这与在线调查问卷中关于“公众号菜单栏功能使用方面”的统计结果一致。微信工作组持续关注菜单栏运营情况，根据受众行为数据调研及业务需求，调整菜单栏栏目设置。

1. 学习业界经验，设计微信菜单。各馆微信的自定义菜单基本涵盖了图书馆的基本业务和常规服务。服务类、资源类、个人中心类栏目是一级菜单中最重要的三个栏目。在二级自定义菜单设置上，图书馆有较大的自由度，在满足微信用户常用需求的基础上，充分利用二级菜单最大数量保有量，因时因事灵活地设置长、短期栏目，展现图书馆形象，凸显特色服务、重要活动与先进技术。

2. 完善基础功能，满足用户需求。将校内学生用户最希望具备的馆藏检索、新增资源、借阅政策、借阅信息查询、还书时间提醒、座位预约等功能，全部纳入优先实施范围，列入微信菜单栏改版方案，满足同学们的使用需要。这些与校园生活息息相关的实用功能的导入，在方便用户使用图书馆微服务的同时，也将极大地增加用户的黏性。此外对于学生访谈组中被多次提及的信息素养教育和阅读推广书单这两项内容，也作了系统规划，在微信菜单栏中分层次、聚类呈现，满足同学们的学习需要。

3. 整合兼容技术，实现功能导入。用户明确要求的多种微信功能，涉及图书馆的各项日常服务。这些服务工作在之前，已经通过不同的系统在 PC 端或其他硬件设备中运营，如移动图书馆、座位管理系统等。将其接入微信平台，需要第三方公司配合，与馆员共同开发、调试，使原系统能与手机端对接，提升图书馆的工作效率和读者的使用体验。目前北师图微信新菜单的各项功能都在测试阶段，之后将邀请用户体验试用，并提出意见。

（二）微信内容调整策略

根据调查结果，近 70% 的用户对微信推送的内容表示比较满意或非常满意，对于一些用户提出的部分内容枯燥、实用性不强，信息量过大看不过来，标题吸引力不足等问题，有针对性地从以下几个方面进行改进：

1. 统筹微信发布，降低发布频次。每周发布微信控制在 2—3 次，每次推送 2—3 条，这比较符合大多数用户的需求，以给用户相对最好的使用体验。

2. 优化内容设置，注意全面多样化。用户最喜欢的微信内容依次是图书馆通知、活动通告、信息素养、京师书韵等；在调查中用户建议推送通知公告、活动信息、图书馆使用指南、资源推荐等。因此在推送内容中，需及时发布用户最为关注的图书馆通知公告、讲座信信息；优化信息素养内容，细分、深耕知识点，增强实用性，及时发布课件资料；加大资源推广力度，积极策划推送新资源、专题资源；深度挖掘和关联读者数据与馆藏资源，通过大数据打造阅读推广推文等。

3. 适当做“标题党”，吸引用户眼球。在这个碎片化阅读与眼球经济时代，标题的好坏与否直接影响读者的点击与关注。编辑可以用突发福利、独家秘籍、有趣悬念等，引发读者的阅读兴趣；同时注意凝练观点、彰显文采让标题更加形象生动，突显文化品位。值得注意的是，微信平台近日出台了针对误导类内容的新政策，对于标题使用夸张、极端的词语和数据夸大其词等情况，微信都会用红字标注“标题严重夸大误导”。

4. 高校图书馆微信用户中绝大部分是本校学生，编创符合青年用户语言风格、思维方式的内容，才能提高推文的打开率。行文风格上要接地气，使用口语化、网络化的语言，既可以蹭热点也可以卖萌，以做到内容既有用又有趣，才能满足严肃活泼又见多识广的粉丝。

五、结语

在本次调查问卷中，对北师大用户关注的校内公号进行了统计，继北京师范大学、校学生会等官微之后，北师图微信订阅号在校内的关注度居于第六位。微信作为用户目前获取图书馆资讯的首选途径，其承载的宣传和微服务成为展示图书馆形象的第一门户。为提升图书馆微信公众号的运营效果，注重以用户为中心，研究用户行为，细分用户需求，充分发挥微信公众号平台作用，巩固品质服务，拓展服务职能，才能更好地为读者服务。

高校传统文化类微信公众平台运营策略研究

——以北京师范大学为例*

周云磊　熊艺钧

中华优秀传统文化是中华民族的精神命脉，而高校在传承和弘扬中华优秀传统文化方面发挥着关键和不可替代的作用。随着大数据时代的到来，信息科技为高校传承弘扬普及传统文化带来了机遇和挑战，现以北京师范大学为主体运营的传统文化类微信公众平台为研究对象，分析其运营模式与策略，总结探索高校传统文化类公众号的发展特征、有效经验以及存在的瓶颈和问题，为进一步提升高校传统文化类公众号运营水平，更好地发挥其功能提供参考。

一、研究背景

中华优秀传统文化是中华民族的精神命脉，是涵养社会主义核心价值观的重要源泉。高校作为传承人类文明、传播先进文化、促进思想文化创新的重要阵地和建设社会主义文化强国的重要力量，在传承弘扬中华优秀传统文化等方面发挥着重要作用。2014 年，习近平总书记在访问北师大时说："我很不赞成把古代经典诗词和散文从课本中去掉，'去中国化'是很悲哀的。应该把这些经典嵌在学生脑子里，成为中华民族文化的基因。"① 可见，中国传统文化之于高校教育的地位。当前，互联网大数据时代的到来为高校的传统文化普及和弘扬带来了前所未有的机遇，一些深奥艰涩的学问和知识不再"养在深闺人未识"，而是能够通过新技术和新形式进行更为直观有效的呈现和更为广泛的传播，"互联网 +"传统文化逐渐成为越来越多人的共识。数据调研机构艾媒咨询发布的

* 作者周云磊，熊艺钧，北京师范大学 文学院。

① 习近平. 很不赞成从课本中去掉古代经典诗词［EB/OL］. 人民网，2014－09－10.

《2016中国“互联网+”传统文化发展专题报告》显示，2016年中国“互联网+”传统文化应用用户规模将达到1.96亿人，增长率为56.8%，75.9%网民会通过互联网了解传统文化，占比位列第一，网络已经成为网民了解传统文化的首要渠道。2017年1月，中共中央办公厅、国务院办公厅印发《实施中华优秀传统文化传承发展工程意见》，提出要加大中华优秀传统文化的宣传教育力度，综合运用各类载体，融通多媒体资源，创新表达方式，彰显中华文化魅力。并首次提出要实施中华文化新媒体传播工程，表明了党和国家对新媒体推进传统文化传承发展的高度重视。党的十九大报告进一步强调，要“深入挖掘中华优秀传统文化蕴含的思想观念、人文精神、道德规范，结合时代要求继承创新，让中华文化展现出永久魅力和时代风采”。这为我们进一步发挥高校学科、人才和对外交流等优势，做好中华优秀传统文化传承弘扬工作指明了方向。

北京师范大学有着深厚的人文底蕴和良好的传统文化研究基础。近年来，学校依托学科优势，在传统文化普及推广尤其是“互联网+”传统文化等方面展开了诸多的尝试。随着微信公众平台的兴起，以“京师人文”“章黄国学”“首都文化智库”“京师文会”“北京师范大学文艺学研究中心”“跨文化对话”“京师文化苑”（后更名为“启功书友会”）“春秋人文报”“跟我学诗词”等为代表的传统文化类公众号，在营造校园传统文化氛围，承担传统文化社会教育职能等方面发挥着作用。这其中，有的公众号已经发展成为具有广泛社会影响力和美誉度的自媒体品牌，有的正在兴起并不断成长和完善。研究这些传统文化类公众号的成长路径、个性特征、运营策略，总结其运营经验，探讨其发展瓶颈和面临的问题，对于提升高校传统文化类微信公众号运营水平，探索互联网新媒体时代下高校如何进一步做好传统文化普及和弘扬工作具有积极意义。

课题组以北京师范大学传统文化类微信公众号为研究对象，通过文献研究法和调查法，对其功能定位、运营情况、受众情况、传播效果等进行实证研究，总结探索高校传统文化类公众号的发展特征、有效经验以及存在的瓶颈和问题，为进一步提升高校传统文化类公众号运营水平，更好地发挥其功能提供参考。

二、概念界定

传统文化是一个国家在历史上形成的观念体系、价值体系和知识体系，是一个民族在历史实践活动中创造积累的文明成果。它或者表现为物质载体，如建筑、雕塑、生产工具、生活用具；或者表现为语言文字、艺术形式；或者表现为抽象的性格、能力、民族心态、思维方式、生活方式、价值标准；或者表现为各种知识信息或技艺的积累、贮存。文化是不断流变的，传统文化是历史的结晶，也是过去与当前的统一，对当前仍然产生着重大影响。因此，我们在开展传统文化的传承和弘扬相关工作时，既要秉持历史主义的原则，也要坚持现实观照，将其作为社会主义先进文化的重要组成部分，做好创造性转化和创新性发展的工作。正如习近平总书记所讲的，“要使中华民族最基本的文化基因与当代文化相适应、与现代社会相协调，以人们喜闻乐见、具有广泛参与性的方式推广开来，把跨越时空、超越国度、富有永恒魅力、具有当代价值的文化精神弘扬起来，把继承传统优秀文化又弘扬时代精神、立足本国又面向世界的当代中国文化创新成果传播出去”。

基于以上认识，传统文化类公众号的概念可从以下三个维度来进行界定。

从公众号内容来看，传统文化类公众号推送的内容是传统文化，即中国历史上积累形成的，并在当前产生重要意义的各类物质文明和精神文明，其中既包括作为历史积淀和历史结晶的各类文化，也包括基于传统文化底色的经现代转换的文化。

从公众号功能来看，传统文化类公众号或作为普及传统文化的教育平台，或作为传统文化最新研究成果的传播平台，或作为与传统文化相关的机构、组织的线上宣传平台，或作为文化产业和文化产品的推广、销售平台，或作为互联网流量的吸引、导入、分发平台。从实际来看，传统文化类公众号的功能是多元的，往往是两种或多种功能的复合体。

从受众需求来看，传统文化类公众号可以满足受众获取传统文化知识、学习传统技艺、丰富精神世界、汲取经验和智慧、提升道德修养、提升文化认同、帮助健康养生、开展艺术和美学欣赏、获得娱乐消遣、获取相关资讯等需求。受众在阅读某一传统文化类公众号时，往往是同时满足多种需求的过程。

基于以上对传统文化类公众号的界定，课题组将高校传统文化公众号定义为由高校某一机构或组织、高校教师、学生建立的传统文化类公众号。为保证研究更加贴近高校实际，课题组将那些既关注传统文化，同时涉及其他方面内容的公众号也被纳入考察范围。

三、高校传统文化类公众号的运营现状及策略分析

据本项目数据采集搜集整理的微信公众号来看，关涉传统文化的微信公众号按照密切程度大致可以分为以下三类。第一类是将传统文化作为主要推送的微信公众号，此类公众号无论是定位还是功能主打，都以“传统文化”作为其关键词，并在其主要推送中得以体现，这类公众号例如“北师大民俗学”“章黄国学”“首都文化智库”“京师文化研究”；第二类是推送内容与传统文化相关

的微信公众号，此类公众号以关涉传统文化的内容作为主打功能，这类公众号例如“京师人文”“京师文会”“北京师范大学文学院”“跨文化对话”“京师文化苑”（后更名为“启功书友会”）“春秋人文报”“跟我学诗词”“南山诗社”和“京师文化研究”等；第三类在功能和定位上并非以传统文化为主要关注点，而是时有涉及传统文化内容的公众号，如“北京师范大学文艺学研究中心”“京师相声”“木铎书声”“BNU 字儿”“学而微语”“京师学工”和“京师研工”等。

据本项目搜集的 20 个微信公众号的运营情况来看，从推送的时间、频率、内容、形式，以及阅读量和点赞数量来看，这些微信公众号的推送表现出以下特点。

（一）公众号运营模式

1. 受众群体决定公众号的功能定位

公众号的合理定位十分重要，将直接影响到公众号的受众群体。“京师人文”的定位主要针对学生，推送的内容比较繁杂，虽涉及传统文化的内容，但并无明确的推送意识，其阅读量也保持在 1000 左右；“北京师范大学文艺学研究中心”中涉及传统文化的内容较少，整个公众号定位于与文艺学相关研究的推送，对读者的知识水平要求较高，阅读量同样保持在 1000 左右。而“章黄国学”明确以宣传“章黄一脉”的国学为己任，积极将传统文化与社会热点相结合，以传统文化作用于现实人生，其面向群体主要是在校学生、中学教师以及社会上对国学感兴趣的人群。在这样的定位下，其推送文章除了宣传国学外，也注重与生活、人生、价值观、学校教育相结合，阅读量一般都可以保持在每篇 3000—7000。

部分公众号具有特定的受众群体，并不是都面向全体社会大众。对于面向特定专业的公众号而言，该专业的专题知识汇总类推送和对专业学习、工作实践有直接帮助的实用指南往往具有较高的阅读量，与专业相关的趣味性冷知识也有较多读者。由于微信推送更适合速读，因此在一般性的、非纯学术类公众号上发布学理性探究和非对策性研究内容往往难以获得较高的阅读量。例如，“京师文化苑”（后更名为“启功书友会”）是面向对于启功先生其人和其书法作品感兴趣的“粉丝”群体，“跨文化对话”面向该研究院的学生和老师发布讲座资讯等消息，这类信息很少会有其他群体进行关注。

相较于团体官方运营的公众号会因功能定位、受众群体的不确定而带来推送阅读量上的差异，由个人运营的公众号在推送量和阅读量上均表现出较为稳定的特征。例如“BNU 字儿”为北师大学生发起的个人主体账号，是致力于让传统与经典在书写中活起来的书法类公益组织，推送内容包括书法类历史知识、书法练习策略、书法类活动预告等内容。由于组织成员和爱好者相对稳定，该号推送阅读量和阅读量均较为稳定。

2. “社团 + 公众号”的模式明显

在“碎片化”“快餐式”阅读的潮流和趋势下，数字化已有的资源，迅速且具有时效地将信息传递出去广而告之的微信公众号，成为一种较为普遍的选择方式。就“春秋人文社”“跟我学诗词”“京师相声社”“南山诗社”等几个传统文化公众号的运营情况来看，都是基于学生社团（春秋人文社、南山诗社、京师相声社）建立的。

依托社团创立的公众号，在公众号的日常推送上，具备稳定且充足的稿源，从而成为该社团进行线上推广和宣传的“发言人”。但是由于推送内容上完全基于社团的日常运作进行推送，缺乏较为新颖的推送内容，从而导致这些基于社团类的公众号关注度较为有限，这也直接导致了推送的阅读量基本稳定在每篇200—400 的点击量。

“京师相声社”“南山诗社”属于同类型的公众号，文化传播比较少，偏重于新闻传播，忽视了社团本身的特性，因此受众仅仅为社团内部人员，无法进行有效的受众扩张和文化传播。

3. “线上 + 线下”双线结合的推广模式

微信是社交平台，如何保持粉丝的活跃度便成为微信公众号运营的一项重要挑战。因此，微信公众号通过纸媒、卡通人物形象、系列活动等方式形成该公众号独特的品牌，再利用其品牌影响力吸引粉丝群体。这样既能实现与粉丝的良性互动，又能对公众号进行宣传和推广，保证微信公众号内容的传播。

本项目所涉及的大部分传统文化类公众号都会不定期推送一定的讲座、活动预告，将线上的粉丝、读者也带到线下，扩大其公众号的影响力、增强内容的传播力度。以“章黄国学”为例，在其线下的活动中，有在外场进行的文化创意品牌“孔子曰”明信片赠送进行文化传播的活动，还有在“辅仁行动”中进行的传统文化支教等。

（二）在公众号推送特征

1. 在推送频率和时间上

本项目所涉及的所有微信公众号大部分具有较为稳定的推送更新频率，例如“北师大民俗学”“章黄国学”“北京师范大学文学院”等。报刊类的公众号，例如“春秋人文报”，由于有纸媒的依托，有稳定的文章来源，虽然不是日推，但更新频率比较稳定；有些社团类的微信公众号，例如“京师相声社”和

"南山诗社"，推送的内容主要围绕社团的日常活动展开，更新频率与线下活动有关，并不固定，会在某些阶段较为集中。

在公众号推送的时间选择上，根据本项目所进行的公众号运营团队访谈和公众号阅读受众情况问卷调查，公众号运营团队普遍认为，具有时效性的推送（例如重要的时间节点、周年纪念日）在当天推出的时间越早越好。有的甚至会提前到头一天的晚上，使订阅者能够在睡前和起床后第一时间获取相应的内容进行阅读，抓住碎片化时间，这样既保证了推送的时效性又能够在同质化的推送内容中提前占据一定的阅读量。而具有公众号自身特色的系列品牌推送，推送时间一般选在接近中午和傍晚，并且形成固定的推送时间习惯，使订阅者能对该微信公众号的推送养成阅读习惯，为阅读者提供及时的更新；而从订阅者、阅读者的角度来看，对微信公众号的关注多集中在碎片时间，吃饭和休息时间成为订阅者们进行阅读公众号的主要时间片段，从这一点看，运营团队和订阅者还是保持了良好的推送与阅读契合度的。

2. 在实效性和原创性的问题上

由于微信公众号具备"即推即读"的性质，因此具有时效性的推文更容易引起订阅者关注，从社会热点切入传统文化往往具有较高的点击量。与此同时，在近年提倡复兴传统文化、弘扬优秀传统文化的趋势和浪潮之下，岁时节日有成为全民认可的传统文化的趋势，因此与传统节日、节气相关的文章成为众多与传统文化相关的微信公众号必推或首选的推送内容，而与节气、岁时相关的推送往往也能引发读者较大阅读兴趣，甚至获得一定的阅读打赏。

公众号原创内容往往可以获得订阅者的更多青睐，一般图书节录和期刊转载内容的阅读量则相对较低。其中的原因之一在于，专为公众号写作的原创内容，其唯一获取渠道为该公众号，而非原创性内容的获取渠道更为分散，并且因为缺乏可信度与难于筛选，往往良莠不齐；原因之二在于，公众号运营者对于原创内容一般更为重视，制作和排版也更为精良，更具有创新性，因此能够为订阅者提供超出转载推送更好的阅读体验。例如"跟我学诗词"对于传统文化的创新较大，吟唱的形式占有天然的优势，能够吸引众多读者，但其内容产出速度有限，更新速度缓慢，导致了传播效果不理想。

从不同的微信公众号的推送来看，阅读量较高的推送都有以下特点：结合近期发生的具体事件，关注大众群体较为容易理解的常识领域，进行不同观点、不同视角的探讨，给予传统文化更加广阔的进入现代生活的角度，成为讨论各种社会现象的平台。

3. 在推送内容的形式上

从推送内容形式上看，纯文字的推送往往难以收获较好的推送效果，“图片+文字”是大部分此类公众号在进行推送时选择的主要方式，除此之外，新颖的形式，尤其是能够与读者互动、提升阅读者参与度和情感共鸣的形式，如“测试题”，较能吸引更多的读者和参与者。视频使用极少，只有极个别公众号（如“跟我学诗词”）采用了视频、音频等多媒体形式。

（三）高校传统文化类微信公众号现有运营策略简析

1. 公众号推送系列化、品牌化效应明显

相比于传统推文以标题上的“标新立异”来吸引眼球，高校传统文化类微信公众号更多地选择的是在不断的推送中，根据自身功能与定位，以及一定的粉丝的关注逐渐形成和推出具有自身特色的推送系列和品牌。此种分类方式在不同的微信公众号中还有不同的体现，有的表现在公众号本身的功能设置上，例如“北京师范大学文学院”的常设版块分为“新闻”“专题”“视觉”“弘文”；有的则是在推送的内容上形成独具特色的系列和品牌，例如“北师大民俗学”从公众号创建之初至今，就陆续推出了【岁时节日】【人生仪礼】【饕客说年】【二十四节气】等兼具传统文化和民俗特色的系列推送。

此种运营策略，既可以明确体现出微信公众号运营主体的特色，例如“北京师范大学文学院”官微推送设置的不同版块，订阅者可以根据自己的阅读喜好和兴趣自信选择和阅读。北师大民俗学的推送系列和版块，便是依据学界对民俗事象进行划分的一般标准。这样可以凸显出自身的特色，强化粉丝的记忆和关注。

2. 公众号推送力求内容形式的创新

一般性的“图片+文字”的推送形式很难再夺人眼球，新的内容形式亟待创新。例如“章黄国学”多次运用的音乐+漫画的形式进行内容传播，“跟我学诗词”插入教学音频、视频等。这种采用带有独特性和标志性的推送手段展现出来的优势，往往可以通过阅读量得以表现出来：首先是传播效率高，其次是这种形式创新的方式也在短时间内形成了品牌效应。

3. 公众号推送学术性、专业化程度提高

随着现代传媒方式的发展，传统文化类微信公众号的话语力度和专业程度也越来越重要。一方面，专业水平越高，越能占据该领域的制高点，吸引大批粉丝，满足大众求知欲的同时，也能提升阅读量；另一方面，高校传统文化类微信公众号运营团队中，不乏专业的教师和学者，最大限度地利用专业知识挖掘传统文化的深度和探索传统文化的广度的同时，还能够摆脱传统文化给人一种“心灵鸡汤”的刻板印象。

四、进一步加强北师大传统文化类公众号建设的策略建议

（一）加强重视，强化统筹规划

目前，无论是国家的政策导向，还是文化发展趋势，“互联网+”传统文化都将持续获得蓬勃发展，在促进文化传承创新，推动社会主义文化大繁荣大发展等方面发挥越来越重要的作用。北师大作为传统文化研究的重镇，要积极作为，抢抓机遇，做到“三个融入”，不断提升学校服务传统文化传承创新的能力。

一是融入学校发展战略中。学校第十三次党代会报告指出，要“充分发挥学科优势、聚合学科力量，积极推动中华优秀传统文化创造性转换和创新性发展，传承革命文化，发展社会主义先进文化，产出一批具有国内外重要影响的标志性成果，努力打造具有鲜明特色和重大影响的‘京师学派’。”学校“双一流”规划方案明确提出“打造引领优秀文化创造性转化与创新性发展的‘京师学派’”“全过程融入社会主义核心价值观与优秀传统文化教育”“全方位支持中小学校开展中华优秀传统文化教育”“建构面向社会的优秀传统文化大众传播平台”“打造面向世界的中华优秀文化国际交流平台”等建设方案，这些方案的落实都离不开互联网这一渠道和载体的支撑。而各学部院系、职能部门在落实任务的过程中，公众号极有可能是一项重要的建设内容，如果缺乏学校层面的统筹，容易导致出现一哄而上、重复建设、资源分散、竞争无序的局面。建议学校将统筹推动传统文化类公众号发展作为战略任务进行落实，打造“京师学派”的一个抓手，加强整体规划协调，整合各方优势资源，有重点的在相关领域进行布局，推动有序规范发展，确保各公众号与学校发展战略、与“京师学派”的定位以及各公众号之间保持同向同行、同频共振，形成发展合力。

二是融入学校办学特色中。学校第十三次党代会进一步明确了建设“综合性、研究型、教师教育领先的中国特色世界一流大学”，突出教师教育办学特色。中华优秀传统文化是教育的重要内容，而传统文化的核心功能也是在教育。当前，“互联网+”传统文化教育发展迅速，展示着强大的发展前景和生命力。我校“章黄国学”公众号在国学教育领域已经具有相当的社会影响力，但作为以一个研究团队之力举办的公众号，仍存在一定的发展难题。建议学校进一步发挥传统文化类公众号在彰显学校教师教育特色方面的重要作用，将其与教育学、心理学、脑科学等一起作为教育类公众号建设的重点方向，加大对传统文化教育类公众号的扶持力度。充分挖掘各学科优势，利用学科交叉平台、智库

平台，有规划地培育更多的“互联网+”传统文化教育增长点，打造传统文化教育类公众号品牌集群，形成相互呼应、相互支撑的良好局面，塑造北师大的公众号特色；充分依托学校平台，打包整体面向全社会进行宣传推广；整合校友会、基金会、合作办学附校平台等渠道，为相关公众号的发展引入更多的社会资源；对有重要社会影响力的传统文化类公众号建立政策特区，在人财物资源以及绩效奖励等政策上给予一定的条件支持。

三是融入“立德树人”的根本任务中。传统文化作为社会主义核心价值观的重要思想资源，在高校履行“立德树人”使命的过程中扮演着重要作用。调查发现，传统文化类公众号是目前学生了解、学习传统文化的重要途径，而学生也是目前大多传统文化类公众号的受众主体。建议学校将传统文化类公众号建设作为推动社会主义核心价值观教育，落实全过程、全方位育人的一项抓手。积极融入第一课堂，融入“家国情怀与价值理想”“经典研读与文化传承”“艺术鉴赏与审美体验”等本科生通识课课程模块中，作为课堂教学的知识和兴趣延伸以及师生互动、线上线下活动的平台。目前，学校思想道德与法律基础课已开启这一尝试，利用“木铎思享”公众号取得了良好的效果，传统文化类课程也可以做这样的尝试。积极融入第二课堂，目前，学校拥有数量众多的传统文化类学生社团，部分社团在全国甚至海外都具有一定的知名度，构成了学生以兴趣为导向，接触、实践传统文化的重要力量。这些社团都拥有各自公众号作为线上推广和宣传平台，但普遍力量薄弱，影响力较小。建议以公众号的整合为先导，推动形成北师大传统文化社团集群，打造京师传统文化社团品牌，同时也更加方便学生按照兴趣自主选择各类传统文化活动。进一步发挥校务大数据的重要作用，精确分析学生在传统文化方面的不同需求，利用微信企业号等为学生在传统文化类课程、传统文化类活动等方面提供个性化服务、开展个性化教育。

（二）发挥高校优势，打造独具高校特色的传统文化类公众号

高校传统文化类微信公众号的运营和发展与社会其他的“互联网+”传统文化有相似的发展模式，同时也浓重地打上了高校和学科专业的印记。如果说互联网的高度开放性和去中心化的连接方式在带来高传播效率的同时，也带来了信息驳杂、知识碎片化、文化传承的深层精髓被消解等弊端，而大学机构的参与则为解决上述问题提供了有益的参考。一方面，大学机构通过主动参与互联网时代的传统文化传播普及和教育，能够推进人文社会科学成果的有效转化；另一方面，大学机构能为互联网世界提供经过科学甄别和筛选的高质量的知识内容，并引导互联网用户培育出一定鉴赏力和批判能力。因此，我们要更加关

注高校在承担文化传承创新功能时的特殊意义和“互联网+”革命对高校这一职能所带来的挑战和机遇，进一步发挥优势，打造具有深厚学术底色，体现高校特点的传统文化类公众号。

一是厚植学术底色，提升内容质量。根据艾媒咨询发布的《2017年中国“互联网+”文化专题研究报告》数据显示，2016年中国内容付费用户规模为0.98亿人，预计2018年用户规模将达到2.92亿人，“未来公众号等新媒体将成为内容付费变现主要渠道之一”。知识付费、尊重原创成为越来越多网民的共识，文化平台的盈利关键也逐渐从用户规模竞争向内容竞争转变。《人民日报》评论员文章指出，互联网产业和文化产业发展的另一个趋势是以版权经济为核心，基于知识产权的用户运营模式将在“互联网+”传统文化的市场中占据主导地位①。作为知识创新和知识产权最大发源地的高校，要把握这一重要发展趋势，将公众号的原创内容纳入知识产权管理、保护、利益分配机制，依托互联网提升人文社会科学成果的转化能力；要建立激励机制、营造激励氛围，鼓励更多的高校教师参与到文化产品的生产一线中，创作出更高质量的原创内容；要注重挖掘学校的重要研究成果、理论创新、学术精神，转化为公众号的内容，使其保持学术底色、学术品格，体现京师气派和京师风格。

二是强化现实关怀，提升传统文化生命力。传统文化的生命力在于传承，因此需要将传统文化与时代紧密结合，推动传统文化的创造性转化和创新性发展。对于高校而言，学术底色和现实关怀恰恰是其能够参与传统文化普及教育工作的核心竞争力。调研统计发现，在传统文化类的公众号推送文章中，越是和现实结合紧密、情感真挚的，越容易取得好的传播效果，越能深入人心，获得更多的情感共鸣。对此，高校传统文化类公众号在坚持学术内核的同时，要做好时代的话语转换，通过文字、图片、音乐、视频、动画、漫画等多种创新形式，创造出内涵丰富、紧密联系现实生活、符合当代人审美和情感需求、引领社会风尚的新时代传统文化产品，在传统与现代之间建立起生动的时空关联，使广大受众获得更丰富的情感和价值体验。正如有“章黄国学”公众号读者所感受到的：“传统文化是厚重、智慧、有趣的，它回应着今天的现实，并在与现代社会的碰撞中实现拓展。我们每个人都在碰撞中寻找到文化归属，生命的层次开始丰富起来。”②

---

① 刘阳. 互联网+传统文化，“屏”上共生[N]. 人民日报，2016-03-17.

② 董阳. 把唐诗用摇滚唱给你听（让传统文化活起来）[N]. 人民日报，2016-06-02.

（三）创新运营模式，提升运营水平

经调查发现，学校不同类型的传统文化公众号，其运营模式有着较大的差别。总的来看，除个别公众号外，运营力量普遍较为薄弱，有的公众号定位尚不清晰，运营模式尚未明确，运营水平亟待提高。建议在进一步明确各传统文化类公众号发展定位的基础上，根据高校实际情况，分类推动运营模式的完善和创新，提升运营水平。

首先，对于承担传统文化教育使命，具有较大校内外影响力的公众号，要建立一个较为完善的运营管理体制；引入社会资源、建立稳定渠道，形成一套可持续的发展模式。要通过灵活多样的聘用方式组建一支高水平的专业运营团队，推动运营管理和内容生产的相对分离，帮助高校专家学者更好地聚焦专业，做好知识创新和内容创造的工作。

其次，对于主要承担某一传统文化机构、组织的宣传使命，规模和影响力较小的公众号，要加强整体统筹，适度压缩公众号数量和规模，按照不同类型建立若干个跨组织的联合性公众号，共同开展运营工作，形成合力优势和品牌优势。

参考文献

［1］孙庚．传播学概论［M］．北京：中国人民大学出版社，2010.

［2］王宁．中国文化概论［M］．长沙：湖南师范大学出版社，2000.

［3］刘阳．联网＋传统文化，“屏”上共生［N］．人民日报，2016－03－17.

［4］董阳．把唐诗用摇滚唱给你听（让传统文化活起来）［N］．人民日报，2016－06－02.

新时期高校突发公共事件舆情应对研究*

韩　舰

新时期高校学生群体对高校突发公共事件尤为关注，需要进行恰当的舆情引领。当下高校学生对于学校应对突发事件、进行舆情引领的态度基本保持正向，但不同性别、年级和政治面貌的学生之间仍然存在显著差异。设立高校突发事件预警制度、拓宽官方发布信息渠道、搭建学生参与平台，将有利于增强学生对学校的信任，引领舆情正向发展。

高校突发公共事件的管理和应对是高校学生管理的重要部分，是高校正常运行和发展的基础条件和保证，也是立足中国特色办大学，建设“双一流”高校的基本要求。当前高校突发公共事件具有频率增加、覆盖面扩大、影响提高、牵涉人群增多等特点，并且其爆发往往伴随着高校舆情的发生。在高校中引领正确舆论导向，推动舆论监督高校突发公共事件处理，成为高校学生事务管理的重要任务。

习近平总书记在十九大报告中将坚持正确舆论导向作为牢牢掌握意识形态工作领导权的重要内容，专门指出要“加强互联网内容建设，建立网络综合治理体系，营造清朗的网络空间。落实意识形态工作责任制，加强阵地建设和管理，注意区分政治原则问题、思想认识问题、学术观点问题，旗帜鲜明反对和抵制各种错误观点。”高校理应成为建设意识形态工作领导权的重要阵地，通过对高校公共事件舆情的正向带领，有效应对高校舆情，做到坚持正确的舆论

* 韩舰，1983年出生，男，汉族，河北人，获北京师范大学教育学硕士学位，现为北京师范大学党委学生工作部助理研究员。

导向。

一、新时期高校突发公共事件舆情的内涵

高校突发公共事件在国内高校学生事务管理当中已经具备相对成熟的应对策略研究和较为稳定的处理机制。相对于传统的高校突发公共事件，新时期高校突发公共事件不仅发生样式多变、过程影响因素多样，而且舆情变化形态复杂，需要结合高校发展新形势对其内涵进行重新定义和理解。

（一）新时期的内涵

高校突发公共事件面临新时期不仅代表随着时代的发展，舆情传播方式发生了改变，更代表着高校的管理和发展要结合社会形势和新思想的提出不断更新调整，应对新的挑战。新时期意味着高校要学习新思想，融入新阶段，共建新时代。

1. 习近平网络强国战略新思想

习近平总书记网络强国战略思想是在新的历史条件下马克思主义基本原理与我国互联网发展治理实践相结合的产物，是党中央治国理政新理念新思想新战略的重要组成部分。在十九大报告中习近平总书记对互联网建设的强调代表网络已经正式成为中央工作的重要阵地。高校学生作为网络使用主体，不仅要做到在网络平台使用中遵守法律法规，做合格网民，更加要成为网络强国战略的参与者，积极引领高校舆情正向发展。

2. 社会发展新阶段

2018 年是改革开放的第四十周年，随着社会主义现代化建设的发展和市场经济水平的不断提高，社会在面对更多机遇的同时也面临着各种挑战。同时，随着大学与社会之间的联系日益紧密，大学已经不再是传统印象中的“象牙塔”。近年来，学生自杀、高校暴力、猥琐性侵、学术腐败、食品安全等高校危机事件频发，社会反响强烈，不仅威胁师生健康安全，对高校的正常教学秩序和整体形象声誉也产生很大的影响。为此，研究高校突发公共事件舆情已经成为高校发展的必经之路。

3. 数字媒体新时代

在“互联网 +”的融媒体快速发展碰撞下，高校学生对社会公共事件的了解，对高校突发性公共事件的传播，往往借助于互联网，形成线下线上双重舆情危机。在自媒体时代，高校学生群体发声更加自由、方便、快捷。这一方面意味着学生群体可以通过多重手段对学校管理建言献策并参与监督，另一方面也意味着学生要理智运用自己的网络言论自由，需要学生提高面对海量信息的

鉴别能力和甄选能力，敢说话的同时更要说真话，不做“小道消息”的传播者，做高校正能量的代言人。

（二）高校突发公共事件的内涵

高校突发公共事件是指在学校正常运行中突然发生的、严重偏离学校运行常态的、可能会对学校日常工作造成重大冲击或对师生的安全构成明确威胁的突发性事件。高校突发公共事件的构成具有三个方面的要素条件：一是突然性，是指超出工作常态出现的，因而往往是出人意料的，同时影响范围比较大，具有突然性和爆发性特点；二是公共性，高校突发公共事件不是某一个时间发生在某一个人身上的个别事件，是属于群体参与的带有公共性的事件；三是危害性，就结果而言，突发公共事件是有一定破坏力和威胁性、必然形成负面影响或造成损失的事件。只有突发性、公共性、危害性三方面要素条件同时具备，才可以称为突发性公共事件。

2006 年 1 月 8 日国务院发布的《国家突发公共事件总体应急预案》规定，我国政府对突发公共事件划分为自然灾害、事故灾难、公共卫生事件和社会安全事件四大类。参照国家的分类标准，按照突发公共事件的性质划分，可以将在高校内部有可能发生的突发公共事件分为以下五类：

第一类：公共卫生事件。主要指在高校内有爆发倾向的传染性疾病、群体性不明原因疾病、实验违禁用品保管不善以及食堂卫生（饮水）条件等引发的大面积的空气、食物、饮水中毒等严重影响师生健康和生命安全的事件。

第二类：政治稳定事件。主要是相关群体面对国际、国内一些政治性敏感事件或校内的偶发事件作出激烈的自主反应，校内集中出现标语口号、群体聚集或游行示威等学生群体性事件。

第三类：治安、安全事故引发的事件。主要是指高校内学生参与的群体性殴斗，参与人数较多；和高校周边及校外人员之间发生争斗，引起校内学生参与的群体性事件；人为引起的火灾、房屋倒塌、恐怖袭击事件等大面积人群受伤害事件等。

第四类：学校管理类突发事件。包括由学校内部管理存在的各方面问题得不到及时、有效地说明或解决而引发的突发事件，如因学生食堂卫生、饭菜质量问题、教学质量问题等，引发学生不满而罢餐、罢课，因学生学籍管理等问题引发的学生及亲属无理滋事，数量较多的具有攻击性的恶意匿名上访信、心怀恶意的手机短信群发和网络帖子等。

第五类：自然灾害事件。主要包括水旱灾害、气象灾害、地震灾害、地质灾害、海洋灾害、生物灾害和森林草原火灾等。

（三）舆情的内涵

舆情是“舆论情况”的简称，是指在一定的社会空间内，围绕中介性社会事件的发生、发展和变化，作为主体的民众对作为客体的社会管理者、企业、个人及其他各类组织及其政治、社会、道德等方面的取向产生和持有的社会态度。它是较多群众关于社会中各种现象、问题所表达的信念、态度、意见和情绪，等等表现的总和。

综上所述，高校突发公共事件舆情即是围绕高校突发公共事件的发生、发展和变化，作为主体的学生群体（有时也包括教师群体）对作为客体的学校管理者、教师、涉事相关人员的取向产生和持有的态度。在自媒体时代，高校突发公共事件舆情往往通过线上传播的形式对事件不断进行关注和评论，且其影响并不局限在高校之内。因此，在网络时代背景下，深入探讨高校舆论传播与引导的若干基本问题，以期提高高校应对突发公共事件的应急处置能力，加强线上和线下的舆论引导能力，建立舆情应对响应机制，减少高校突发公共事件可能给高校师生带来的危害，具有重要的意义和价值。

二、高校突发公共事件舆情应对策略研究必要性

（一）贯彻新思想，推进网络安全平稳发展

习近平总书记在全国高校思想政治工作会议上发表重要讲话时强调，“要坚持不懈促进高校和谐稳定，培育理性平和的健康心态，加强人文关怀和心理疏导，把高校建设成为安定团结的模范之地。

2017 年 9 月 16 日，中央网络安全和信息化领导小组副组长刘云山在国家网络安全宣传周开幕式上发表讲话，强调要深入贯彻习近平总书记网络强国战略思想，坚持网络安全和网络发展同步推进。高校网络舆情是网络安全和网络发展的重要部分，需要得到高度关注和审慎研究。

（二）关注新重点，引导舆情稳定正向传播

党和国家历来高度重视高校突发公共事件舆情，近年来特别关注网络舆情对高校大学生的影响。中共中央、国务院《关于进一步加强和改进大学生思想政治教育工作的意见》指出：“要全面加强高校网的建设，使网络成为弘扬主旋律、开展思想政治教育的重要手段。”教育部和团中央在《教育部、共青团中央关于进一步加强高等学校高校网络管理工作的意见》中明确要求各地教育工作部门、团组织和高校要充分认识到，加强高校网络管理，是推动高校网络持续健康发展的迫切需要，是培养高素质合格人才的迫切需要，是维护高校和社会稳定的迫切需要。要把高校网建设成为传播先进文化和弘扬主旋律的重要渠道、

加强大学生思想政治教育的重要阵地和全面服务大学生的重要平台。

（三）迎接新挑战，建立舆情预警响应机制

当前我国正处于社会转型期，社会快速发展的背景下公共危机事件发生频率高、程度深、波及范围广，当高校里“95后”大学生群体和“互联网+”的新媒体快速发展碰撞下，使得这一现象在高校中体现得更加明显，舆情更容易酝酿、发酵，产生不可控的影响。近来年，我国高校突发性公共事件频发，学生自杀、高校暴力、师生冲突、学术腐败、财政危机等现象层出不穷，社会反响强烈，严重影响了学校正常的教学秩序，影响了高校的整体形象与声誉，甚至影响到高校的和谐稳定、学生的安全健康。

在自媒体空前繁荣的网络时代，高校的诸多突发性危机事件与现代网络媒体有着日益复杂的联系，这种联系加速和扩大了信息的传播，增加了危机的不可控性，需要高校对舆情进行适当的应对和引领。

（四）开拓新研究，推动理论指导实践

近年来学界不少学者对舆论传播与引导进行了深入探讨，相关研究成果不断涌现，出现了很多富有启发性的观点和对策。但对高校基于公共突发事件的舆情研究还相对较少，对于高校突发公共事件舆情应对策略的研究有助于深化和拓展这一领域的相关研究，深化高校对公共突发事件舆情规律的认识，丰富传播学和舆论学的学科体系建设，促进高校网络思想政治教育工作走向科学化、理论化，奠定高校舆论健康稳定发展的理论基础。

高校突发公共事件舆情应对策略涉及自媒体时代高校舆情这一新生社会现象，在理论研究的基础上立足于服务实践。有助于高校思想政治教育工作者准确把握高校大学生的心声，进一步充实高校危机管理应用研究和案例分析的内容，为高校在今后的危机管理中应对舆情热点、处置突发事件等提供理论、方法和手段方面的借鉴和参考，有助于提高我国高校应对危机的意识和能力，增强危机管理的系统性和可操作性，提升危机处置的有效性，维护高校的形象、声誉和稳定。同时也对中小学等其他类似高校的组织的危机管理具有一定的实践参考价值和借鉴意义；同时，通过正确引导高校网上的过激言论，缓解学校和高校大学生之间的矛盾和冲突，构建和谐稳定的高校环境，有利于提高我国文明程度和促进民主进步程度，对全面提升高等教育质量有着重要的实践意义。

三、高校突发公共事件舆情基本情况

为真正深化高校突发公共事件舆情应对策略，提高其有效性，本研究选取国内某“双一流”高校进行了舆情调查。对事件类型、信息来源和学生群体的态度和行动三个方面进行了统计分析，重点讨论了该高校当前应对舆情管理的方法和效果，并发现不同性别、年级和政治面貌的学生对该高校应对舆情的评价各有不同。该调查覆盖全校本科生学部院系，根据各学部院系人数比例分配问卷，共发放问卷300份，回收有效问卷298份，回收率达99.33%（见表1）。

表1　调查对象基本信息表

项目	维度	人数	有效百分比（%）
性别	男	100	33.7
	女	197	66.3
年级	大一	91	30.5
	大二	71	23.8
	大三	64	21.5
	大四	66	22.1
政治面貌	中共党员	78	26.1
	共青团员	204	68.5
	普通群众	15	5.4
	民主党派或无党派人士	1	0.3

（一）治安或安全事故事件最受关注

在五种高校突发公共事件类型当中（见表2），最受学生关注的是治安或安全事故事件，在所有事件中占比32.2%，高达82.5%的同学都对安全事件抱有关注态度。此外，公共卫生事件和学校管理类突发事件得到的学生关注度也比较高，分别有65.7%和50.8%的同学对此两类事件表示关注。关注自然灾害和政治稳定事件的同学相对较少。

表2　最受关注的高校突发公共事件类型频率表

事件类型	频数	频率（%）	个案百分比（%）
自然灾害	81	10.6	27.3
政治稳定事件	89	11.7	30.0
公共卫生事件	195	25.6	65.7
治安或安全事故事件	245	32.2	82.5
学校管理类突发事件	151	19.8	50.8

这与北师大女生较多的实际情况有关。解决好治安或安全事故事件将有效提高学生对学校处理校园突发公共事件的满意度，有效引导校园舆情正向发展。公共卫生事件和学校管理类突发事件得到的学生关注度也比较高，需要在日常工作中尤其注意。

（二）微信成为最主要的信息来源渠道

随着网络信息传递愈发成为信息渠道的主流，高校突发公共事件的传播渠道也愈发多样化、网络化（见表3）。通过传统官方渠道了解高校突发公共事件的同学较少，只有不到1/3的同学表示通过官方渠道获取信息，仅占比10.4%。同样，亲眼所见或者亲身经历高校突发公共事件的同学也较少，仅有19.1%和14.8%的同学是事件的亲历者，两者共同占比仅有11.5%。这当然也受到高校突发公共事件特殊性的限制。绝大部分同学是通过网络渠道获取信息，其中朋友圈和高校网站以25.8%和20.5%的绝对优势占据最大比重，分别有75.5%和60.1%的同学通过朋友圈和高校网站获取高校突发公共事件信息。

表3　高校突发公共事件信息来源渠道频率表

信息渠道	频数	频率（%）	个案百分比（%）
亲眼所见	57	6.5	19.1
亲身经历	44	5.0	14.8
官方渠道	91	10.4	30.5
高校网站	179	20.5	60.1
口口相传	113	12.9	37.9
微博、贴吧	56	6.4	18.8
朋友圈	225	25.8	75.5
个人公众号	21	2.4	7.0
微信 QQ 群	87	10.0	29.2
其他	0	0.0	0.0

（三）学生群体普遍关注事件进展

学生群体面对高校突发公共事件的态度整体来说是比较正向的，如表4所示，仅有9.5%的学生表示不关注此类事件，高达82.8%的学生都表示会关注事件进展，在态度行动整体占比一半以上。但学生群体的态度普遍趋于保守，绝大多数学生仅仅选择关注事件或转发消息，真正积极参与事件处理的同学很少，只有11.8%的同学表示会积极参与事件处理，仅占比7.6%。

表4　学生群体的态度或行动频率表

态度或行动	频数	频率（%）	个案百分比（%）
关注事件进展	245	53.4	82.8
转发消息	86	18.7	29.1
发布评论	65	14.2	22.0
积极参与事件处理	35	7.6	11.8
不关注	28	6.1	9.5

高校突发公共事件通常能够很快引起绝大多数学生的关注，但学生群体往往仅选择关注事件或转发消息，很少有学生真正积极参与事件处理。和众多曾引发重大社会关注的事件一样，在高校公共突发事件平息过后，学生群体的舆论注意力随之转移。这也意味着学生群体对高校突发公共事件的关注比较流于表面，难以落实到行动当中，缺乏对学校公共事件处理的主人翁意识。

（四）学生基本认可学校应对舆情管理的方法

该高校舆情管理方法主要分为危机知晓程度、基础保障能力、预防控制能力、组织健全能力和主观能动能力五个维度（见表5），问卷设计中以李克特量表（五分制）学生自评的方式测查①。每个维度包含3—4个问题，通过将每个维度的得分做平均分处理，以测查学校舆情管理方法在学生群体当中的落实情况。

表5　舆情管理方法学生评分表

舆情管理方法	平均值	标准差
基础保障	2.16	0.748
预防控制	2.24	0.78
组织健全	2.17	0.80
主观能动	2.40	0.80
危机知晓程度	2.57	0.77

从表5可以得知，当前学生群体对于学校舆情管理各方面的态度都比较积极，认为学校在各个维度中的表现都较为良好。在五分制的量表中打分，各维度平均得分均倾向于赞同积极表述的方向。其中表现最好地维度是学校的基础

① 由于量表设计中从1—5同意程度逐渐减弱，所以得分越低说明同意度越高，学生反应越趋向正面。

保障能力和组织健全能力，而对于学校危机知晓程度的积极表述相对较弱。说明学生对于学校突发公共事件的处理有一定的信心，但学生并不认为学校能够很好地预测到危机潜在的发生概率。

（五）学生对于学校当前舆情管理能力的整体评价保持中立

问卷设计中主要通过学生对学校舆情管理能力的总体评价来检测学校舆情管理的效果。通过七道题目的平均分处理反映学生对当前学校舆情管理能力的水平认知①。（见表6）

表6　舆情管理能力学生评分表

舆情管理能力	平均值	标准差
处理过程满意	2.41	0.98
处理过程公开	2.57	1.01
了解官方回应	2.33	0.99
信任官方回应	2.21	0.94
多方面反应一致性	2.76	1.08
处理方式民主	2.37	0.98
处理公平正义	2.23	0.95
综合评价	2.41	0.82

由上表可知，学生对于学校当前舆情管理能力的整体评价保持中立。学生对于高校突发公共事件的官方回应的信任程度较高，对于处理的公平性也基本持认可态度。但学校在多方面反应一致性上得分较低，也就是说学校对于突发公共事件的处理并没有得到多方的认可和支持，不同的立场仍然会有不同的态度。除处理过程的公开性得分偏低外，其余各项均表现良好，评价比较正面。从综合得分上来看，学生对学校舆情处理能力基本持认同态度。

（六）不同学生群体对高校突发公共事件舆情评价分析

1. 性别

经独立样本平均数差异的显著性检验发现，在舆情管理方法的评价上，如表7所示，在各个维度，男生的评价均显著高于女生的评价（$p<0.05$）。也就是说，男生对于学校舆情管理的各方面能力更加信任，而女生则相对持保守态度。在对学校舆情管理能力的综合评定上，男生的评价仍然显著高于女生（p<

① 由于量表设计中从1—5同意程度逐渐减弱，所以得分越低说明同意度越高，学生反应越趋向正面。

0.05)，女生的评价略倾向于负面。

表7 男生与女生舆情管理评价得分对比

舆情管理	男生		女生	
	均值	标准差	均值	标准差
危机知晓	2.37	0.81	2.68	0.72
基础保障	2.00	0.72	2.24	0.75
预防控制	2.10	0.79	2.32	0.76
组织健全	2.04	0.79	2.24	0.79
主观能动	2.17	0.86	2.52	0.73
综合评价	2.23	0.86	2.51	0.78

2. 年级

将本科一年级与二年级学生划分为低年级学生，三年级与四年级以及学生工作教师划分为高年级学生（参与调查的学生工作教师一般为工作保研的高年级学生）。经独立样本平均数差异的显著性检验发现，在舆情管理方法的评价上，如表8所示，在各个维度，高年级学生的评价均显著高于低年级学生的评价（$p<0.05$）。也就是说，高年级对于学校舆情管理的各方面能力更加信任，而低年级学生则相对持保守态度，在危机知晓和主观能动两个维度上，低年级学生的态度都相对趋于负面。在对学校舆情管理能力的综合评定上，高年级学生的评价仍然显著高于低年级学生（$p<0.05$）。

表8 低年级与高年级学生舆情管理评价得分对比

舆情管理	低年级		高年级	
	均值	标准差	均值	标准差
危机知晓	2.69	0.82	2.47	0.72
基础保障	2.27	0.72	2.07	0.76
预防控制	2.40	0.82	2.11	0.72
组织健全	2.34	0.83	2.04	0.75
主观能动	2.63	0.88	2.25	0.72
综合评价	2.63	0.88	2.25	0.72

3. 政治面貌

由于民主党派或无党派人士样本数量过低，因此在政治面貌中仅保留了群众、党员和共青团员三种类型。经独立样本平均数差异的显著性检验发现，在舆情管理方法的评价上，除主观能动能力维度外，各个维度上不同政治面貌学生均存在显著差异（$p<0.05$），且均表现为中共党员对于舆情管理评价最为正向，其次为共青团员，群众对舆情管理的评价稍低，尤其在危机知晓和组织健全维度的评价较趋于负向。而在主观能动维度上，不同政治面貌学生的评价不存在显著差异。就综合评价而言，仍然呈现出中共党员和团员的评价显著高于群众的状态，但群众的评价也基本保持中立（见表9）。

表9　不同政治面貌学生舆情管理评价得分对比

舆情管理	群众		中共党员		共青团员	
	均值	标准差	均值	标准差	均值	标准差
危机知晓	2.73	0.61	2.42	0.88	2.62	0.72
基础保障	2.53	0.74	1.94	0.74	2.22	0.73
预防控制	2.60	0.69	2.08	0.81	2.28	0.76
组织健全	2.73	1.01	2.00	0.74	2.20	0.78
主观能动	2.54	0.74	2.26	0.84	2.47	0.81
综合评价	2.54	0.74	2.26	0.84	2.47	0.81

四、高校突发危机事件的网络舆情的应对策略

（一）以校园安全工作为核心，设立多重安全问题防护预警机制

在学校中严抓安全问题。以保卫处作为实际保障部门，各院系配合工作，在日常学院层次的活动中增加安全知识讲座和安全技能培训。同时利用同学们对治安、安全事件的关注推动相关安全保障知识的宣传，建立完善高校突发危机事件预警制度。为将学校、学生安全的每一项工作落到实处，建立“学生危机预警月报告制度”，搭建“学院学生安全领导小组——年级安全领导小组——班主任——宿舍（长）——学生”的安全网络格局，做到安全网络细化到个体，安全管理全员覆盖。及时掌握学生中存在的不安全因素，积极预防突发危机事件的发展，从源头上减少、避免高校突发危机事件的发生。针对女生较多的实际情况，加强巡逻车出勤力度，夜间加强校园安全防护，增加女同学在校园内的安全感，防患于未然。对校园公共卫生事件和学校管理类突发事件的处理要更加谨慎，做到公开公正。

（二）官方校园媒体为抓手，拓宽传统舆情传播官方渠道

建立有效的官方信息发布渠道。官方信息发布在网络舆论生态中有着特殊

优势，能够有效地介入网络舆情的线上传播的过程。加大官方校园媒体宣传力度，重视网络舆情引导，发挥校园官方媒体的主观能动性，让更多同学从校园官方微信、微博平台及时了解事件进展，做到公开透明。同时对校园网站等学生自媒体进行关心和支持，支持学生群体发声关注学校突发公共事件，引领舆论正向发展。

（三）以学生代表为桥梁，搭建学生参与高校突发公共事件平台

建立高校突发危机事件网络舆情调研团队。目前，已经有不少高校和团组织开展了卓有成效的网络舆情调研队伍建设：以院系优秀学生干部、高年级学生党员为中坚力量，以传统网络主流媒体和校园参与度高的信息社区为调研平台，对社会整体关注热点和学生工作有影响的帖子进行搜集、分类和统计，实行思想动态周报告制度，筛查出相关热点及时上报。同时，针对各类突发事件、热点问题，一事一议开展网络舆情调研，及时了解学生的思想动态，做到有热点早发现，有需求早服务，有事件早预防。同时积极动员学生干部，通过学生干部对政策、实际情况的了解对网络上不实和不完整信息进行清理，壮大网络舆论中的积极主流。

学生群体对于校园突发公共事件的关注其实已经足够，需要让同学们真正参与进来，成为事件的见证者，鼓励学生代表积极参与校园突发公共事件处理，做学校的主人翁。加强学生对事件的参与感，能够让学生有多角度了解问题真相，更加客观真实的描述事件，从而从学生角度出发，引领事件舆论正向发展。

（四）以心理测查为手段，建立完善危机预警监测机制

学生群体并不认为学校很好地预测到危机潜在的发生几率，认为学校对学生群体中间发生的事件的了解程度较低，需要学生工作教师真正做到了解学生、关心学生。各学部院系不定期对学生进行正式或非正式访谈，了解学生心理健康状况，多角度保证校园安全。同时学校需要从硬件条件，如消防安全、器材安全、食品卫生安全等具体环节入手，完善危机预警，做好应变准备。在舆情信息的采集上，既要关注日常信息的采集工作，形成长期有效的常规信息采集机制，也要对社会中出现的热点问题进行关注，专门进行重大社会事件舆情信息统计机制的运行。常规信息采集机制以学校安全信息员为主，进行定期、定点信息的采集，按照固定的时间节点，以院系为单位进行常规信息收集。重大社会事件舆情信息统计机制主要关注社会敏感问题、大学生普遍关注问题，甚至重大政治倾向偏差的舆情，做到敏锐发现，持续关注。在信息采集或心理测查的过程中要保持中立态度，不带有对于测查对象的偏见，保证收集舆情的客观性。

（五）以信息公开为基础，提高学校官方平台信任度

校园突发公共事件的应对不仅是学校的工作，也需要学生的支持。需要进行进一步的信息公开，让学生更加清楚了解事实真相，避免以讹传讹。同时也能增强学生对学校工作的理解和支持。网络舆情态势的发展在于线上与线下的相互影响。学校应争取一切的可能与时间，首先介入这一关键过程。学校方面应迅速阻隔事件信息以非官方的渠道从线下向线上的传播，及时以官方渠道发布权威信息并准确地向线上传播，遏制信息的失真和变异。无论是面向学生还是社会各界发布信息，都要做到态度诚恳，调查清晰，结果明确，给出已有的结论和后续的处理方式，并且需要对刻意隐瞒和谎报信息者建立起责任追究机制。

高校微信公众平台管理与应用研究

——以北京师范大学为例*

张　旭

第一章　文献研究

微信是腾讯公司于2011年1月推出的一个为智能终端提供即时通信服务的应用程序，一经推出便风靡全国。从腾讯公司最新公布的2016年年度业绩报告看来，微信和WeChat的合并月活跃用户数达8.89亿。随着微信在国内，尤其是微信公众平台在高校的广泛应用，关于微信公众平台的研究也层出不穷。微信公众平台是腾讯公司在微信基础上，面向企业、政府、媒体等群体提供公共账号的一种新型功能模块。它凭借受众数量庞大、信息定向推送、个性化服务定制、智能回复、一对一互动等特点吸引了企业、媒体、政府等用户注册使用，通过微信公众平台向已订阅微信公众号的受众发布信息，进行线上宣传和推广活动，成为微信公众平台注册用户的重要组成部分①。随着微信在国内，尤其是微信公众平台在高校的广泛应用，关于微信公众平台的研究也层出不穷，近几年国内专家学者对高校微信公众平台的研究大致分为以下几个方面：

一、高校微信公众平台特点与功能分析

甘月童通过对全国39所“985”高校官方微信公众号的调查和统计，归纳出39所“985”高校在运用微信这一平台时的一些特点。首先在公众号种类方

* 作者张旭，信息网络中心。

① 欧阳世芬，蔡雨娟. 高校官方微信公众平台的现状与运用策略探析［J］. 视听，2015（7）：150 - 153.

面，39 所“985”高校中有 37 所高校选择了订阅号作为学校官方微信公众号，只有 2 所高校选择企业号；在公众号头像使用方面，主要集中在学校标志性建筑、校徽和卡通人物三个方面；在公众号名称上，26 所高校使用了学校的全称作为微信公众号名称，另有 3 所高校使用了其他名称；在微信公众号传播指数上，37 所学校呈现橄榄状分布，指数高的和低的学校都不多①。张卫良和张平采取随机分层抽样的方式选取 91 所高校的共青团微信公众号和 9411 篇推文，将其作为研究对象。主要从各个高校共青团推文特征及其影响力和高校共青团微信公众号内容及认同特征这样两个方面进行论述②。罗淑宇主要从意识形态话语权内涵、微信公众号的传播属性与传播特征、国内高校官方微信公众号发展现状及存在问题和运用微信公众号强化高校意识形态工作话语权的路径选择四个方面进行论述③。王贺从三个方面论述微信这一平台对高校思想政治教育的作用：创新理论传播模式，发挥思想引领功能；主动占领舆论高地，发挥舆情主导功能；立足学生真实生活，发挥价值塑造功能④。田晓夏分别从传播职能、发展状况和传播效果几个方面论述了微信公众平台在高校的发展现状⑤。欧阳世芬、蔡雨娟从推送内容、功能设置、推送形式以及推送时间等方面分析了高校官方微信公众平台的现状⑥。车峰从运营主体、服务对象、推广方式、学生认可度方面对高校官方微信平台的特点做了阐述⑦。刘洪超、符丹专门针对传播效果进行了研究等⑧。

综合以上文献，可以看出对高校微信平台的职能描述，一般分为宣传职能、教育职能、服务职能。其中宣传职能主要通过报道新闻、宣传教育政策、发布新闻、对外塑造良好的校园形象来实现；教育职能的优势主要表现在将大学生思想政治教育的内容植入推送内容中，从而达到潜移默化的教育作用；服务职能主要体现在为高校师生提供信息服务上。推送方式主要分为文字推送、图片

---

① 甘月童. 对“985 工程”高校微信公众号的研究 [J]. 青年记者，2016 (9)：47－49.

② 张卫良，张平. 高校共青团自媒体影响力、用户信息接受与认同特征：基于微信公众平台 WCI 的实证分析 [J]. 中国青年研究，2017 (2)：48－55.

③ 罗淑宇. 运用微信公众号增强高校意识形态工作话语权问题初探 [J]. 理论导刊，2017 (9)：101－105.

④ 王贺. 论高校微信公众平台的思想政治教育功能 [J]. 思想理论教育导刊，2016 (11)：138－140.

⑤ 田晓夏. 高校微信公众平台传播现状研究 [D]. 西安：陕西师范大学，2016.

⑥ 欧阳世芬，蔡雨娟. 高校官方微信公众平台的现状和运营策略探析 [J]. 视听，2015 (7)：150－153.

⑦ 车峰. 高校官方微信平台的调查与分析 [J]. 新闻知识，2015 (9)：81－82＋12.

⑧ 刘洪超，符丹. 高校微信公众平台的传播效果探究 [J]. 传媒，2016 (19)：87－89.

推送、语音推送、图文混合推送、视频推送和网页链接等。同时，诸多文献指出了高校微信平台的缺点，比如功能较全面但互动意识有待提高，推送内容亲民风格活泼但同质化现象严重、原创度不高、标签分类不清晰等。

二、微信公众号在高校某方面具体工作中的应用与实践研究

国内文献主要围绕微信公众平台在高校党建工作应用、思想政治教育工作、新闻宣传、教学实践研究、图书馆服务、就业指导、档案服务等方面的实践展开。王永灿和郭红明首先论述微信作为高校思想政治教育的可行性；然后提出关于在高校思想政治教育工作中运用微信公众号的总体要求和具体目标；最后指出如何应用微信公众号：管理组织专业化，营造“微”体系、运营理念专业化、内容选编精细化、教育模式创新化等①。闫磊凡和王德平主要从四个方面进行论述，分别为：基于微信公众平台拓展科研服务的优势、高校科研管理微信公众平台的现状及问题、高校科研管理工作对于微信公众平台的应用方式、高校科研管理微信公众平台的特点，其中以应用方式作为文章重点从模块设计和主要功能两个角度进行阐述②。杨国平以山东工商学院团总支微信公众平台为例，指出微信公众平台运用的实践效果如提高学生工作效率、拓展思政工作渠道、提高学院社会知名度等，同时对提高校园微信公众平台在学生工作中的效率提出建议③。李鑫在通过对高校微信运营团队传播传统文化动因、推送内容、推送形式、大学生受众行为特征及接受度等进行分析后，指出高校微信公众号传播传统文化的出现问题的原因④。张孟迪通过抽样方法对该校团委微信推送时间、推送内容和推送形式进行数据分析，从中总结其在微信平台运用时的问题⑤。田海云指出，要利用微信开展高校党建工作，注重“微党建”的平台建设和舆情风险防控⑥。刘子侠研究了微信在档案利用服务中的应用，提高

① 王永灿，郭红明．微信公众平台在高校思想政治教育中的应用［J］．重庆邮电大学学报（社会科学版），2016，28（5）：61－66.

② 闫磊凡，王德平．微信公众平台在高校科研管理工作中的应用：以中国传媒大学为例［J］．科研管理，2016，37（S1）：301－308.

③ 杨国平．校园微信公众平台在学生工作中的实践与探索：以山东工商学院山商管理学院团总支微信公众平台为例［J］．新媒体研究，2017，3（20）：33－36.

④ 李鑫．高校微信公众号传播传统文化的现状分析：基于长春市五所高校的调查［J］．新媒体研究，2017（22）：106－108.

⑤ 张孟迪．基于内容分析法的高校团委微信公众号研究：以“山东师范大学团委”微信公众号为例［J］．青年记者，2016（24）：38－39.

⑥ 田海云．微信自媒体平台在高校党建工作中的运用探析［J］．思想理论教育导刊，2015（8）：133－136.

了高校档案利用服务的能力①。闫晓甜、李玉斌构建出一种基于微信平台的教学模式，促进微信在高校教育中的应用，为高校教学改革提供借鉴②。朱梦茹针对目前微信在高校图书馆信息服务应用中存在的问题，探讨微信平台应用于高校图书馆信息服务的可行性③。

三、微信公众号在高校某方面具体工作中的策略研究

常见的研究包括高校图书馆微信公众号的运行策略、高校官方微信公众号的运行策略等。陶赋雯重点分析了如何更好地运营微信公众号，并提出相关策略。作者从描述福建高校微信公众号运营现状及其在运营过程中出现的问题开始切入，对高校微信公众号提出相关策略：一是打磨内容：丰富多元衍生，提升传播效因（增强关系纽带，贴合情感需求；梳理精品意识，增强议程设置等）；二是渠道制胜：把握推送频率；三是管理为基：完善管理机制，优化运营团队④。李千驹等以“艾克热目正能量工作室”为例，对高校舆论引领模式的构建提出几点建议：一是应从分析受众接受心理出发，有的放矢；二是舆论引领应注重内容的挖掘和拓展；三是应注意舆论引领应讲究语言技巧⑤。孔文思从微信公众平台的应用特点和价值及其在学生管理方面的可行性切入，为微信公众平台运用在职业院校学生管理提出具体策略：建立完善学生管理机制；遵循学生个性特点设计平台推送内容；合理设计平台互动方式激励自主管理等⑥。何卫首先对微信公众平台在高职学生管理工作中的应用状况进行分析，接着重点指出微信公众平台下高职学生管理工作模式创新的路径：坚持以人为本；提高学生的参与度与热情度；通过微信来掌握学生的实时动态；提高管理的实效

---

① 刘子侠．微信在高校档案利用服务中的应用探析［J］．山西档案，2015（5）：112－115．

② 闫晓甜，李玉斌．微信平台支持下的高校微课程设计与应用研究［J］．中国远程教育，2015（7）：52－57，80．

③ 朱梦茹．基于微信平台的高校图书馆信息服务探讨［J］．中国科教创新导刊，2013（34）：271－272．

④ 陶赋雯．微信公众号运营实践与传播效果研究：基于对福建省26所本科高校微信公众号的实证分析［J］．福建论坛（人文社会科学版），2016（12）：200－205．

⑤ 李千驹，艾克热木·艾尔肯，程玉红．论微时代高校舆论引领模式的构建：以“艾克热木正能量工作室”微信公众平台为例［J］．新闻战线，2016（8）：123－124．

⑥ 孔文思．微信公众平台在职业院校学生管理中的运用：以山东理工职业学院官方微信为例［J］．新媒体研究，2017（21）：25－26．

性①。黄璀提出高校应该从以下四个方面运营官方微信公众号：品牌塑造，建立亲切可感的形象；传播内容，强调与受众的关联性；传播形式，信息呈现的立体化；信息互动，以受众需求为出发点②。薛峰指出，在新媒体背景下高校官微的建设策略：一是增加功能，建立良好互动；二是优化团队，完善机制；三是注重内容，定位准确③。喻娟提出高校微信建设的路径，首先是“发布热点＋强化互动＋服务学生”的选题标准；其次是“网络语言＋多媒体结合＋‘碎片化’写作”的呈现方式；最后是“塑造品牌＋贴近受众＋凸显人文”的栏目设计④。史梅、翟晓娟讨论了经营微信公众号的经验，为高校图书馆更好地把握新媒体营销提供了参考⑤。曹世生探讨高校官方微信公众号的运营策略⑥。李伟超、毕丽萍、贾艺玮提出了图书馆微信服务策略体系⑦。

相关文献研究主要集中于对高校微信公众号某一项服务而言，提出的运营策略主要包括规划定位策略、品牌设计策略、内容发布策略、管理策略、新功能开放与应用策略、宣传推广策略、用户互动策略等。

可以看出，大部分关于微信平台的研究都集中在对单个公众号或者高校某一个方面工作的微信应用分析，缺乏从技术角度对不同类型公众号的应用分析，也缺乏从更加宏观的角度，对学校相关管理机制的研究。课题组将重点从技术分析、管理机制两方面入手，希望为各高校更有效率地应用与管理微信公众平台提供有益的参考。

第二章　微信公众平台概述

目前，微信公众平台包括订阅号、服务号、企业号三种类型，在技术特点、申请流程、应用方式等方面有着较大不同，在研究时应当有所区别。

---

① 何卫. 微信公众平台在高职学生管理工作模式创新中的应用［J］. 新媒体研究，2017（22）：28－29.

② 黄璀. 高校官方微信公众号“人格化”传播策略［J］. 青年记者，2017（20）：121－122.

③ 薛峰. 高校官方微信公众号的建设及运营：以常州大学为例［J］. 青年记者，2016（35）：83－84.

④ 喻娟. 高校官方微信公众平台建设路径探究［J］. 青年记者，2016（23）：102－103.

⑤ 史梅，翟晓娟. 高校图书馆官方微信经营策略研究：以南京大学图书馆为例［J］. 大学图书馆学报，2014，32（5）：79－85，116.

⑥ 曹世生. 高校官方微信公众号运营策略研究：以华中师范大学官方微信为例［J］. 新媒体研究，2016，2（5）：55－56.

⑦ 李伟超，毕丽萍，贾艺玮. 近两年我国高校图书馆微信服务现状及策略研究［J］. 图书馆学研究，2016（20）：62－68.

一、三种类型微信公众平台的应用现状

根据《2017 微信数据报告》，2017 年 9 月份，每天平均有 9.02 亿用户登录微信，与 2016 年相比增长 17%，甚至老年用户都达到了 5000 万人的规模。目前，微信公众号的数量已经超过 1000 万个，月活跃账号为 350 万个，同比增长 14%，月活跃粉丝为 7.97 亿人，同比增长 19%。

微信的用户基数非常大，消息传播速度非常快，这使得微信具有非常高的营销价值，基于微信平台的订阅号、服务号与企业号更是被关注的重点，高校对于三者的研究已经从不同的学科展开，涵盖了教育学、新闻传播学、图书馆学、情报与档案管理学、计算机科学与技术学、应用经济学等学科。为了叙述方便，下文将订阅号、服务号、企业号统称为“微信公众号”。

二、三种微信公众号的发布流程

一般来说公众号的上线，需要经过以下几个步骤：注册申请→后台管理→信息发布，如果还需要定制一些微信登录、支付等功能，在第三步与第四步之间需要加入开发步骤，下面将对注册申请、后台管理、信息发布、功能开发详细阐述。

（一）注册申请

1. 订阅号的申请

企业、组织和个人都可以申请订阅号。如果是个人，需要提供身份证照片；如果是组织或者企业，则需要提供组织机构代码证。订阅号又分为认证订阅号与非认证订阅号。个人只能申请非认证订阅号，组织和企业既可以申请非认证订阅号也可以申请认证订阅号。

2. 服务号的申请

相较于订阅号，服务号的申请要求更高一些，仅接收组织和企业的申请。一个企业或者组织可以申请 50 个服务号。

3. 企业号的申请

企业号申请后，可以通过企业微信平台升级为企业微信。企业号仅支持组织和企业的申请，一个企业或者组织只可以申请一个企业号。

（二）后台管理

1. 订阅号管理

在订阅号申请完成后，在管理后台可以查看已关注用户信息，用户留言，查看 appid、appsecret 等信息。如果是认证的订阅号，还具有客服管理功能，客

服管理功能将在下文服务号管理中详细说明。

2. 服务号的管理

在服务号申请完成后，可以登录管理后台，在管理后台可以查看已关注用户信息，用户留言，查看 appid、appsecret 等信息。服务号在开通时即具备客服管理功能，客服管理功能为用户与服务号管理员架起了沟通的桥梁，管理员登录客服管理后台后，可以接收用户向服务号发送的消息，无需通过微信互加好友，并可以与用户实时交谈。

3. 企业号的管理

在企业号申请完成后，可以登录管理后台，在管理后台可以导入企业用户名单，管理企业应用，查看、回复用户留言，分配权限、发布消息。企业号没有客服管理功能。

（三）发布消息

1. 订阅号发布消息

登录订阅号管理后台之后，可以在消息管理模块中发布消息，消息可以包含文字、视频、音频、附件。订阅号每天可以发送 1 条消息。消息发送到用户后，会显示在订阅号文件夹中，不会实时显示。

2. 服务号发布消息

登录服务号管理后台之后，可以在消息管理模块中发布消息，消息可以包含文字、视频、音频、附件。服务号每个月可以发送 4 条消息。消息发送到用户后，会显示在用户的微信的最近聊天列表中。

3. 企业号发布消息

与订阅号、服务号不同，因为企业号可以有多个应用，所以在发送消息的时候需要选择在哪个应用中发送消息。消息发送到用户后，会显示在用户的微信的最近聊天列表中。

（四）公众平台的技术开发

微信公众号提供了丰富的 api 接口，涵盖了 oauth 认证、收发消息、自定义菜单、微信支付等功能。结合 api，开发者可以高效地将自己的系统与微信进行对接，实现免登录认证、收发消息、微信支付等功能。

开发中所涉及的专业名词包括：appid：appid 是订阅号、服务号的唯一标识，每个订阅号、服务号对应一个唯一的 appid，企业号中每个应用对应一个 appid。appid 可以公开。corpid：corpid 是企业号的唯一标识，一个企业号对应一个 corpid。appsecret：是订阅号、服务号的一个密钥，应用服务器使用这个密钥向微信服务器换取 access_ token。access_ token：access_ token 是应用服务器与微信服务器交互时的凭证，access_ token 的有效期为 2 小时，应用服务器使用 appid 和 appsecret 换取 access_ token，如果应用服务器没有提供 access_ token 或者 access_ token 已经过期，应用服务器将得不到微信服务器的正确响应。

（五）微信公众平台的数据流

用户向微信服务器发送请求，微信服务器在接收到用户消息后，对用户消息进行处理，生成 url，通过 http 协议传给应用服务器，应用服务器在接收到微信服务器传来的消息后，对用户的请求进行处理，应用服务器需要在 5 秒内对微信服务器传来的消息完成处理并按照 api 要求的格式将结果数据返回给微信服务器，微信服务器接收到应用服务器返回的结果后将结果进行处理传回给微信客户端。如果微信服务器在向应用服务器发送消息后 5 秒内没有接收到应用服务器返回的结果，会再次向应用服务器发送相同的请求。如果用户服务器 5 秒内仍然没有按 api 要求的格式返回数据，微信服务器会向应用服务器发送第三次请求。如果 5 秒内仍然没有收到服务器返回的消息后，微信服务器会返回一条“该公众号提供的服务器出现故障，请稍后再试”。

基于这种数据流模式，可以开发一些信息检索、中英翻译等功能，北师大企业号中的查成绩、查工资功能就是基于这种数据流模式。这种数据流模式的优点是，用户无需注册新账号，直接使用微信提供的消息发送功能，可以发送文字、语音、表情、位置、图片、视频，应用服务器不要处理转发逻辑，不需要开发用户输入界面，只需要专注开发功能即可，而且微信服务器还提供了语音识别功能。

Oauth 认证：

Oauth 是 open auth 的缩写，open 指的是微信用户登录验证对所有已经取得授权的公众号开放。应用服务器可以通过 Oauth 认证获去微信用户的昵称、openid、头像、国家等信息。基于 Oauth 认证，用户无需注册新用户，使用微信便可以登录应用系统。用户不但省去了注册步骤，而且也无需登录。北京师范大学企业号中的校园卡应用，关注用户无需登录校园卡系统，只需要点击充值菜单，校园卡系统通过 Oauth 认证即可获得用户的身份为用户充值。北京移动服务号中，无需登录，点击流量查询功能，服务号便会返回用户的流量信息。

订阅号开放的 API 最少，仅支持接收用户消息，自动回复。通过这些 API 仅可以开发消息类应用。服务号除了支持订阅号的全部 API 外，还支持 oauth 登录认证、微信支付、客服、微信小店、微信卡券等功能，通过这些 API 可以开发一些具有身份识别、支付功能的应用。企业号与服务号支持的 API 几乎相同，但是企业号不支持客服功能相关的 API。

三、微信公众平台的系统兼容性

通过以上分析我们可以看到微信公众平台用户基数大，无需安装 App，用户无需注册登录便可以进入业务系统。丰富的 api，对于开发人员来说可以省去诸如用户信息输入、注册、登录等很多功能的开发，而用户无需安装 App，使用微信的输入界面，无需注册、登录，学习成本低，用户体验好。但是通过微信的数据流分析我们也看到了数据的传递经过微信服务器中转了一次，比直接向应用系统请求数据会慢一些，而且微信公众平台严格限制了应用服务器需要在 5 秒内响应服务器的请求，所以对实时性要求较高的系统或者需要长时间处理数据才能返回结果的应用和 http 协议无法支持的系统将不适合采用微信公众平台。

四、微信小程序

微信公众平台中，微信服务器与应用服务器采用 http 协议通信，所有数据都存在应用服务器上，需要每次从应用服务器调取数据，用户体验比不上把一些数据存在客户端的 App。基于此，微信推出了微信小程序。微信小程序将界面等数据存在于用户本地，无需每次请求，微信小程序提供的 api 也更加丰富。小程序功能丰富，但特点是小，对于一些需要在本地存储大量数据的应用不太适合，所以微信小程序不会完全取代 App 的地位。目前微信小程序已经覆盖 20 多个大类以及 200 多个细分领域。其中访问人数最多的是交通出行、电商平台、工具、生活服务和 IT 科技领域的小程序。

五、微信公众平台的传播效果评估——基于 WCI 指数的影响因子分析

（一）WCI 指数基本概念

WCI（Wechat Communication Index）即微信传播指数，通过微信公众号推送文章的传播度、覆盖度及账号成熟度和影响力，来反映其整体热度和发展走势①，它是由微信原始数据通过一系列复杂严谨的计算公式推导出来的标量数值，是考虑各维度数据后得出的综合指标②。

---

① 张钰梅. 基于 WCI 的图书馆微信公众号内容营销策略研究［J］. 新世纪图书馆，2016（3）：61－77.

② 喻光耀. 基于 WCI 分析的微信公众平台运营探讨：以泰达图书馆档案馆微信公众号为例［J］. 天津科技，2016（7）：62－65.

（二）主要影响因子

新媒体指数平台“清博指数”是目前国内最大的第三方新媒体数据搜索引擎、最大的“两微一端”（微博、微信、今日头条客户端）新媒体大数据权威平台及最重要的舆情报告和软件供应商之一①。清博指数会不定期发布 WCI 计算方法，其中体现了 WCI 的主要影响因子，包括阅读数、点赞数、发文数等。

此外，腾讯微校携手全国高校微信公众号，共同打造“互联网 +”时代的校园生态，从 2015 年 7 月开始，每月一期推出全国高校公众号排行榜，通过系统自动计算排名，算法参考运营特色、粉丝规模、文章质量、互动形式四大维度。

（三）近两年算法变化

清博指数会不定期更新 WCI 计算方法，目前已经更新到 V13.0。本研究对比了清博指数发布的公认度、权威度均较高的 V12.0 版②以及最新公布 V13.0 版，通过对比算法以期发现微信公众号评价机制的变化。

1. WCI 测算 V12.0 计算公式

（1）公式调整目的

由于 WCI－11.3 在指标设置上存在一定局限性（总阅读数受评价周期长短影响大，平均、最大值受周期影响小），不利于不同周期的 WCI 计算和比较，现升级为 12.0 版本。WCI－12.0 保持原有评估维度和指标权重设置，在此基础上将“总阅读数”指标改为“日均阅读数”，为避免和“平均阅读数”造成误解，将“平均阅读数”改为“篇均阅读数”（点赞数同作调整），其他暂不变。

整体而言，WCI－12.0 版本旨在鼓励账号提高单篇文章质量，合理把握推文数量，多做精品、少发“垃圾文”，提高账号的整体传播力和影响力。

（2）计算公式

WCI－12.0 计算公式如图 1 所示，其中：

R 为评估时间段内所有文章（n）的阅读总数；

Z 为评估时间段内所有文章（n）的点赞总数；

d 为评估时间段所含天数（一般周取 7 天，月度取 30 天，年度取 365 天，其他自定义时间段以真实天数计算）；

---

① 耿曼曼．基于微信传播指数 WCI 的图书馆微信公众号研究：以江苏省本科院校图书馆为例［J］．河南图书馆学刊，2017（6）：107－109.

② 蔡丽萍，孔德超．基于 WCI 的省级公共图书馆微信阅读推广研究［J］．图书馆工作者研究，2016（10）：90－95.

WCI 测算 V12.0			
一级指标	二级指标	权重	标准化方法
阅读指数（80%）	日均阅读数 R/d	40%	Ln（R/d+1）
	篇均阅读数 R/n	45%	Ln（R/n+1）
	最高阅读数 Rmax	15%	Ln（Rmax+1）
点赞指数（20%）	日均点赞数 Z/d	40%	Ln（10*Z/d+1）
	篇均点赞数 Z/n	45%	Ln（10*Z/n+1）
	最高点赞数 Zmax	15%	Ln（10*Zmax+1）

$$WCI=\left\{\begin{aligned}&80\%\times[40\%\times\ln(\frac{R}{d}+1)+45\%\times\ln(\frac{R}{n}+1)+15\%\times\ln(R_{max}+1)]\\&+20\%\times[40\%\times\ln(10*\frac{Z}{d}+1)+45\%\times\ln(10*\frac{Z}{n}+1)+15\%\times\ln(10*Z_{max}+1)]\end{aligned}\right\}^2\times10$$

图 1　WCI－12. 0 计算公式

n 为评估时间段内账号所发文章数；

Rmax 和 Zmax 为评估时间段内账号所发文章的最高阅读数和最高点赞数。

（3）数据来源说明

系统抓取时间：系统每日更新账号前一天发布的文章及其阅读数。阅读数在每日 12：00 左右更新，统计数据在每天 15：00 左右更新。

WEEK 周数据。新媒体指数设定周日到周六为一周的统计周期。一般情况下周数据会在周日晚间更新。

头条总阅读数：某账号当期所有头条文章阅读数总和

总阅读数：某账号当期所有文章阅读数总和

平均阅读数：总阅读数除以某账号当期发布文章数

总点赞数：某账号当期所有文章点赞数总和

平均点赞数：总点赞数除以某账号当期发布文章数

最大阅读数：某账号当期最高阅读数。数据为 10 万 + 的，系统以 100001 指代。

最大点赞数：某账号当期最高点赞数

点赞率：总点赞数除以总阅读数

2. WCI 测算 V13.0 计算公式①

2017 年，公式调整为 WCI V13.0，如图 2 所示。

一级指标及权重	二级指标	二级权重	标准化得分
整体传播力 O（30%）	日均阅读数 R/d	85%	O=85%*ln（R/d+1）+15%*ln（10*Z/d+1）
	日均点赞数 Z/d	15%	
篇均传播力 A（30%）	篇均阅读数 R/n	85%	A=85%*ln（R/n+1）+15%*ln（10*Z/n+1）
	篇均点赞数 Z/n	15%	
头条传播力 H（30%）	头条（日均）阅读数Rt/d	85%	H=85%*ln（Rt/d+1）+15%*ln（10*Zt/d+1）
	头条（日均）点赞数Zt/d	15%	
峰值传播力 P（10%）	最高阅读数 Rmax	85%	P=85%*ln（Rmax+1）+15%*ln（10*Zmax+1）
	最高点赞数 Zmax	15%	
WCI={30%*[0.85*ln（R/d+1）+0.15*ln（10*Z/d+1）]+30%*[0.85*ln（R/n+1）+0.15*ln（10*Z/n+1）]+30%*[0.85*ln（Rt/d+1）+0.15*ln（10*Zt/d+1）]+10%*[0.85*ln（Rmax+1）+0.15*ln（10*Zmax+1）]}^{2} *10			

图 2　WCI V13. 0 计算公式

（1）公式调整目的

指标拓展：指标更加丰富，从“整体传播力”“篇均传播力”“头条传播力”“峰值传播力”四个维度进行评价，评价维度更全面。

算法优化：根据历史数据模型，优化指标权重，排名更加科学。

更新时间：2017 年 7 月 1 日之后的榜单使用该公式。

（2）WCI V13.0 计算公式

R 为评估时间段内所有文章（n）的阅读总数；

Z 为评估时间段内所有文章（n）的点赞总数；

d 为评估时间段所含天数（一般周取 7 天，月度取 30 天，年度取 365 天，其他自定义时间段以真实天数计算）；

n 为评估时间段内账号所发文章数；

Rt 和 Zt 为评估时间段内账号所发头条的总阅读数和总点赞数；

Rmax 和 Zmax 为评估时间段内账号所发文章的最高阅读数和最高点赞数。

In：以 10 为底的对数函数。

（3）数据来源说明

①系统抓取时间：系统每日更新账号前一天发布的文章及其阅读数。阅读数在每日 12：00 左右更新，统计数据在每日 15：00 左右更新。

②日榜数据：采用文章发布第二天数据计算，每天 14：00 左右发布日榜。

① 清博指数平台。

周榜数据：清博指数设定周日到周六为一周的统计周期。一般情况下周数据会在周日晚间更新，显示方式为20141115_ 20141109week：表示2014 年11 月9 日至2014 年11 月15 日账号的发布数据。月榜数据：采用自然月内所有文章的第7 天数据计算，每个月1 号发布上个月的月榜。

③头条总阅读数：某账号当期所有头条文章阅读数总和。

④总阅读数：某账号当期所有文章阅读数总和。

⑤平均阅读数：总阅读数除以某账号当期发布文章数。

⑥总点赞数：某账号当期所有文章点赞数总和。

⑦平均点赞数：总点赞数除以某账号当期发布文章数。

⑧最大阅读数：某账号当期最高阅读数。数据为10 万 + 的，系统以100001指代。

⑨最大点赞数：某账号当期最高点赞数。

⑩点赞率：总点赞数除以总阅读数。

⑪发微博数：某账号当期发布微博总数（包含转发微博）。

⑫转发总数：某账号当期发布微博（包含转发微博）被转发总数。

⑬评论总数：某账号当期发布微博（包含转发微博）被评论总数。

⑭原创数：某账号当期发布原创微博总数。

⑮原创转发数：某账号当期所发布原创微博被转发总数。

⑯原创评论数：某账号当期所发布原创微博被评论总数。

⑰原创阅读总量：某账号当期所发布原创微博被阅读总数。

⑱发布：在榜单中，发布项常标注为5/10 字样，表示该账号推送了5 次，共发布10 篇文章。该选项表示为 发布次数/发布文章数。

对比以上算法发现，清博指数平台在对公众号进行排名时，将评价体系进行了完善，评价指标进行了细化，指标比重进行了优化，都向着注重文章质量的方向发展。

第三章　北京师范大学微信公众平台运行现状

一、学校微信公众平台的数量分布情况

通过问卷调研、访谈调研、第三方平台信息采集（清博指数、西瓜数据）等手段，对名称中包含北京师范大学相关信息、账号主体为北京师范大学及其二级单位、公众号介绍中包含北京师范大学相关信息的公众号，进行了摸底汇总。为更清晰地展示不同公众号的属性区别，本文对微信公众号进行了划分，

如表 1 所示。

表 1　学校微信公众平台划分

	公众号主体
一级官方公众号	北京师范大学
二级官方公众号	北京师范大学二级单位或附属单位
个人主体公众号	校内各类组织或师生个人

（一）总数

在公众号第三方数据统计平台"西瓜数据"进行搜索，发现公众号名称含有"北京师范大学"的一共有 717 个，公众号主体名称含有"北京师范大学"的公众号共有 147 个。与北京其他几所"985"高校相比情况如表 2 所示：

表 2　北京"985"高校公众号情况

	北京师范大学	北京大学	清华大学	中国人民大学	北京航空航天大学	北京理工大学	中国农业大学	中央民族大学
名称含校名的公众号	717	1705	1524	534	169	341	233	136
主体含校名的公众号	147	242	189	148	65	66	25	18

147 个公众号中，认证号 94 个，原创号 53 个，原创比例较低。成为微信原创号，需要具备几个要素：第一，已运营了一定的时间；第二，保持一定的活跃度；第三，原创文章需要一定的数量，要有持续的输出；第四，单篇文字超过 300 字，坚持原创；第五，不能有抄袭等违规历史；第六，遵守微信官方原创规则。因此，获得原创称号，是对公众号创作能力、运营能力的高度肯定，是提高新媒体影响力的重要途径。

（二）一级官方公众号（完整名单见附件 1）

根据截至 2018 年 5 月的数据，公众号主体为"北京师范大学"的一级官方公众号，共有 43 个，与北京市其他"985"高校相比情况如表 3 所示：

表 3　一级官方公众号

	北京师范大学	北京大学	清华大学	中国人民大学	北京航空航天大学	北京理工大学	中国农业大学	中央民族大学
一级官方号	43	95	113	75	54	22	20	12

43 个一级官方公众号完整名单如表 4 所示：

表 4　一级官方公众号完整名单

序号	公众号名称	公众号微信号	是否认证号	是否原创号	预估活跃粉丝	头条平均阅读
1	京师心理大学堂	bnupsychology	是	是	57026	3549
2	北京师范大学	bnuweixin	是	是	48846	5978
3	生物学通报	shengwuxuetongbao	是	是	41210	872
4	木铎书声	bnupub	是	是	25246	5569
5	北京师范大学文艺学研究中心	bnuwenyixue	是	是	24576	879
6	北京师范大学学生会	bsdxsh	是	是	17602	2069
7	京师学工	bnuxsc100875	是	是	15014	1036
8	北京师范大学国际写作中心	bnuiwc	是	是	12168	1506
9	北京师范大学文学院	wenxueyuanbnu	是	是	12128	1065
10	青春北师	bnuxtw	是	是	12060	375
11	北京师范大学校友总会	bnuaa_ xyh	是	否	11198	725
12	北师大国际本硕连读项目	beishidaguoji	是	否	10802	354
13	京师研工	bnuygb	是	是	10230	1149
14	全球善财领袖计划	GPLprogram	否	是	8462	368
15	京师学人	jingshixueren	是	是	8352	484
16	北京师范大学图书馆	bnulibrary	是	是	7740	462
17	北师大心理学院 EDP 中心	bnupsy - mapedp	是	是	7244	801
18	京师微就业	bnucareercenter	否	是	7174	0
19	北师大刑科院	BNUCCLS	否	否	3892	562
20	北京师范大学智慧学习研究院	smartlearning_ BNU	否	否	3870	206
21	北京辅导员	无	否	否	3184	1666
22	AICCC	AICCC_ BNU	是	否	3132	182
23	点师成金幼教联盟	ktclubcn	是	否	3068	0
24	北京师范大学广播台	bsdgbt	否	是	2606	278
25	北师外文	bnusfll	是	否	2568	229
26	北师大新闻传播学院	xwcbbnu	是	是	2340	116
27	WE 教育	无	是	是	2184	46
28	京师视讯	iBNUTV	是	否	1826	106
29	学生综合评价	无	否	否	1780	0
30	北师社会学院	bnusociology	否	否	1764	583

续表

序号	公众号名称	公众号微信号	是否认证号	是否原创号	预估活跃粉丝	头条平均阅读
31	中国公益研究院	BNU_ CPRI	是	否	1594	165
32	北师大社会发展与公共政策学院	bnu_ ssdpp	是	否	1378	153
33	京师化学	无	否	是	1364	60
34	全国师范院校图书馆联盟	无	是	是	1352	31
35	BNU 资源其说	bnuires	否	否	1326	0
36	北师大中国彩票事业研究中心	BNU - LRCC	否	否	1098	0
37	外国青年影像计划	无	是	否	1020	92
38	北京师范大学创业协会	beishidachuangxie	否	否	870	76
39	北京师范大学学报社会科学版	bnuwkxb	是	否	858	51
40	绿色产业平台中国办公室	GIPCCO	否	是	720	24
41	当代中国价值观研究	ddzgjzg	否	否	380	98
42	北京师范大学孔子学院之窗	无	是	否	370	46
43	北京师范大学本科招生办	bnu_ zsb	是	否	0	2273

43 个一级官方公众号中，尚有 14 个未经过腾讯官方认证（见表 5）。

表 5　14 个未经腾讯官方认证的公众号

公众号名称	公众号微信号	预估活跃粉丝	周发文篇数	西瓜指数
全球善财领袖计划	GPLprogram	8462	4	460. 8
京师微就业	bnucareercenter	7174	0	无
北师大刑科院	BNUCCLS	3892	6	399. 5
北京师范大学智慧学习研究院	smartlearning_ BNU	3870	3	405. 2
北京辅导员	无	3184	2	无
北京师范大学广播台	bsdgbt	2606	10	无
学生综合评价	无	1780	0	无
北师社会学院	bnusociology	1764	4	428. 3
京师化学	无	1364	6	无
BNU 资源其说	bnuires	1326	0	无
北师大中国彩票事业研究中心	BNU - LRCC	1098	0	无
北京师范大学创业协会	beishidachuangxie	870	1	421. 4

续表

公众号名称	公众号微信号	预估活跃粉丝	周发文篇数	西瓜指数
绿色产业平台中国办公室	GIPCCO	720	2	431.3
当代中国价值观研究	ddzgjzg	380	2	415.5

此外，43 个一级官方公众号中，存在着 10 个低活跃度公众号（注：低活跃度是指周发文篇数较少，头条平均阅读不足百人次，或因活跃度低导致第三方平台无法测算其 WCI 指数），占用了一级官方公众号 23.3% 的比例（见表 6）。

表 6　10 个低活跃度公众号

公众号名称	公众号微信号	预估活跃粉丝	头条平均阅读	周发文篇数	西瓜指数
京师微就业	bnucareercenter	7174	0	0	无
点师成金幼教联盟	ktclubcn	3068	0	0	无
WE 教育	无	2184	46	.	无
学生综合评价	无	1780	0	0	无
京师化学	无	1364	60	6	无
全国师范院校图书馆联盟	无	1352	31	3	无
BNU 资源其说	bnuires	1326	0	0	无
北师大中国彩票事业研究中心	BNU－LRCC	1098	0	0	无
外国青年影像计划	无	1020	92	1	无
北京师范大学孔子学院之窗	无	370	46	2	无

所谓认证公众号，是由腾讯审核公众号主体提交材料后，确认其安全性、真实性的一种认证。订阅号经认证后，可获得自定义菜单、部分开发接口、申请广告主功能、申请卡券功能、申请多客服功能、加“V”标识等特权，能够有效提高公众号的公信力与影响力。目前腾讯公司原则上给每个高校 50 个一级官方认证号席位，这是非常宝贵的新媒体宣传阵地，可称为校内新媒体建设的“第一梯队”，建议及时清理缺乏更新与优质内容的“僵尸”认证号，将更多有活力的校内公众号进行认证。

（三）二级官方公众号（完整名单见附件 1）

二级官方公众号，主要指我校的分校、附校、校内二级单位所申请的公众号，主体名称中包含“北京师范大学”字样，这样的公众号共有 103 个。其中，公众号数量最多的二级单位前三名见表7：

表7　二级官方公众号

公众号主体名称	所辖公众号数量
北京师范大学珠海分校	31
北京师范大学出版社（集团）有限公司	7
北京师范大学－香港浸会大学联合国际学院	5

二级官方公众号，基本都由各二级单位自主管理，进行工作展示与形象宣传，由于公众号主体中带有“北京师范大学”字样，其宣传方式和内容也关乎学校的形象和声誉，建议纳入学校微信公众平台管理的大局当中，助力打造教师教育领先的新媒体宣传格局。

（四）个人主体公众号（完整名单见附件2）

目前，主题内容与北京师范大学相关且主体为个人的公众号，共有402个，由于腾讯隐私权限的设置，无法确定这些公众号所有者的具体身份。从这些公众号的标题来看，名称中含有“北师”的有106个，含有“BNU”的有54个，含有“北京师范大学”的有24个，含有“京师”的有49个，含有“木铎”的有5个，这238个公众号基本可确定是由学校师生或校友申请，除此之外还有一些诸如“雪绒花学生心理帮助热线”“北国剧社”“哲思驿站”等知名度较高的公众号，虽从名称上无法判断是否是校内人员，但也可界定为校内人员申请运营。综合来看，402个个人主体公众号中，应有近300个为校内人员运营，其余百余个公众号，可能是校友、或邀请了我校专家、或在介绍中提及了我校，但关联度相对较低。

402个公众号中，有124个几乎不进行推送，也没有粉丝。个人主体公众号出现“僵尸”账号的情况比组织主体公众号更加严重。

自媒体时代，个人申请公众号的门槛较低，一个身份证可以注册5个公众号，很多校内单位、院系考虑到申请学校认证公众号的难度，就会请一位老师或学生来申请公众号进行运营。这在推动新媒体快速发展上固然是有积极作用，但无疑对学校的新媒体平台的统筹管理造成了难度。

二、学校微信公众平台的管理现状

课题组从微信公众平台分布情况、人员队伍、管理机制等方面共设计了31个问题，回收问卷30份，共涉及校内13个职能部处、16个院系、1个学生组织，具有一定的代表性，对学校目前各单位微信公众平台的管理现状有了基本的了解。完整调研问卷见附件 2。为便于表述，本文将受访的职能部门和院系统称为“受访单位”。

（一）微信公众平台已在校内得到广泛应用

所有受访单位都运营着一种或多种微信公众平台，可见微信已经是学校各单位开展工作的重要渠道。受访单位中，有 17 个单位（院系）表示以单位的名义申请了微信订阅号、服务号，其中 9 个单位（院系）同时还运营着学校企业号的栏目。受访单位中，有 6 个单位（院系）的订阅号是学校“新媒体联盟”的成员，由于受访师生均为各单位微信运营管理人员，因此对订阅号、服务号、企业号的区别都有所了解（超过93%），只有2 位受访者表示对其中的区别不太清楚。

（二）三种类型微信公众平台各有所长

问卷第 8 题，请受访者对订阅号、服务号、企业号在校内外宣传、业务办理、师生互动等方面进行了打分，1 分为效果不好，5 分为效果很好，分数越多代表该类型效果越好，图 3 为整体打分情况。

题目\选项	校内宣传	校外宣传	业务办理	与师生互动	后台管理与统计
订阅号	4.18	4.29	3.18	3.68	3.57
服务号	3.57	3.46	3.86	3.64	3.71
企业号	4.46	3.25	4	3.64	3.96

图 3　问卷第 8 题得分情况

由上图可见，订阅号在校外宣传、师生互动方面效果较好，而企业号则对校内宣传、业务办理、后台管理与统计方面有优势，服务号在业务办理、后台管理与统计方面则优于订阅号。

（三）校内微信公众平台内容以原创居多

在 9－10 题中（见图 4），超过 2/3 的受访单位表示，微信公众平台发布的内容为师生原创，80% 的受访单位表示其内容由老师进行创作，本院系学生和学生助理创作的比例累计也达到了 83. 33%，另有一些向师生征集，在当前内容同质化严重的公众号环境中，无疑保持了较好的创作质量，有利于学校微信平台整体影响力的扩大。

（四）校内微信公众平台建设队伍蓬勃发展

2/3 的受访单位中，微信公众平台的编辑人员达到了 3 人及以上（见图 5），编辑人员 1—2 位的受访单位，均为体量较小的单位，说明微信队伍的规模和单位的人数呈正相关关系。

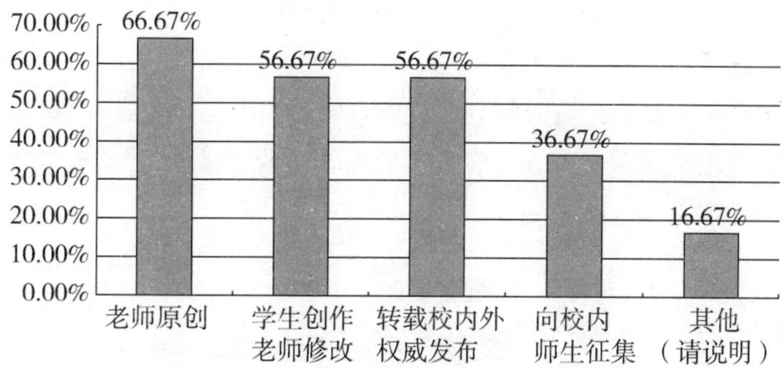

图4　校内微信公众平台内容

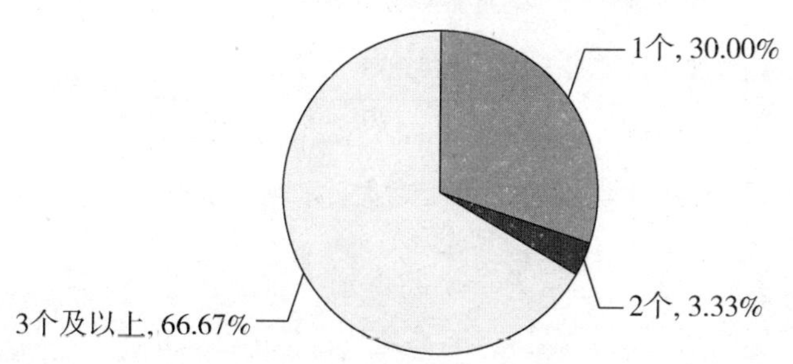

图5　微信公众平台建设队伍

（五）内容审核者多为单位内部门负责人

受访单位中，超过一半的单位的微信公众平台内容审核是由单位内部门负责人来把关的，此外，各有20%的单位是由单位一把手或普通工作人员进行内容审核的（见图6）。

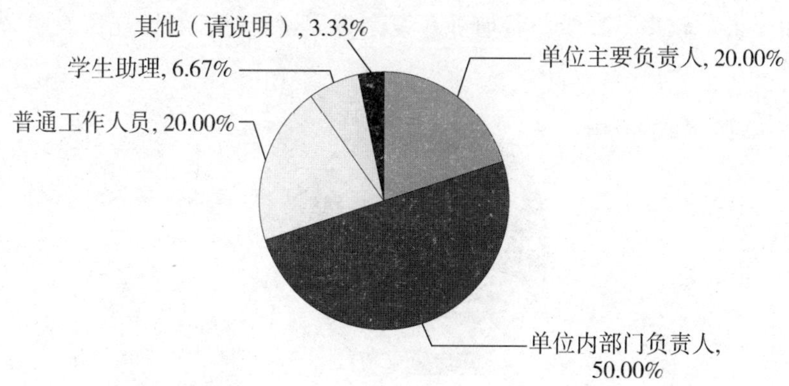

图6　内容审核者构成

（六）校内各单位微信运营人员的培训学习机制尚待完善

受访单位中，仅有3个单位组织人员进行过与微信相关的付费培训，分别是新闻传播学院、经济与资源管理研究院、研究生工作处。另有46.67%的受访单位组织参加过讲座等免费培训。2/3的受访者以个人非正式学习为主，另有13.33%的受访者，坦言很少进行学习（见图7）。

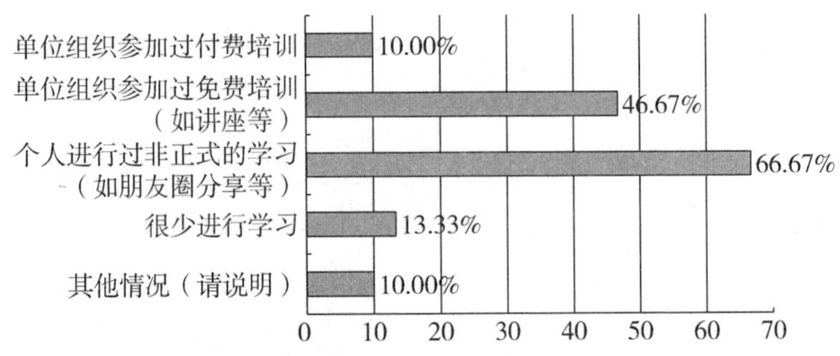

图7　微信运营人员培训情况

由此可见，校内微信运营人员不断增加，但是有组织、高层次的技能培训较少，大部分运营人员的新媒体技能都是从自学中获得的。

（七）大部分单位没有明文的微信管理办法

如图8所示，受访单位中，70%没有制定成文的微信管理办法，依靠约定俗成的流程开展管理工作，仅有9家受访单位制定了明文规定，它们是3家职能部处（教师发展中心、离退休工作处、信息网络中心）和6家院系（新闻传播学院、教育学部、经济与资源管理研究院、艺术传媒学院、全球变化与地球系统科学研究院、刑科院）。制定明文规定的院系达到了受访院系的一半，可见院系由于人员较多、教学与科研业务复杂等因素，对于制度规范有更强烈的需求。

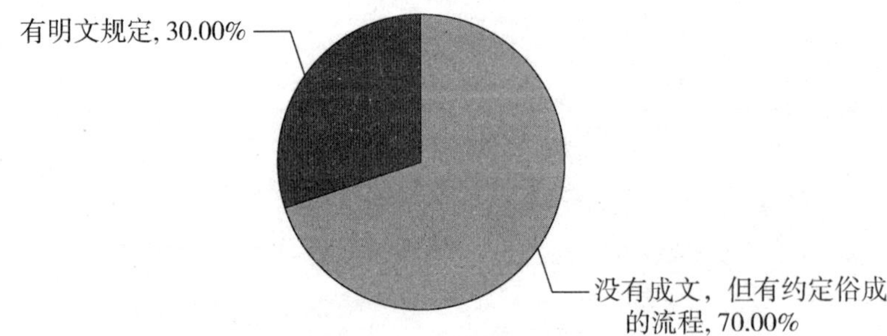

图8　是否有明文的微信管理办法

（八）推文的标题与内容是公认的影响传播效果的两大要素

第21题中，关于影响公众号传播效果的因素，调查结果如图9所示，86.67%的受访者选择了“推文的内容”，80%的受访者选择了“推文的标题”，可见要想达到预期的传播效果，公众号素材必须“内外兼顾”，既要有吸引人的标题，又要在优质内容上下功夫，缺一不可。

第21题：您觉得最影响公众号传播效果的因素有哪些？ [多选题]

选项	小计	比例
公众号名称	6	20.00%
公众号LOGO	2	6.67%
推文的标题	24	80.00%
推文的封面	8	26.67%
推文的内容	26	86.67%
推文与读者的互动性	14	46.67%
推文的排版与美化	10	33.33%
其他（请说明）[详细]	1	3.33%
本题有效填写人次	30	

图9　影响公众号传播因素

（九）受访单位普遍重视分析统计工作，但技术手段比较简单

如图10所示，受访单位中，仅有1家不对所管理公众号进行数据统计分析，其他单位都会进行定期或不定期的数据统计分析。

第23题：贵单位对于公众号的关注及传播情况是否进行统计分析？ [单选题]

选项	小计	比例
定期统计分析	11	36.67%
不定期统计分析	12	40.00%
很少统计分析	6	20.00%
不进行统计分析	1	3.33%
本题有效填写人次	30	

图10　单位对于公众号的传播统计情况

但是，大部分受访者都只是通过微信自带的管理后台进行统计，甚至进行手动统计（见图11），仅有2家受访单位表示借助了“清博大数据”进行数据分析，可见校内各单位对于第三方技术手段的利用程度较浅，这与前文所说的缺乏系统培训也有一定的关系。当然，大部分第三方技术平台，都需要收取一

定的费用，这也在一定程度上限制了各单位的使用程度。

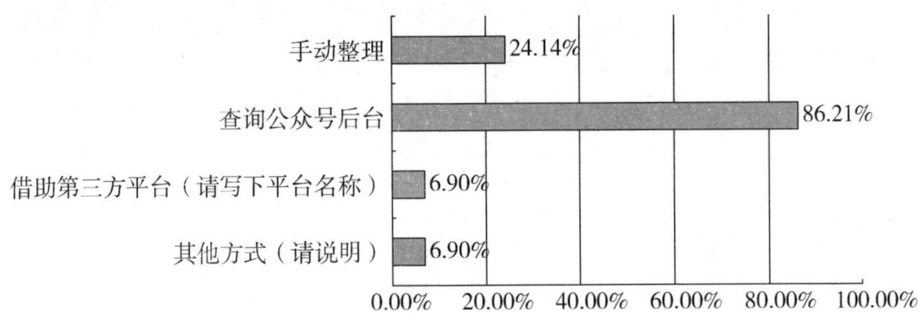

图 11　公众号情况统计方式

（十）校内各单位对于个人申请微信公众号的管理较为松散

受访单位中，仅有 11 家表示知道本单位有师生申请个人微信公众号，11 家表示“不清楚”，另有 8 家表示“没有”（见图 12）。在申请了个人公众号的单位中，基本都无法回答出准确的数目，只能以概数回答，可见校内大部分单位，并没有系统地统计过师生个人公众号的情况。

第25题：贵单位（院系）是否有老师或学生以个人名义运营微信公众号？［单选题］

选项	小计	比例
有	11	36.67%
没有	8	26.67%
不清楚	11	36.67%
本题有效填写人次	30	

图 12　是否有以个人名义运营公众号

此外，仅有 4 家单位（新闻传播学院、离退休工作处、校工会、美育中心）对于个人运营公众号进行了成文的管理要求，大部分单位处在非正式要求或者没有要求的状态（见图 13）。

（十一）公众号运营技巧和舆情监控是校内各单位的迫切需求

在被问及“您希望从学校获得哪些关于公众号的帮助与指导”（见图 14）时，超过一半的受访者表示希望能接受学校组织的公众号运营管理的技巧培训，此外还有超过 1/4 的受访者表示，公众号的舆情监管也是重要的需求。同时，由于腾讯公司对于公众号认证指标的限制，现在学校诸多单位的新申请公众号难以获得认证，一定程度上限制了宣传工作的开展，有 5 家单位希望能够从学校层面获得支持。

第27题：贵单位（院系）是否对开通个人公众号的老师或学生进行内容和发布上的要求？ [多选题]

选项	小计	比例
有成文的管理规定进行要求	4	13.33%
没有成文要求，但有非正式要求（如谈话等）	9	30.00%
若出现问题会向相关师生提出要求	6	20.00%
尚无明确要求	13	43.33%
不知该怎样进行要求	3	10.00%
其他情况（请说明）[详细]	4	13.33%
本题有效填写人次	30	

图 13　校内单位对于个人公众号的管理

第28题：您希望从学校获得哪些关于公众号的帮助与指导？ [单选题]

选项	小计	比例
增加认证公众号（加V）指标	5	16.67%
国家层面、学校层面关于公众号运营及管理的规定	0	0.00%
公众号运营管理的技巧培训	16	53.33%
公众号的舆情监管	7	23.33%
其他帮助（请说明）[详细]	2	6.67%
本题有效填写人次	30	

图 14　希望获取关于公众号的帮助与指导的比例

（十二）管理困难集中在创作、人员、推广等方面

问卷最后设置了主观题，询问受访者对于当前微信管理工作的困惑，以及对学校整体微信统筹管理的建议，问卷内容字数较多，其中涉及的管理困难主要包含题材的选择与创作、编辑人员的培训与经费、有效推广与吸粉等方面。相应的管理建议，将在《高校微信公众品牌的管理建议》中有所体现，此处不再赘述。

三、打造校内管理与服务的综合移动平台——以北京师范大学企业号为例

微信企业号是微信为企业用户提供的移动应用入口，基于身份验证系统，可以将组织内部各部门很好地连接起来。由于企业号的实名制、轻量级、易开发等特质，越来越多的高校将其应用于学校宣传与业务管理，北京师范大学作为国内最早应用微信企业号的高校，经过三年多的实践与摸索，在企业号的应用方面总结出了独到的经验。

（一）微信企业号的特点及优势

企业号是微信面向企业级用户的公众平台，虽说与订阅号、服务号并称为微信公众平台，但是在用户规模、管理深度、开发空间等方面，比订阅号、服务号具备更丰富的内涵。

1. 基于实名认证的用户信息

不同于订阅号、服务号需要吸引用户主动关注，企业号与用户是“先选用户后关注”的模式，即企业号管理人员需要提前将面对的用户信息导入后台通讯录，并在其中附上姓名、微信号、手机号中至少一种身份验证信息，而后相应用户关注企业号后，需与预先存放在后台的身份信息进行验证，验证通过方可成为正式用户，才能收到企业号发送的信息。

在后台查看企业号的通讯录，可以清晰地看到哪些成员已经关注企业号，而没有关注的成员，可以通过企业微信 App 进行精确到人的邀请关注，因此在“吸粉”的环节，企业号的针对性更强，人员身份更加透明。

2. 立体完备的组织架构

（1）分级授权管理。在企业号中，管理员分为系统管理员、应用管理员两种管理身份，普通用户只能担任一个应用的管理员，系统管理员可另外兼任一个应用的管理员。系统管理员拥有最高管理权限，可新建应用并从全体企业号成员中指定应用管理员，可设置应用的可见范围与发消息接收范围；应用管理员可以从本应用的可见范围中选取成员担任管理员，并可将消息发送给本应用的可见人群，应用管理员还可修改本应用的自动回复与子栏目设置。

（2）通讯录与标签功能。在企业号通讯录中，可以按照人员分类或者组织架构整理成员身份，最多可支持 15 级子栏目的设置，基本可以满足所有类型的组织设置需求，可以将人员身份与岗位精准匹配，在后台通讯录管理时，可以有层次地进行选择。同时，企业号设置有个性化标签功能，可以根据活动需求、通知需求等临时性需求，将人员进行跨组织整合，并可自定义标签名称，单个标签的人数没有限制，具有极大的灵活性。系统管理员可以对某一个标签进行锁定，锁定后其他管理员便不可调整该标签的成员信息。

3. 强大的消息发布与管理功能

微信企业号强大的发布功能，是相较于订阅号、服务号的核心优势。主要体现在：

（1）可将消息发送给指定成员。每一条消息发送之前，企业号可以从该应用的可见范围中选择成员进行定向发送，也可临时设置标签进行发送，企业号完全实现了“想让谁看到就发给谁”这一精细化宣传的目标。而订阅号、服务号的消息，只能推送给全体关注用户，无法进行受众筛选。

（2）可实现保密发送。在发送消息时，企业号内可勾选“保密发送”选项，进行保密发送的消息，只有接收到此消息的用户才可阅读，无法进行转发和传播，对于一些内部资料或不宜大范围传播的内容，用此方式便可有效地控制。

（3）可导出阅读名单。企业号的认证方式，实质上形成了一个内部管理的实名制宣传平台，对于每一篇正式发送的消息，后台都可以导出阅读名单，包含姓名、账号（学号/工号）、所在部门等信息，便于消息发送者掌握阅读情况与传播效果。此外，每篇消息发出后，会以 7 日为周期统计每日阅读人数并形成折线图，以便掌握传播趋势。

4. 独立的后台用户留言模块

订阅号、服务号均有评论发布功能，企业号由于侧重组织内部管理，因而关闭了评论发布功能，取而代之的是“用户消息”这一独立模块。企业号用户可进入应用界面后，在对话框内直接输入消息，管理员便可在“用户消息”这一栏目中看到，并可以对话的形式直接回复，这类留言虽不会显示在微信消息的留言区，但却便于管理员与用户直接沟通，并且留言者均为实名，能够更便于了解用户的需求并有针对性地解决。

（二）北京师范大学微信企业号的应用情况

北京师范大学于 2014 年底申请了微信企业号，成为国内首家应用企业号的高校，2015 年进行了一次用户容量扩容，现已成为 8 万人员容量的大型企业号。

1. 用户结构

截至 2017 年 12 月，企业号实名关注总人数达到 41000 余人，日均活跃人数近 20000 人，其中在职教师与在校学生的关注情况如图 15 所示。

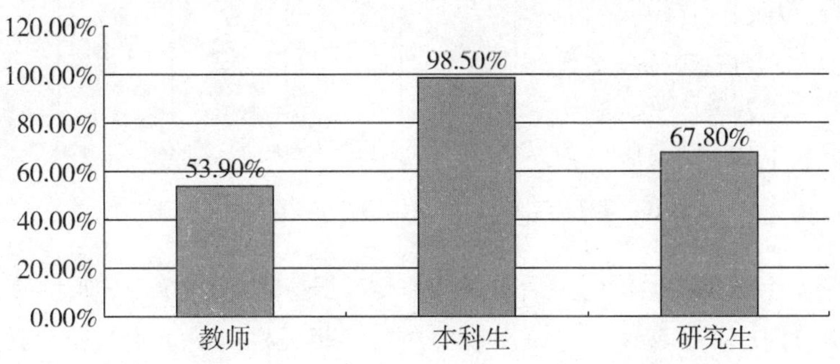

图 15　校内师生关注微信门户的比例

除在校师生外，还有12300名校友、191名离退休教职工关注了微信企业号，时刻关注学校的发展动态。

2. 应用建设情况

目前，微信门户共有44个应用，为学校的27个职能部处、9个院系、1所附校提供服务。其中，共有22个应用，建立了合计136个子栏目，涉及信息发布、信息查询、校园卡业务、工作动态、成果展示、文件下载等多种类别，提供了丰富的查询、服务功能，成为校内提供服务功能最丰富的微信公众平台，为师生提供了方便、节约了时间。

3. 消息发送与管理情况

2017年上半年，微信门户所有栏目合计发布消息467条（见图16），累计阅读量逾127万人次，平均每篇推文阅读人数达2720.8人，其宣传的深度、广度，均在校内新媒体中处于领先地位。

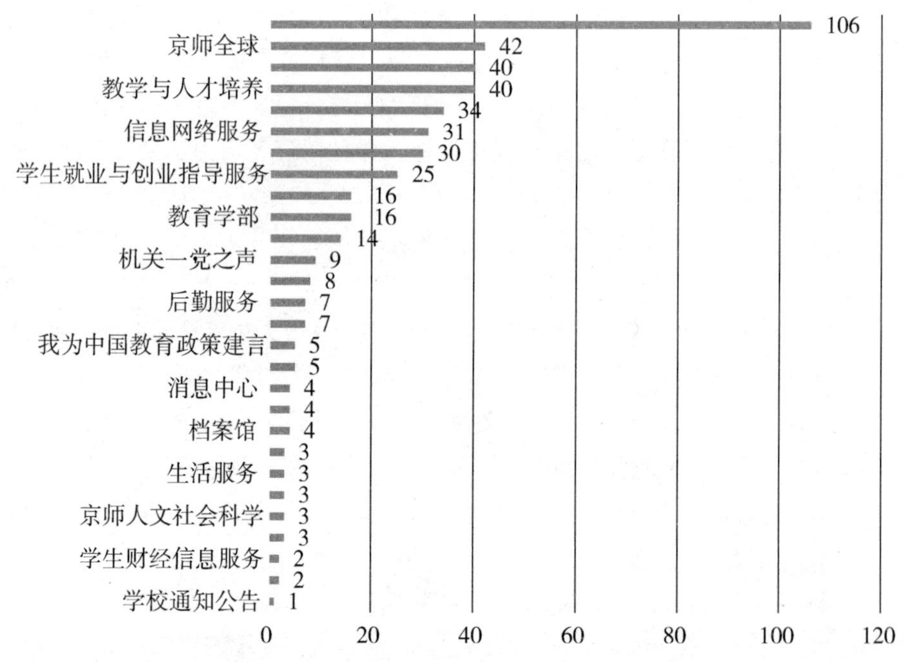

图16　2017年1—6月微信门户各栏目发文数量

2017年上半年，微信门户后台共收到37个栏目共19972条师生文字消息，包括校历查询、业务咨询、建议反馈等内容，相关栏目的负责单位也及时进行了回复，有助于校内各单位了解师生的使用需求与反馈，促进了与用户的深度互动，实现了精准服务、及时沟通。

上半年，用户共使用各单位定制的功能性子栏目47998次，其中使用最多的前5个子栏目为：成绩查询、教师财经查询、空闲教室查询、学生财经查询、密码重置（见图17）。

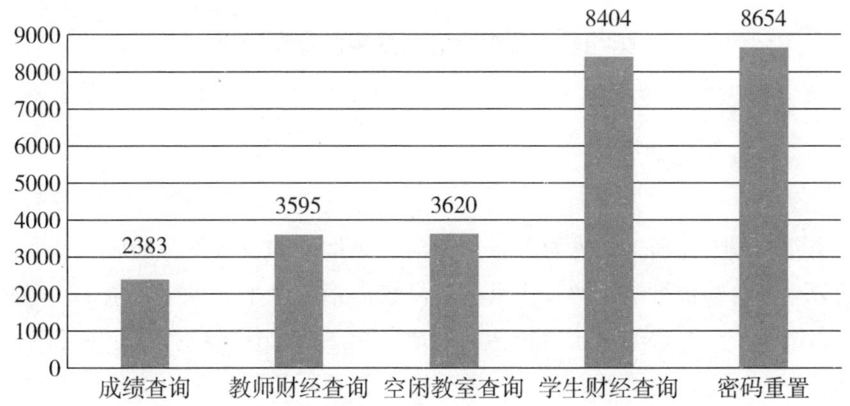

图17　2017年上半年微信门户使用人次前5名的子栏目

（三）北京师范大学微信企业号的管理机制

北京师范大学微信企业号目前由学校信息化建设与管理部门——信息网络中心管理和运营，目前采取“技术集中部署、消息分层管理”的机制。信息网络中心内部实行三级管理，分管副主任、部门主任管理统筹，并设置一名专职运营人员。

腾讯集团对于企业号栏目设置的上限为80个，目前全校各职能部处、院系都可以申请，需提交统一的申请表，申请表后附有《北京师范大学微信门户管理办法》栏目，开通后，信息网络中心的专职运营人员对应用的管理员进行一对一的操作培训。

技术层面，对于需要设置自动回复、子栏目的应用，各应用管理员将需求提交至信息网络中心，由系统管理员进行设置与调整；部分应用需与学校统一身份认证对接，则需由申请单位提交申请单，由信息网络中心统一对接和部署。技术层面这样的安排，主要是基于网络安全的考虑，每个应用都相当于一个服务号，可对接许多网站与数据库，各单位不具备独立扫描网站安全风险的技术能力，由信息网络中心统一部署，则可以很大程度上规避网络安全风险。

消息层面，只发给应用可见范围、不需要全校发送的信息，则由应用管理员在定稿审核后，直接发送即可。若某一个具体应用需要全校范围内统一发送，则需要向信息网络中心提交申请，由信息网络中心临时调整可见范围并发送。采取此种方式，有助于将个应用消息推送给最精准的群体，避免过度宣传和信息骚扰的出现。现阶段，这样的管理办法对于维持企业号的活跃度和关注人数，起到了较好的作用，既能保持企业号在校内宣传中的权威作用，也保持了关注人数的线性增长，使得企业号成为校内覆盖人数最多的微信公众平台。

第四章　高校微信公众平台管理建议

一、管理思路建议

微信公众平台作为“两微一端”的重要组成部分，已经渗透到学校管理与校园文化的方方面面，已成为思想文化信息集散地和校园舆论的放大镜，由于微信公众平台的数量快速增长，目前各高校微信公众平台少则几十个，多则数百个，微信公众平台的快速增长，深刻地影响了信息传递的方式，对于传统媒体的管理方式也产生了巨大冲击，高校宣传管理部门应当顺应这种自下而上的信息传递方式的变革，变被动管理为主动管理，调整和完善校内微信公众平台管理机制。

（一）明确高校微信公众平台的定位与功能

党的十八大以来中央高度重视网络新媒体建设，习近平总书记就网络新媒体发展与管理，发表了一系列重要论述和指示。现代大学的基本职能，包括人才培养、科学研究、服务社会和文化传承等四个方面，微信公众平台现在渗透在校园生活的各个方面，绝不仅仅是一个简单的信息发布平台，已经成为校园媒体系统中重要的组成部分，并且应当成为大学职能在手机端的体现。

1. 微信公众平台是思想政治教育的重要平台。高校思想政治教育是对大学生的思想观念、政治观点、道德规范等施加有目的、有计划、有组织的影响，使其符合一定社会所要求的思想品德的教育活动，既体现在一系列课程上，又表现在对精神文明正确价值观、意识形态宣讲和传播中。保持微信公众平台的内容与社会主义核心价值观保持一致、体现正能量，是高校微信管理中的重要职责。

2. 微信公众平台是教学科研的重要依托。微信公众平台具有丰富的附加功能与广阔的开发潜力，可进行群组学习、学习打卡、在线听课、提交作业、交流讨论等学习流程管理，更可以将学校的教学政策、排课安排、教师信息等在微信平台进行展示，当前高校学生都能熟练使用手机，利用好微信平台，可以为学校的教学科研拓展新的渠道。

3. 微信公众平台是高校管理与服务的重要工具。高校中行政、科研、教学多头并进，很多工作由于时间、空间的限制，以及信息化水平的限制，导致工作效率、沟通效率不理想，微信公众平台可以将很多管理与服务功能介入其中，有效地提高学校管理与服务效率。

4. 微信公众平台是高校文化传承的重要渠道。现代社会生活节奏越来越快，文化的沉淀与传承越来越难以系统展开，高校作为文化传承的重镇，可以充分利用微信平台短平快的优势，润物无声地开展文化传播，使师生在碎片化学习过程中，感受到文化的滋养。

（二）对高校微信公众平台进行管理的必要性

目前，有些高校微信公众平台的出现，完全是主管部门“赶时髦”甚至是为完成任务开设的，存在推送内容管理良莠不齐、信息长期不更新等问题。相较于更早出现的高校微博，一些高校微信公众平台并没有从运行理念和服务效能上与之区分开来，致使微信公众平台在信息推送层面不能发挥微信的优势，更未实现对高校微博和网站信息的超越。同时，由于高校微信公众平台管理制度的缺位，微信平台较多，加上微信内容发布和转发的便捷性，一些不合规、不相关、不实用的内容在微信平台上大行其道，不仅无法引起用户的兴趣，甚至会产生一定的负面影响①。高校微信公众平台借助网络运营服务商开展工作，在平台运营监管上缺乏制度性保障，存在管得过死和管理缺位等现象②。

1. 高校微信公众平台管理整体较为松散。当前高校微信公众平台缺乏统一的管理规范。例如有的高校，除了官方微信平台外，各个分院、招生就业等相关部门都有自己的微信，这就使得微信上的服务资源相对分散，无法形成整体运行的合力。同时，当前高校微信公众平台的职能管理部门混乱，加之对平台的重视度高低不一，导致平台的日常运行受到资金、人员、资源上的掣肘，很难在学校的各项教学管理中发挥应有的重要作用。

2. 高校微信公众平台的功能没有得到充分发挥。目前，大部分高校的公众平台定位于媒体宣传，其建设都停留在单纯的信息推送的微信功能初步阶段，此外，部分高校的应用服务存在不同平台生硬嫁接、服务信息陈旧、平台应用较为简单等现象，没有充分发挥微信公众平台功能可开发、可定制的特点，推送信息周期较长或较为集中，功能单一，服务应用体验较差③。然而，微信公

---

① 李晓娜，杨俊杰．互联网 + 背景下的高校微信公众平台发展现状及对策建议［J］．泰州职业技术学院学报，2016（8）：11 – 13.

② 陈建华．高校微信公众平台建设及优化策略［J］．赤峰学院学报（自然科学版），2017（3）：22 – 24.

③ 王赛，王东．高校官方微信公众平台的应用和发展［J］．网络思政，2015（4）：83 – 86.

众平台提供了诸多功能而且在不断优化升级中，高校微信公众平台还没有充分利用起来，在为用户提供互动功能等方面有所欠缺①。

3. 高校微信公众平台与师生的互动仍然欠缺。目前高校微信公众平台以群发通知公告类信息为主，由于发布不定时、发布内容无规划、不丰富等问题降低了用户对其的访问②，因此其信息发布多为单向传播而非双向交流，传播效果大打折扣，完全忽视了微信最强大的点对点的沟通优势，致使用户留言、转发、评论的积极性大为降低。另外，高校微信公众平台基本上以信息推送和智能查询为主，极少能对微信用户的提问作出及时的回复，从而导致提问用户只能焦急等待或转而求助其他媒介，在一定程度上影响了用户体验度，也降低了微信用户对高校微信公众平台的信心。

4. 高校微信公众平台存在诸多网络安全隐患。技术上，诸多未认证的公众号，甚至有师生个人申请的公众号，因为没有向学校备案，未能纳入学校网络安全监管的范围内，对于接入的链接等信息，无法及时了解其中的技术风险；内容上，在公众号内容竞争如此激烈的形势下，各个公众号为了博取眼球，容易出现敏感话题、不良信息等内容，加之微信传播效率极高，很容易在短时间内形成舆情。

（三）高校微信公众平台的管理思路建议

课题组通过对学校内各单位、兄弟高校、微信相关企业进行调研后，从组织架构、制度建设、技术支撑、培训教育四个方面给予管理建议。

1. 重视顶层设计，完善组织架构

现阶段，微信公众平台的申请门槛极低，个人凭借身份证号即可申请公众号，并且每个身份证号可以申请 5 个公众号，以组织作为主体的公众号，如果不进行加 V 认证，也并不需要繁琐的手续。越来越多的公众号的涌现，要求高校必须在制度上严加管理。

（1）由学校宣传部门牵头，统筹全校微信公众平台管理。宣传部门是全校微信申请与发布的内容要求、审核标准的制定部门。

（2）各单位、院系的负责人承担微信发布与管理的第一责任，在各单位、院系设置至少一名新媒体联络人，开展网格化管理，进行学校新媒体工作的管理精神传达，在重大活动、节日、舆情发生时，便于迅速展开工作。每一学年

① 刘敏斯，陈少波．高校微信公众平台的研究与实现［J］．韶关学院学报（自然科学），2015（10）：26－29

② 阮映东．高校微信公众平台建设的实践与思考［J］．实践与实验，2015（3）：32－35.

与校内各单位负责人及新媒体联络人签订《微信公众平台发布与管理责任书》，明确其监管责任，要求各单位负责人对本单位师生所申请和管理的公众号，切实履行告知和监管的责任。

（3）从信息化建设与管理部门、新闻传播相关专业聘用咨询顾问，形成协同工作机制，定期交流微信运营中的技术与传播问题。

2. 完善制度建设，分类分级管理

课题组经过调研统计，发现大部分高校都已成立学校内部的新媒体联盟，并先后出台了新媒体管理办法、新媒体联盟章程等管理文件。课题组认为，微信公众平台的制度建设，还应从以下几方面着手：

（1）根据中央网信办发布的《互联网用户公众账号信息服务管理规定》，制定本校的微信公众账号管理规定，将国家政策本地化，符合本校的实际情况，对于微信公众账号超过10个的单位、院系，则要求根据学校规定，制定单位内部的管理办法。

（2）完善申请、备案制度。在全校发布通知明确要求，任何单位、组织如要申请带有学校名称的公众平台，必须经过宣传部门审核与备案，过去没有进行备案的公众平台，须在规定时间内备案。

（3）完善年审与筛选制度。认证公众号是学校的“门面”，代表着学校的社会声誉。建议以自然年为单位，对校内已申请的认证微信公众号开展年审，重点考察公众号是否正常运营、坚持发布，以及管理人员是否有变更，本年度内是否有违规内容发布，是否有被腾讯封号及提醒的经历等，以督促认证公众号不断发布优质内容，保持活力。如出现多次违规并不整改的公众号，可采取取消认证的措施，以将宝贵的认证席位留给更加优质的公众平台。

（4）完善统计与报告制度。建议以学期为单位，由各单位新媒体联络员进行本单位的微信公众平台统计，覆盖认证公众号、非认证公众号、个人公众号等所有类型，如实上报的单位及个人，则有资格参加学校举办的新媒体培训。对于学校新媒体联盟成员公众号，建议以月或季度为单位，借助第三方技术分析，整理出以发文数量、粉丝数量、点赞数量等不同维度为标准的榜单，激励优质公众平台，也形成有效的公众监督。

3. 借助技术手段，整合校内资源

在分散管理的情况下，很难对校内几百家微信进行及时有效的管理，而利用人力进行监管，是完全跟不上微信内容更新和数量增长的速度，对于宣传管理部门将构成重大的监管压力。被技术推动的管理，就必须要借助技术开展，课题组基于校内外调研，建议学校宣传部门采取微信融合平台建设，实现对校内微信资源的整合与管理。

（1）建设融合校内主要微信公众账号的平台。当前，微信内容发展面临的主要困境之一，就是内容同质化严重，同样的素材被翻来覆去地以各种形式宣传，缺乏新意，容易流失粉丝。建设微信融合平台后，可将校内主要微信公众账号的素材全部纳入平台中，校内其他单位可以阅览和分享，了解素材的出处与归属，避免重复写作，提高资源的利用效率。同时，可将图片、视频等重要活动宣传素材也纳入此平台，以时间或部门为单位进行归档，使用时自动添加水印，便于快速检索素材，提高校内公众号的创作质量。

（2）在重大活动与节日时，利用融合平台进行合力宣传。有一些重大活动，权威的素材很多部门不知从何获取，私下联系会耗费大量沟通成本，可以利用融合平台开设专栏的方式，遇到重大活动，便将相关素材集中在专栏中，便于校内各单位取用，以集中宣传，形成合力。

（3）对校内微信公众账号的内容进行实时监测。纳入融合平台后，校内各微信账号的内容就不再是随意发布的，而是会在平台上进行“曝光”，并且，平台会对单位时间内阅读次数最高的文章进行跨公众号的排序，很容易便可发现当下校内师生最关注的话题，其中若有敏感内容或不良信息，也会第一时间进入事业，便于宣传管理部门进行网络舆情的监管。

4. 坚持内容为主，开展轮训教育

在北京师范大学的校内公众号管理现状调研中，各单位较少对微信运营人员进行正规培训，超过半数的受访者表示希望学校提供微信运营技巧的培训，可见微信公众平台虽然申请容易、上手容易，但真正想要取得良好的传播效果，还是有很多的技巧和规律在其中，很难通过自学摸索获得。因此，课题组建议学校宣传部门承担起校内培训的职责，通过培训间接管理，提高校园媒体的宣传成效。

（1）针对微信管理人员开展“内外分离”的培训。微信公众账号想要取得的传播成效，首先要有明确的定位，即目标是面向校内宣传，还是校外宣传，这意味着两种不同的话语体系，并直接影响到创作与推广的风格。宣传部门可引导微信管理人员明确所辖公众账号的定位，进而进行相应的管理技巧培训。

（2）针对微信运营人员开展“全过程”培训。即包括微信公众平台的账号申请、视觉体系设计、栏目设计、题材选择、内容创作、排版设计、推广技巧、统计分析等诸多环节的全过程培训，校内各单位的微信运营人员，可针对自己的主要困难，有选择地参与培训。

（3）采取“积分制”培训，引导师生主动参与。将参与微信培训作为单位新媒体工作的考评标准之一，坚持参与次数达标者，有机会免费参加校外更专业的培训，或者获得某些商业性微信平台的技术支持，通过适当的激励，吸引更多师生参与培训，提高校内微信运营队伍的整体素养。

综上，高校微信管理应从高校的职能出发，围绕高校的中心工作，设计易操作、有实效的管理机制，变被动管理为主动管理，利用微信公众平台的技术潜力，为高校的宣传思想工作服务。

二、管理技术建议——高校微信公众号集中管理平台的架构设计

微信订阅号与服务号凭借微信平台为用户带来了诸多便利，许多单位、企业甚至是个人都开通微信公众号，有些单位或者企业的下属部门还开通了子部门的微信公众号，当一个单位的多个子部门分别开通微信公众号时，作为主管部门了解每个子公众号的运营情况会非常困难，本文以主管单位高校了解下属部门管理的微信公众号的运营数据为目标，设计了一个微信公众号统一管理平台，管理员一次登录便可以了解所有下属公众号的运营数据。

（一）前言

近年来随着微信的流行，微信公众号借助微信群与朋友圈的强大转发能力迅速成为众多新媒体中的佼佼者，微信公众号在开通、编辑、发布、传播等方面都非常简单，许多企业、组织和个人都开通了微信公众号。因为微信公众号对消息的发送数量有限制，许多企业和组织的下属部门为便于宣传，还开通了自己的公众号。以北京师范大学为例，北京师范大学开通了官方微信公众号，学生处，校友会、基金会、教育学部等院系、部处、学生组织还开通了自己的微信公众号。这些公众号的关注人数，推文数量、阅读人数等运营数据只有各公众号的管理员可以登录微信公众号后台查看。

北京师范大学作为主管部门，需要对其下属部门运营的公众号进行了解，了解每个公众号的运营数据从而了解每个公众号的影响力，从领导者的角度统筹各公众号发挥自己的作用，为北京师范大学建设“双一流”大学贡献力量；此外，北京师范大学还需要对其下属公众号的推文内容进行监管，如果发现有不合适甚至非法的内容，需要通知管理员立刻删除。但是目前微信公众号没有一个统一的管理后台，只能登录每一个公众号的后台进行查看。这种管理模式不仅使管理人员的工作效率大打折扣，而且大大增加了管理成本及复杂度。

为提高管理员对所有下属公众号的管理效率，本论文设计并实现了一个微信公众号统一管理平台，管理员只需从本平台登录一次，便可以对其下属的微信公众号进行查看，如果推文中出现了预设的关键词，统一管理平台还可以通

过短信向管理员发送通知，以最快的速度制止不合适的推文进行传播。

（二）实现原理

为了增强微信公众平台的服务能力，微信公众平台面向开发者提供了一些API，通过这些API，开发者可以通过程序与微信公众平台对接①。通过查阅API，发现以下API可以帮助实现抓取微信公众号的运营数据，API作用具体如表8所示。

表8　API作用

接口名称	描述	返回数据
获取access_ token	access_ token是公众号的全局唯一接口调用凭据，公众号调用各接口时都需使用access_ token。开发者需要进行妥善保存。access_ token的存储至少要保留512个字符空间。access_ token的有效期目前为2个小时，需定时刷新，重复获取将导致上次获取的access_ token失效	access_ token
获取永久素材列表	获取永久素材的列表，也包含公众号在公众平台官网素材管理模块中新建的图文消息、语音、视频等素材	素材编号、标题、内容、作者、发布时间等
获取用户列表	公众号可通过本接口来获取账号的关注者列表与总人数	关注公众号的总人数、用户OPENID
获取用户增减数据	获取指定日期的公众号新增关注人数、取消关注人数	日期、新增用户数、取消关注用户数、总人数
获取累计用户数据	获取指定日期的公众号关注人数	日期、关注公众号总人数
获取图文群发总数据	获取的是某天所有被阅读过的文章（仅包括群发的文章）的阅读次数	日期、消息标题、阅读人数、阅读次数等
获取图文统计数据	获取公众号指定日期所有文章的阅读人数总和、阅读次数总和	日期、阅读总人数、阅读总次数
获取图文分享转发数据	获取公众号指定日期所有文章的转发数据总和	日期、分享渠道、分享人数、分享次数

① 黄楚新，王丹. 微信公众号的现状、类型及发展趋势［J］. 新闻与写作. 2015（7）.

（三）程序架构

通过微信公众平台提供的 API，我们可以编写程序来自动请求并保存需要获取的数据，系统的总体架构如图 18 所示：

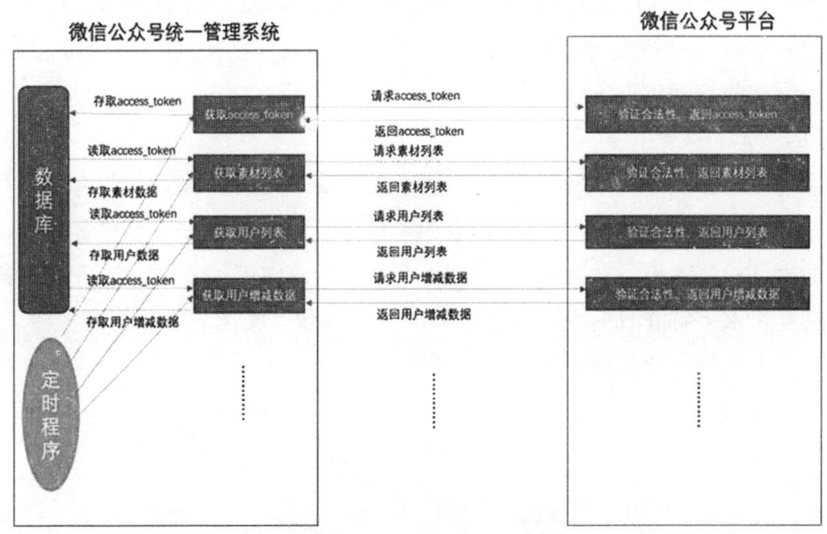

图 18　系统总体架构

1. 配置页面：

每个公众号的管理员把自己负责的公众号的 appid 和 secret 通过配置页面提交给微信公众号统一管理平台，每个管理员只能查看和修改自己负责的公众号的 appid 和 secret。

2. 定时获取 access_ token

获取了微信公众号的 appid 和 appsecret，我们便可以使用 appid 和 appsecre 调用相关 API 来获取 access_ token 了。为了增强安全性，微信公众平台规定 access_ token 的有效期为 7200 秒，所以程序如果在调用 API 程序时，如果距离上次获取 access_ token 已经超过了 7200 秒，需要重新获取。但是我们也不应该每次调用 API 的时候都去获取 access_ token，因为这样会影响程序效率，而且微信公众平台限制了每天获取 access_ token 的次数不能超过 1000 次。可以通过编写定时程序，每两个小时获取一次 access_ token，并将 access_ token 保存到本地数据库，方便其他 API 调用。

3. 定时抓取公众号相关数据

在有了 access_ token 之后，便可以通过微信公众号平台提供的 api 来抓取相关数据了。有些统计数据，微信公众平台在当天 24：00 生成，我们可以在每天的凌晨2：00抓取昨日的统计数据，有些数据是实时变化的，比如获取素材列表，这些数据可以每日定时抓取，也可以通过手动点击抓取按钮来实时抓取。

4. 关键词预警

当我们把通过API把微信公众号的素材数据获取之后，可以写一些程序对抓取的素材内容进行关键词搜索，如果素材中出现了关键词，可以通过短信、邮件等形式向管理员发出报警。

（四）运行效果

通过微信公众号统一管理平台，管理员可以方便地查看下属所有公众号的运营情况，只需要几分钟便可以大概了解下属公众号都新增了哪些素材，配合系统关键词检测，可以非常高效率地发现有不合适内容的素材，管理员只需要几分钟便可以了解昨日所有下属公众号的发文数量、阅读人数、新增关注人数、取消关注人数等运营数据，大大提高了管理效率。

高校微信公众平台运营策略研究

——基于北京地区十所高校的调查*

祁雪晶　郑伟

“高校微信公众平台”是高校全媒体矩阵中的重要组成部分，是高校对外宣传的重要窗口，也是高校品牌塑造的重要平台。目前，微信公众平台的运营正面临着全媒体记者素养不足、缺乏强有力统筹协调平台、资源板结化、工作机制不完善、传播影响力下降等问题。本研究以清华大学、北京大学、北京师范大学、中国人民大学、北京交通大学、中国青年政治学院、北京第二外国语学院、对外经济贸易大学、中国政法大学、北京电影学院等十所高校的官方微信运营平台为例，探究这些问题背后的原因，寻求解决方法，提出对策与建议。

一、文献综述

1. 研究背景与含义界定

“高校微信公众平台”指的是在移动互联网背景下，各高校开设官方微信和特色微信号，利用这一新媒体平台开展媒体内容生产，进而实现更高效的信息共享、校园服务和师生互动等媒介连接。

在这一内涵下，“高校微信公众平台”具体包含依赖于高校行政机构的校园官方媒体，如校级的团委、学生会、图书馆等官方微信，院级的分团委、学生会等；高校学生团队独立运营的自媒体，如社团、个人公众号等；针对大学生市场的、有一定商业背景支持的校园媒体，如线上拓展、线下引流的“O2O”运营，以及全国性战略的校园媒体等。其中最普遍也最贴近高校师生的，仍属

* 作者祁雪晶，郑伟，北京师范大学新闻传播学院。

第一种，即校务机构的官方微信公众平台。

由于微信在国内的应用普及率居高不下，对于高校微信公众平台的研究主要集中在国内。我们以“高校微信”为关键词在中国知网（CNKI）上进行检索，截至2018年3月21日，共搜索到相关文章共计2487篇，其中2012—2014年共计239篇，2015年528篇，2016年739篇，2017—2018年共计968篇。从数据上来看，国内学者对高校官方微信平台运营问题的研究总量虽不多，但仍呈增长趋势。自2012年8月微信公众平台正式上线以来，2012—2014年，其发展方兴未艾；2014年习近平总书记提出“媒体融合”的国家战略后，对新媒体运营的关注度迅猛增长，学者对高校新媒体平台的探索成果也如雨后春笋一般蓬勃而出；2016年，习近平总书记再次在全国高校思想政治工作会议上强调“做好高校思想政治工作，要因事而化、因时而进、因势而新。要运用新媒体新技术使工作活起来，推动思想政治工作传统优势同信息技术高度融合，增强时代感和吸引力。”正式将高校宣传工作与新媒体技术结合为密不可分的共同体，引发各界学者对高校新媒体，尤其是高校官方微信平台的进一步深入研究。

2014年，在中央全面深化改革领导小组第四次会议上，习近平总书记提出“推动传统媒体和新兴媒体融合发展，要遵循新闻传播规律和新兴媒体发展规律，强化互联网思维，坚持传统媒体和新兴媒体优势互补、一体发展，坚持先进技术为支撑、内容建设为根本，推动传统媒体和新兴媒体在内容、渠道、平台、经营、管理等方面的深度融合。”为传媒行业的未来发展确定了“媒介融合”的指导思想和国家策略，直接引领着高校校园媒体的改革创新道路；在2016年的新闻舆论座谈会上，习近平总书记强调新媒体舆论要注重党的引导性，也为校园媒体的思想引领规定了正确方向；2016年年底，习近平总书记在全国高校思想政治工作会议上再次强调新媒体技术对高校思想政治宣传工作的重要性，并在2017年印发的思政工作第31号文件中，明确提出“要加强互联网思想政治工作载体建设，加强学生互动社区、主题教育网站、专业学术网站和‘两微一端’建设，运用大学生喜欢的表达方式开展思想政治教育。”2018年，习近平总书记在8月21日召开的全国宣传思想工作会议上指出，“要扎实抓好县级融媒体中心建设，更好引导群众、服务群众。”再次提出加快“融媒体”建设。可以看出，近年来党和国家高度重视高校思想引领与新媒体平台的融合建设，对以微信公众平台为代表的高校校园官煤的运营研究是历史发展的大势所趋。

由此可见，媒介融合是社交媒体改革发展的前沿方向，而其创新性应用更是高校媒体推进思想引领工作的技术保障。在我国社会主义新时代，以微信公众平台为代表的高校官媒如何把握媒介融合的趋势，优化运营，加大各方面尤其是高校思想引领工作的传播效力，成为有研究意义的重要课题。

2. 研究现状与理论价值

以“微信公众平台”“高校”为关键字在中国知网（CNKI）上进行检索，共搜索到1090篇文章。分析文献我们不难看出，早在微信公众平台诞生初期，其在高校校媒中的应用就已经进入了学者的研究视野。2013年，学者主要关注微信公众平台对校园信息网络服务、图书馆等日常事务的介入；2014～2015年，研究的触角已经达到了微信公众平台的运营现状、发展策略、应用与建设等一般方面，并已有多篇文章探讨微信公众平台在高校思想政治教育中的创新作用。笔者选取了其中的5篇文献进行比较研究，分别是邸艳茹、殷晶晶《高校微信公众平台该如何运营》，欧阳世芬、蔡雨娟《高校官方微信公众平台的现状运营策略探析》，赵越《高校微信公众平台运营状况分析》，姜秀琴《高校微信公众平台运营思维及运营策略》，郑璐、吴阳、高宁、滕金平《高校微信平台的创建与运营》。可以看出，此时的研究对高校官方微信公众平台的含义界定、类型分析已经比较全面和成熟，对现状、问题也做了简要的概括，但在前景、策略研究方面局限于内容丰富和项目分工，视野较为狭窄。

2016—2018年，对高校官方微信公众平台的研究热情实现“井喷”式增长。2016年的349篇相关文献中，针对传播模式与效果的文献明显增多，这说明高校开始以传播学的专业视角审视微信公众平台这一日趋成熟的社交媒体；2017、2018年，高校官方微信在思政教育中的应用成为研究的主旋律，并更多出现基于高校实例的考察研究。

与此同时，我们也以“高校”“微信”“融合”为关键词，在中国知网（CNKI）上进行检索，只找到18篇相关文献；以“高校”“微信”“地区为例”为关键词，检索到23篇文献；以“高校”“微信”“瓶颈”为关键词，找到4篇文献。

通过相关文献搜索，我们可以发现，高校官方微信公众平台研究呈现出以下特点与问题：

（1）研究对象扁平化。覆盖范围广、内容丰富，涉及微信的发展、高校官方微信公众平台的定义、类型、发展现状、面临问题、运营策略等；但缺少纵深视角，站在历史角度，分析高校微信公众平台发展阶段、预测未来发展方向的研究几乎没有。

（2）描述性定性研究占主要部分，内容深度不足。即使是提出运营策略的文献，其视野也多局限于当前问题的主观解决办法上，而缺少基于调查数据的定量研究、基于历史预测与田野实例调查的科学分析方法。

（3）研究结合个例多，地区统筹少。笔者在检索文献时，发现了大量以某一所高校的其中一个微信公众平台为例的实证研究，这类研究一手信息多、针对性较强，但也易出现片面分析、以偏概全的问题。对于一个地区多所高校的统筹研究几乎没有。

（4）研究高度不足。已有研究对于高校官方微信运营问题的分析上，多关注现实缺点、资金条件限制等客观因素，而缺少对其发展本质瓶颈的把握；在对策略的分析上，少有跟进新媒体技术发展的最新步伐，更遑论考虑媒介融合的总体趋势；在对前景的预测上，也缺乏全球性、全社会性的广阔视角。

由此可见，本文基于北京地区 9 所高校，对高校官方微信公众平台的运营策略做更深度地反思和探索，具有一定理论价值。

3. 实践应用价值

从前人的研究文献中可以看出，现今我国的高校官方微信公众平台主要包括校务机构的官方微信、面向校园的商业微信和全国性战略的产品微信等种类，在高校宣传、教育和服务等领域发挥着重要职能，可以说是丰富而起到积极作用的。

在运营方面，高校官方微信公众平台已经取得了一定的成就，能自主推送内容丰富的信息，并在运营模式上采取了项目分工，在推送形式上一定程度告别了传统的图文时代，运用简单的新媒体技术进行了新的尝试；在传播效果上，高校现存的微信公众平台能很好地实现了为高校师生提供新闻资讯、宣传思想路线、服务日常生活等基本功能，并能利用微信公众平台的优势进行简单互动。

但另一方面，高校微信公众平台的发展仍面临以下几点问题，使得其在某种程度上进入了增长停滞的瓶颈区：

（1）资金匮乏、学校对宣传内容的限制，以及微信公众平台自身的弊端问题等客观条件的限制，使得高校官方微信公众平台很难找到“内容创新”与“弘扬主旋律”之间的平衡点。

（2）传播者与用户地位不平等，限制了用户互动。

（3）内容供稿不够、深度不足，出现同质化问题。

（4）影响力疲软，用户增长停滞，浏览量整体下降。

（5）受学生毕业与换届的影响，运营团队迭代与管理困难。

基于以上发展困境，本文站在新媒体技术发展的历史高度，研究媒介融合、管理创新、互动升级、品牌建设等策略，为高校官方微信公众平台的发展探索出路，具有较强的实践价值。

二、高校微信公众平台的运营

为了对北京高校微信公众平台运营策略进行研究，我们在北京各高校中选取了北京师范大学、清华大学、北京大学、中国人民大学、北京交通大学、中国青年政治学院、北京第二外国语学院、对外经济贸易大学、中国政法大学、北京电影学院十所学校发放了教师版与学生版两类问卷。共20名高校官方微信运营管理负责教师与163名学生运营团队成员填写了问卷。我们对问卷进行了分析，采用参与式观察、个案访谈等调查方式，全面了解了高校微信平台运营体制机制现状、所面临的困境以及与其他各媒体融合状况。

1. 高校微信平台运营体制机制现状

根据问卷调查与参与式观察的情况来看，大多数学校的微信平台运营体制机制类似：

在教师填写的问卷上来看，大多数高校的微信平台运营团队的人数在30人以下，目前仍然有将近一半的高校认为团队人员偏少，这对微信运营的日常稳定以及微信运营团队业务的拓展都产生了一定的影响（见图1、表1）。

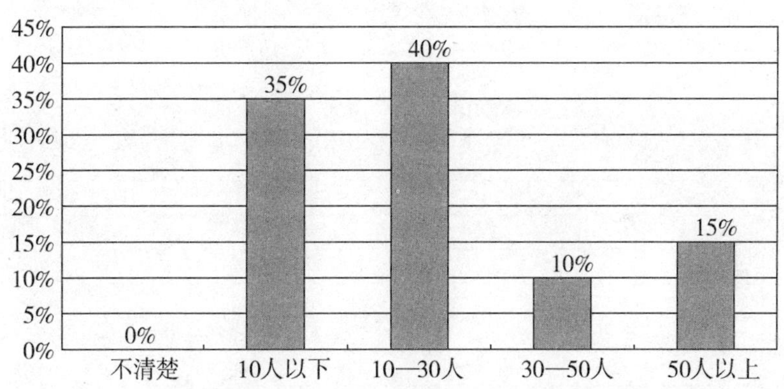

图1　目前您所在官微运营团体人数（教师版）

表1　从官微日常运营需要看，您认为现在的人数是否合适？（教师版）

选项	小计	比例
不合适，人员偏少	9	45%
合适	11	55%
不合适，人员偏多	0	0%
本题有效填写人次	20	

教师会定期召开选题会对反馈的内容、数据进行分析，对之后的工作进行安排；对运营团队内的学生定期进行培训提高其专业技能与素养。但是由于教师与学生对培训的定义不同，两者对培训频率的认识也不同。就总体而言，大多数认为官方微信的培训频率低于一月2—3次，远远低于开选题会的频率。低频率的培训导致成员专业素养提高缓慢。

调查显示，目前高校官方微信运营团队学生成员大多没有工作津贴，即使有津贴也是视工作量而定，数额较少，在300元以下（见图2、图3）。尚不完善的津贴制度不能起到很好的激励作用。

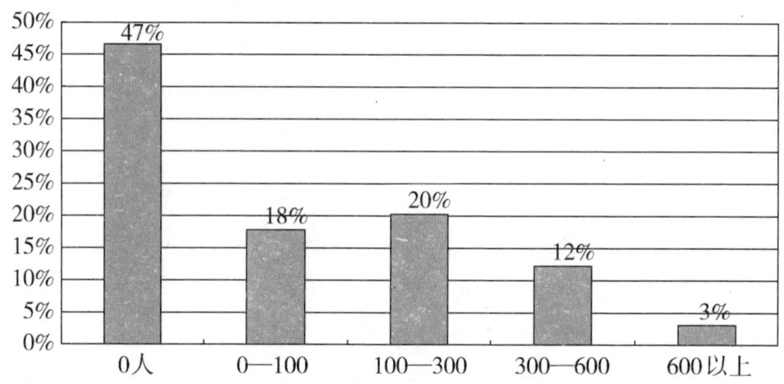

图2　官微编辑津贴情况（教师版）

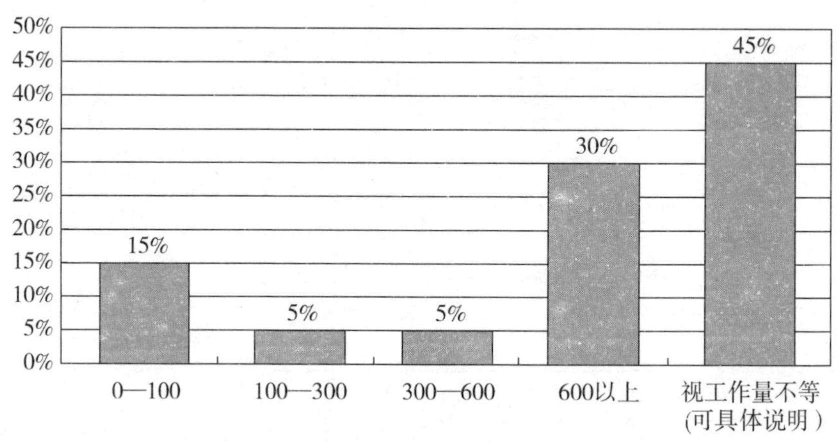

图3　官微编辑津贴情况（学生版）

官方微信每日推送的内容需要经过二、三级甚至更多层级以上的审核（见表2），繁复的审核制度给运营成员带来了巨大的心理压力，挫伤了运营成员的积极性，同时也降低了工作效率。

表2　您所运营的微信审核机制是？（教师版）

选项	小计	比例
一级审核	4	20%
二级审核	9	45%
三级审核	4	20%
三级以上	3	15%

大多数学校的微信公众平台有专门开设栏目，数量在5个以下（见表3）。微信平台推送的内容以校园各类活动新闻资讯为主，紧随其后的是以图片、音频形式展示校园文化的原创栏目，占比最小的是校园思想观点评论类的深度文章。总体看来，微信平台的内容以信息发布为主，更倾向于告知与科普。

表3　您所运营的高校官方微信开设的栏目数量是？（教师版）

选项	小计	比例
1—3个	9	52.94%
3—5个	6	35.29%
5—10个	1	5.88%
10个以上	1	5.88%

2. 高校微信公众平台运营困境与原因分析

高校微信公众平台运营面临许多困境，且运营管理的教师方面与学生方面存在认识差异（见表4）。

表4　官微运营过程中的常见问题给您带来的困扰程度（教师版）

题目\选项	完全不困扰	不太困扰	有点困扰	非常困扰	平均分
定位模糊，创新受限制	1（5%）	6（30%）	3（15%）	1（5%）	2.85
受众群体层次过多，众口难调	0（0%）	6（30%）	7（35%）	0（0%）	3.05
难以和校内其他微信平台区分	4（20%）	8（40%）	1（5%）	1（5%）	2.35
审核层级过多，影响效率	3（15%）	6（30%）	5（25%）	0（0%）	2.65
审核标准不明确，删稿风险大	4（20%）	6（30%）	3（15%）	0（0%）	2.45

续表

题目\选项	完全不困扰	不太困扰	有点困扰	非常困扰	平均分
成员流动性大	3（15%）	3（15%）	6（30%）	3（15%）	3.15
成员积极性难以调动	1（5%）	2（10%）	6（30%）	2（10%）	3.3
成员缺乏新媒体运营的相关知识和经验	0（0%）	3（15%）	4（20%）	2（10%）	3.25
团队分工不明确	3（15%）	7（35%）	5（25%）	0（0%）	2.6

通过上表，我们可以得知，在教师看来，困扰微信平台运营的前三个因素：成员积极性难以调动、成员缺乏新媒体运营的相关知识和经验、成员流动性大都与团队组成有关的因素，是微信平台运营的最大障碍。其次则是对微信平台定位以及受众群体的把握程度。而面临审核上的问题如审核层级过多、审核标准不够明确并没有太大压力。

教师作为高校官方微信公众平台运营团队的管理者，通常情况下通过微信、QQ 等线上的方式联系尚有课业并不能实时在线的学生，本身工作机制存在局限。如若成员积极性不高，更是会发生反馈不积极，工作迟迟无法落实的情况。除此之外，学生成员并不都来自受过相对专业培训的领域，许多成员并没有受到一些媒体专业技能与媒体素养的培训。团队培训又因为时间冲突、师资缺乏、精力不足等因素开展的次数较少。这些问题，会进一步导致成员无法完成任务，无法达到教师原本所期望的目标、取得的效果。

而就学生看来，他们认为微信平台的工作难度总体高于教师。学生认为最困扰的因素是成员流动性大、团队分工不明确，其次则是审核以及平台的定位上的问题，最后才是成员自身的积极性与新媒体运营的相关知识和经验方面的不足（见表5）。

表5 官微运营过程中的常见问题给您带来的困扰程度（学生版）

题目\选项	完全不困扰	不太困扰	一般	有点困扰	非常困扰	平均分
定位模糊，创新受限制	23（14.11%）	42（25.77%）	56（34.36%）	38（23.31%）	4（2.45%）	3.26
受众群体多样，众口难调	24（14.72%）	42（25.77%）	61（37.42%）	31（19.02%）	5（3.07%）	3.3
难以和校内其他微信平台区分	43（26.38%）	53（32.52%）	37（22.7%）	24（14.72%）	6（3.68%）	3.63

续表

题目\选项	完全不困扰	不太困扰	一般	有点困扰	非常困扰	平均分
审核层级过多，影响效率	25（15.34%）	45（27.61%）	56（34.36%）	32（19.63%）	5（3.07%）	3.33
审核标准不明确，有时过于严格	27（16.56%）	50（30.67%）	55（33.74%）	27（16.56%）	4（2.45%）	3.42
成员流动性大	44（26.99%）	55（33.74%）	44（26.99%）	16（9.82%）	4（2.45%）	3.73
成员积极性难以调动	24（14.72%）	43（26.38%）	48（29.45%）	37（22.7%）	11（6.75%）	3.2
成员缺乏新媒体运营的相关知识和经验	19（11.66%）	40（24.54%）	54（33.13%）	45（27.61%）	5（3.07%）	3.14
团队分工不明确	42（25.77%）	60（36.81%）	30（18.4%）	25（15.34%）	6（3.68%）	3.66

学生对团队分工、审核上的困扰，其实都与微信公众平台新媒体定位与属性有关。作为学校重大的对外宣传窗口，微信公众平台不仅要承担学校成果的宣传工作，还要妥善衔接各个部门，展示学校多个维度的成果。微信公众平台推送的内容要应对突发出现的热点（如大学排名、重要奖项宣布等），不确定性较强，很难保持稳定明确分工。另一方面，官方微信公众平台代表着高校的品牌形象。2018 年 2 月 7 日前，微信公众平台无法修改错别字，每天只能群发一条消息，因此审阅压力极大。官方微信公众平台内容有 3 级以上审核也有极大的必要性。这对学生来说，可能会耗费其大量的时间，成为困扰因素。成员流动是教师与学生共同认为的最大难题。微信公众平台运营团队无法留住学生长期工作，运营团队迭代与管理困难，是上述诸多问题所导致的共同结果。

根据参与式观察的情况来看，内容后继乏力是高校微信公众平台运营不可忽视的重大难题。由于高校官方微信定位的限制，内容同质化程度较高，热点事件变化较少，选题周期性强，难以创新。成员的积极性、归属感低会导致他们不愿创新、囿于固有思维，成绩平庸。而资金不足、时间紧迫、人员安排困难、临时换选题频发等问题，会导致一些新颖、有创意的选题无法实际操作。这一问题亟待各高校的运营团队设法解决。

3. 高校微信公众平台与其他媒体平台的关系研究及融合状况

根据调查得知，大多数高校都建设有微信公众平台、官方微博、官网以及校报等各类媒体平台。然而，建设有学校电视台、电子显示屏、橱窗的高校大大减少，几乎没有高校拥有官方的新闻客户端、海外社交媒体平台。大部分高校新闻宣传以新媒体平台为主，传统纸媒为辅，户外宣传平台较少（见图4）。

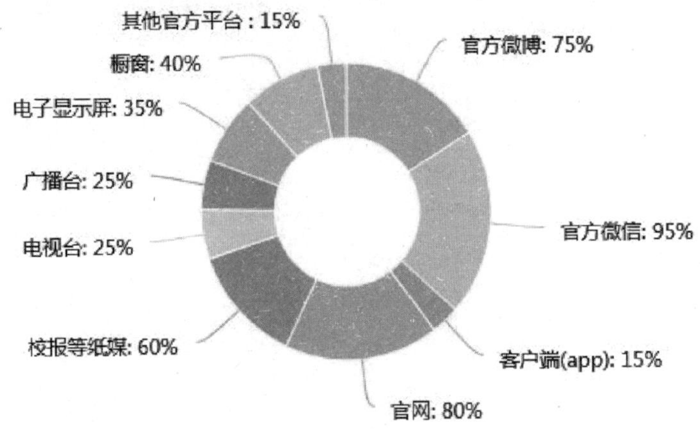

图4　您所在高校拥有的媒体平台有哪些（教师版）

高校微信公众平台在这些平台中处于中心地位，其他平台与之发生联动传播，扩大官方微信公众平台的新闻传播影响力。这其中用微博、线下活动进行联动推广最为常见（见图5）。高校的官方微博，会将微信公众平台发布的内容通过微博转载，从而吸引更多对这些内容感兴趣的用户关注微信公众平台。

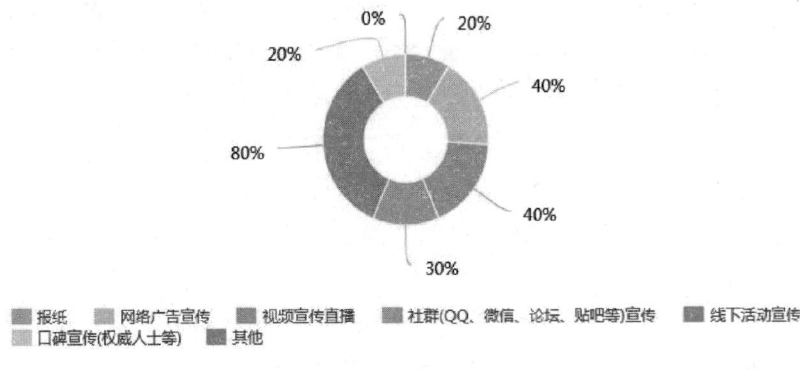

图5　您所运营的官微都做过哪些联动宣传（教师版）

而线下活动效果则更为明显。在开学迎新、节日时，高校微信运营团队通常会在微信公众平台发布要举办线下活动的消息，吸引原先的用户前往从而引流、吸粉。一般只要参与者扫描二维码关注了微信公众号，就能获得明信片、卡贴等官方微信周边礼品。这能够迅速、有效地增加微信公众号的关注人数。然而这在大多数情况下只能吸引到学校内的人，容易达到上限。而且许多人是出于获取礼品而不是对公众号内容有兴趣的心态关注，新用户的留存率仍是未知。

根据调查，我们还得知，近一半高校在建设微信公众平台的同时建设了今日头条、搜狐教育等媒体开放平台。这些账号上的文章，大多数都是在发布招生简章、人才招聘公告、分数线、校园开放日等信息，更新频率较低。一些更新频率较高的高校头条号，也是直接搬运微信公众平台的内容。可以说，这些平台在多数情况下只是微信公众平台的子集，并不需要再去关注。拥有广播台、电视台等平台的高校在视频网站、音乐网站上建设了学校官方账号，但点击量与关注度并不高，许多只是为微信公众平台提供内容设立的存储平台。

同时，我们得知，65%的高校都没有用户、粉丝等社群，只有少部分微信公众平台拥有用户、粉丝线上社群，体现出高校并不重视除了平台以外和它所拥有的用户互动。而实际上，为自己的用户组织一个社群，可以了解哪些用户属于对这个平台关注密切、积极性高的群体，在和他们直接交流中，可以获得许多对平台发展有益的建议。除此之外，高校微信公众平台目前面临着内容后继乏力的困难，仅靠团队的运作难以产生更好的创意，这一问题或许能在与用户的交流中得以解决。用户的诉求本身就是值得创造的内容（见图6、图7）。

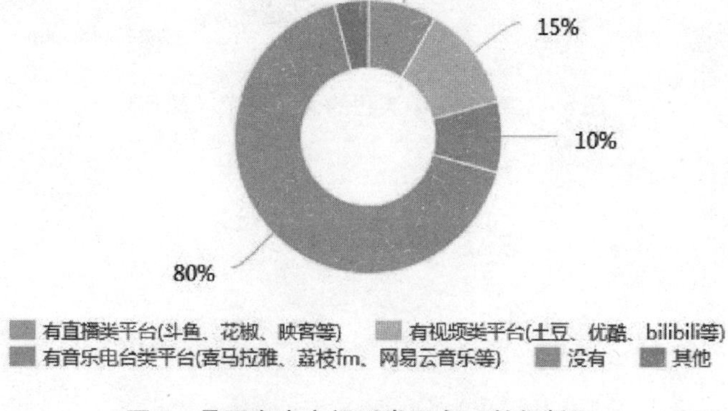

图6　是否有官方视听类平台（教师版）

媒体平台的多样化，显示着高校融媒体矩阵的初步形成。但是它们之间的互动合作是否形成了良好的模式，是否实现了真正的融合，依然留有疑问。我们在调查中得知，官方微信目前依然是融媒体矩阵的核心平台。一次采编，多个平台分发的“中央厨房”式融媒体采编流程还没有形成（见图8）。各个平台上内容多有重复，同质化程度高，仅有小部分高校有一些分众化、垂直化的传播形式（见图9）。

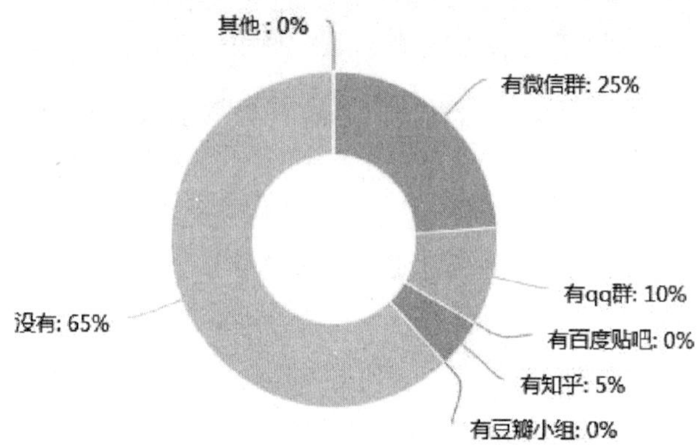

图 7　是否有用户、粉丝等社群（教师版）

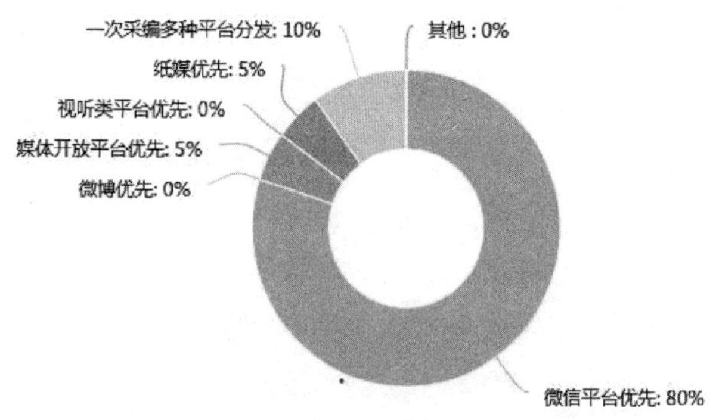

图 8　各平台采编流程的优先顺序（教师版）

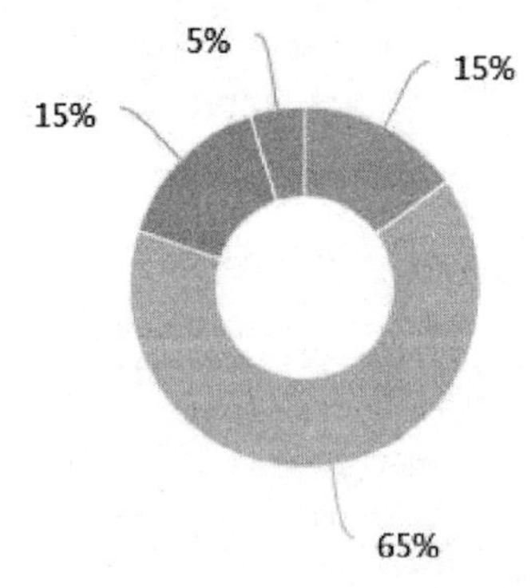

图 9　各平台间互动情况（教师版）

高校在策划内容时最先想到的是其在微信公众平台上的展示效果，而后才会考虑到这一内容能否搬运至其他平台，突出新的侧重点。并不是站在各个融媒体平台整体统筹层面，将整个高校的传统媒体、新媒体平台合理分工，充分运用；各平台之间的互动也没有根据平台的性质策划用不同的手法、角度展现内容，形成合力。因此，可以看出，纵然已经搭建起了融媒体矩阵，高校在媒介融合方面，依然任重道远。

三、高校微信公众平台运营与大学品牌形象建设

好的品牌形象对高校的发展至关重要。建立高校在社会公众心目中的良好形象，在高校人才培养、科学研究、社会服务、文化传承等方面均能有所助益。提高高校的社会影响力、竞争力，尤其是在高等教育步入大众化、多元化、竞争趋向白热化的今天，高校品牌建设与推广显得尤为重要。

目前，高校官方微信公众平台因其操作的便捷性、人际交流的高时效性、内容推送的丰富性、消息推送的精准性等特点，符合青年学生群体的消费理念、生活方式、交流习惯和渠道等而深受大学生追捧。在碎片化阅读的时代，微信公众平台俨然已成为大学生获取新闻资讯、学校通知等信息的重要工具之一。在这样的背景下，各大高校也纷纷成立官方微信公众平台，推送关于学校招生就业、学生活动、学术报告、教育动态等方面的最新资讯，打造官方微信品牌形象，力图变被动为主动，增加学校在学生、家长、校友、社会大众等方面的关注度，实现学校品牌的良性传播。

通过调查，我们得出以下结论：

1. 高校微信公众平台品牌形象意识开始增强，仍然有待提高

如图 10 所示，近 75% 的高校表示自己运营的高校官方微信公众平台在名称、标志、排版等方面进行过品牌整体设计，说明绝大多数高校在运行官方微信公众平台时已具有品牌意识。虽然大多数高校官方微信公众平台进行过品牌整体设计，但表示自己运营的官方微信有品牌人设的仅占 28. 3%，说明大多数高校对官方微信整体品牌形象的整体统筹设计并没有给予足够的重视。

通过调查我们也可以发现，仅有部分高校官方微信有个别统一形象识别系统，包括简单的官方微信名称、标志、标准字、首尾图、排版设计、标准色，其他更丰富层面的统一形象识别元素还有待建设（见图 10）。

据调查得知，80% 的高校官方微信公众平台中没有专门的品牌研究和形象

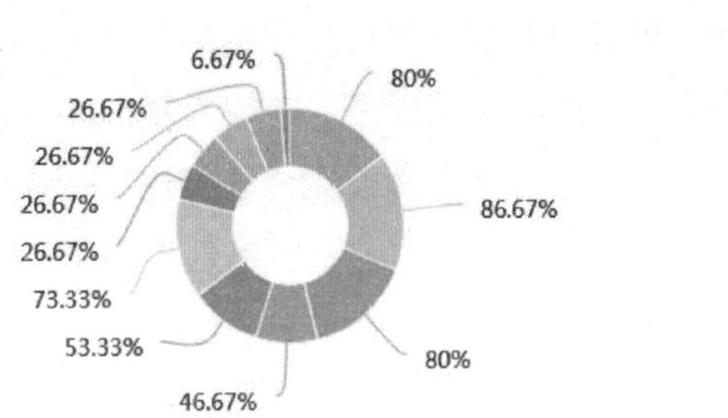

图 10　您所运营的官微有哪些品牌整体设计（教师版）

策划部门；设置了该部门的高校官方微信运营时间均不满一年，部门人数偏少，大部分在 3 人以下。这些数据说明，大多数高校的官方微信运营团队对官方微信的品牌形象建设重视程度不高，品牌建设有待完善。

文化创意产品是高校品牌形象艺术衍生品的一种，高校官方微信公众平台的文创和周边产品必然带有官方微信和该高校本身的文化特点，对于官方微信的品牌形象建设和推广有着极大的意义，也有助于高效的品牌形象建设。在问卷调查中我们发现，仅不到三成的人表示自己所在的官方微信公众平台有文创和周边产品，周边产品也以明信片、玩偶为主（见图 11），形式不够丰富，设计感不够强，说明大多数高校的官方微信运行者并没有利用文创和周边产品进行品牌形象的推广。

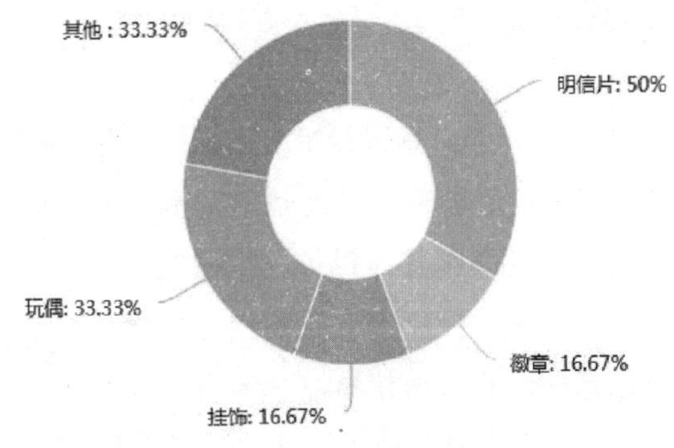

图 11　您所运营官微有哪些文创和周边产品（教师版）

通过对以上数据的分析，我们大致可以得出以下结论：目前，大多数北京高校的官方微信公众平台对品牌形象建设没有给予足够的重视，官方微信品牌形象建设和推广存在零散、短期甚至缺失的特点。没有统一的品牌形象，高校官方微信在进行推广时将不能统筹各方力量，无法达到最佳宣传效果，不利于官方微信和高校知名度的提升。

2. 高校微信公众平台与大学品牌建设形象相互关系研究

高校的品牌形象是高校的表现和特征在社会公众心目中的反映，是社会公众对高校的总体评价。从高校自身分析，高校形象的构成要素包括学校内在（无形）的和外显（有形）的精神文化——内在因素主要包括高校的教育质量、校风、管理水平等；外显因素则包括校园环境等。从公众评价角度分析，学校形象要素包括学校的知名度和美誉度两个方面——知名度指一所学校为公众所知晓、了解的程度，是衡量学校形象的量的指标；美誉度是学校获得公众信任、赞许的程度，是衡量学校形象的质的指标。

学校的教育质量和校园文化等事实本身，并不能马上就转化为大学形象，必须经过有形形象的提炼和媒介传播的中介过滤。只有通过一定的媒介传播，并为公众所接受，才能转化为公众舆论，将这些事实升华为知名度、美誉度，继而形成大学形象。这就要求各大高校重视传播管理，做好宣传引导工作，通过各种传播媒介，将高校的各种信息及时、准确、有效地传播出去，增进目标受众对自身的了解，并提高高校及其师生在公众中的知名度和美誉度。

而在媒介融合的背景下，以智能手机终端为主要载体的移动媒体在未来将具有巨大的发展空间。微信公众平台逐渐渗透每个人的生活、学习、工作的方方面面，受到大众的喜欢和青睐。相较于其他媒介形式，官方微信公众平台能最快最有效地对高校信息进行宣传，必将成为大学建设品牌形象时不容忽视的媒介平台。

我们主要通过深度访谈、文献分析、参与式观察等方式研究高校官方微信运营与大学品牌形象建设之间的相互关系。通过分析整理，我们将微信公众平台对大学品牌形象建设的影响概括为以下两大方面：

1. 发布与学校有关的信息，增加公众对学校的了解

通过问卷调查和参与式体验，我们可以将各大高校官方微信的发布内容简单分成两大类：官方性的新闻资讯、学术信息和教学成果；生活类的原创选题、服务信息和观点评论。这两大类内容对高校品牌建设的作用各不相同。

第一类推送内容往往提升公众对学校教学质量的认可。通过对部分高校官方微信推送的内容和数据分析，我们发现，与高校的教学成果相关的推送往往能得到较高的点击量和转发数。由于微信公众平台的一大特点是即时性，能第

一时间发布与学校有关的相关动态，学校师生往往最先通过高校微信公众平台了解到学校的学术动态和教学成果，出于对母校的自豪感，大多数人会选择转发到朋友圈，让更多的人知晓这一信息，起到扩大传播的作用，有利于建设大学品牌形象。这部分内容的时效性要求较高，第一时间发布往往能起到较好的宣传效果，如果实效性不强，转发人数便会下跌。

第二类推送内容旨在引起受众心理上的共鸣。比如对大学生活趣事的回忆，除了从侧面介绍丰富多彩的大学生活外，还需要引起受众的情感共鸣。另外，官方微信的推送内容能建立“大学人设”，比如北师大打造的“女神”形象，虽然“人设”在某种程度上容易使受众产生刻板印象，但是对学校的品牌形象建设依然是有利的，能帮助大众迅速记忆该大学的特点。这部分推送十分考验官方微信运营团队对推送内容的选择和语言风格的把握。需要明确对受众“说什么”和“怎么说”。有的生动活泼，有的语重心长，有的诙谐幽默，但无论以怎样的语言风格展现，最基本的是不能招致受众反感，要体现一定的亲民性。通过本土化和接地气的做法，用大学生的独特视角去解读学习、生活、校园和社会，让大学生更容易、更乐于接受校园微信公众平台的内容并进行二次传播分享；也让更多的公众对高校的校园生活有所了解，建设一个更加人性化的大学形象。

2. 通过互动，拉近高校和公众之间的情感距离

众所周知，相较于报纸等传统媒体，微信公众平台的一大优势是传播者和受众之间能进行互动。在深度访谈时，许多官方微信公众平台用户表示，在浏览微信推送时如果很有感触，会进行留言，如果留言得到精选或者合理的回复，会得到一定的满足感，对这一微信公众平台的好感度也会相应提升。说明微信公众平台的运营者和受众的良性互动有助于提升微信公众平台的形象。而高校微信公众平台的名称往往直接以高校名称为主，提升受众对微信公众平台的好感，在一定程度上，也就提升了高校在受众心中的形象，有利于高校的品牌建设。

这也对官方微信的运营者提出了新要求——对后台留言要及时回复，并且语言要得当。通过与受众的及时交流，保持用户对平台的关注，使对方觉得受到重视，确保用户黏性。

总而言之，在新媒体语境下，大学的品牌形象建设离不开官方微信平台品牌形象建设。大学品牌形象建设需要利用微信这一社交媒体平台进行宣传推广，

提升在公众心中的知名度和美誉度，提高高校在日趋激烈的教育市场竞争中的竞争力。但是，目前北京高校官方微信公众平台的品牌形象建设普遍仍处于起步阶段，虽然具有一定的品牌意识，但是没有对官方微信的品牌形象建设进行完整的规划和实施，需要各大高校在未来对官方微信公众平台的品牌形象建设进行进一步的探索，使其更好地为大学品牌形象建设服务。

四、建议与对策

（一）明确高校官方微信公众平台定位，促进平台自身品牌形象建设，从而提升高校品牌影响力

自2012年8月华中科技大学推出首个高校官方微信平台后，各高校为应对新形势下的信息传播环境也纷纷开通了各自的官方微信平台，高校官方微信的发展方兴未艾。然而，目前各高校的官方微信平台却存在同质化严重的问题。在问卷调查中，一半以上的高校官方微信没有品牌人设，也未设有专门的品牌研究和形象策划的部门。总的来看，高校微信平台的品牌建设目前只停留在简单的品牌整体设计如排版、标准字等方面。因此，高校若要建设具有自身特色，展现自身优势，走差异化路线的微信平台，就必须注重官方微信的定位和品牌的建设。

官方微信平台的定位主要包括总体定位、信息内容定位和受众定位三个方面。

首先，官方微信的总体定位与学校的形象定位是密不可分的，因此高校微信平台首先要找准学校自身的定位，然后对其不断深挖，打造具有学校特色的官方微信平台。如清华大学官方微信平台开设“科技·前沿”栏目，定期发布《近期科研成果扫描》的推文，凸显了其作为科技强校的学校定位。

第二，信息内容定位应服务于总体定位。具体来说，高校微信平台发布的内容应与自身的总体定位紧密贴合，通过独特的内容定位打造官方微信的品牌。以北京电影学院为例，其官方微信在2018年1月共发布推送23条，其中有12篇与影视、艺考等内容相关。其1月2日发布的《北京电影学院2018年艺术类本科、高职招生简章》阅读数达到9万+，点赞500多条；其1月1日发布的《北影萌兔系男生为爱情故意放弃清北保送，〈最强大脑〉10万人海选入围100》达到阅读量4万+，点赞超过1600条。由此我们可以看出，北京电影学院官方微信平台以影视、艺考等特色内容为亮点，吸引了关注影视领域与艺考的用户，

有效提高了北影官方微信的影响力。

第三，高校官方微信应制作用户画像，即对其受众进行定位。在互联网条件下，人们对新闻的需求不会衰减，反而会提出更高的要求——在繁杂无序的信息流中获得真正有参考价值的“新闻知识”和“关于新闻知识的知识”。因此，在新媒体环境下，受众不再是被动接收信息的群体，而是具有主观能动性的个体，微信平台的品牌建设必然要结合其受众的定位。首先，官方微信可通过用户绑定、问卷调查等方式统计学生群体的兴趣爱好等信息，提高发布内容的针对性。其次，官方微信的受众定位不应仅局限于校内学生，而应放眼整个社会，从而为当地群众提供富有学校特色的信息。这不仅能为学生提供社会实践的平台，还能检验学校教学、办学成果，提高学校的知名度和影响力。

在明确微信平台的定位后，即可根据自身定位加强官方微信品牌形象的建设。在进行品牌建设前，我们需要了解品牌的含义：品牌是一种名称、术语、标记、符号或图案，或是它们的相互组合，用以识别某个销售者或某群销售者的产品或服务，并使之与竞争对手的产品或服务相区别。因此，作为提供信息服务的高校官方微信，建设品牌形象不仅可以增强其传播效果，还能使其在众多高校微信平台中脱颖而出。然而，需要特别注意的是，品牌形象的建设不仅局限于官方微信标志、标准字、标准色、排版设计、首图尾图等，还可包含标语口号、吉祥物、代言人等多种设计。此外，高校官方微信运营团队还应提高对品牌研究的重视，设立品牌研究和形象策划部门，为官方微信的品牌形象建设发力。在品牌形象建立后，还要采用线上宣传与线下活动相结合的形式对其进行大力宣传，并积极开发校官方微信的文创和周边产品。

以中国传媒大学官方微信平台为例，其于2016年4月27日创立了官方微信的吉祥物“传传”。这是一只栖息在白杨树上的小鸟精灵，因古时以鸟为信使传递讯息，与今日传媒异曲同工。她象征着中国传媒大学包容创新的校风。自吉祥物创立后，中国传媒大学官方微信的品牌形象变得更加直观，其“服务广大师生，助力学校发展”的定位也更加明确。此外，中国传媒大学官方微信还开发了“传传”的周边产品，如钥匙链、书签等，传播官方微信形象的同时也加强了品牌建设。

最后，高校官方微信可改善受众体验来提升品牌忠诚度。改善受众体验要从两个方面入手：理性体验和感性体验。改善理性体验就要保证官方微信发布内容的优质性；改善感性体验则应该注重品牌形象传播中的一切细节。这有利于受众产生积极的情感体验，从而培养其品牌忠诚。综上所述，建设官方微信品牌需要多管齐下，使高校官方微信的形象深入人心，提升知名度，从而进一步提高微信平台传播的有效性。

（二）打造优质内容，落实三贴近原则

内容是信息传播的灵魂，而高校官方微信运营中，内容后继乏力却是不可忽视的重大难题。因此，打造以精品内容为中心，以形式创新为目标的微信平台是改善高校官方微信传播效果的最核心、最关键的对策之一。

1. 迎合高校受众偏好，贴近师生需求

从事新闻工作需坚持“三贴近”原则，即“贴近实际、贴近群众、贴近生活”。因此，高校微信平台作为互联网条件下的新媒体传者要始终关注大学生，迎合大学生的情感需求和切身利益，了解本校学生的信息获取偏好、阅读兴趣等，通过良好的用户体验扩大影响力的同时增强用户黏性。

首先，官方微信发布的内容应以校园为主，选取与学生生活息息相关的内容，例如，在特定时间发布特定内容，把握“四季歌”即“春天踏青、夏天毕业、秋天迎新、冬天升学”的规律，同时在固有选题上挖掘新的形式和思路，即对“静态选题”进行一定程度上的创新。以北京师范大学官方微信平台为例，其2016年6月的《毕业季献礼 | 北师姑娘 这首歌为你而唱》将传统的“毕业季”选题进行创新，图片、文字与流行歌曲改编的结合使这篇推送一经发布，阅读量便迅速突破10万+，受到社会各界的关注和好评。这无疑扩大了北师大官方微信的粉丝基数和影响力。

其次，官方微信的内容也要及时跟进社会的热点事件，以大学生的角度对这些热点现象进行“动态选题”的再创造。高校官方微信不是“象牙塔”，如果官方微信的内容囿于校园生活则会过于狭隘，不仅不利于大学生对社会热点事件的关注和探讨，还会因为官方微信过多重复的“静态选题”而流失一些用户和粉丝。因此，高校官方微信应密切关注新闻动态，及时跟进社会热点，利用社会“热度”提高官方微信的影响力。如北京交通大学在今年3月，利用两会期间“中国很赞”的社会热点制作了北交“手指舞”视频，通过官方微信进行宣传和发布，产生了巨大的影响力。这段手指舞视频在相继受到权威媒体如“梨视频”和《人民日报》的转发和点赞，其与官方微信的热点把握和内容宣传是分不开的。

2. 丰富内容形式，扩大传播形态

微信公众平台拥有文字、图片、音频、视频等多种媒介传播形态，而高校官方微信的内容通常只是以文字和图片为主，内容形式较为单薄。在读图和动态影音时代，高校官方微信也应使微信推送的内容和形式多样化，将文字、图片、音频、视频、H5 等形式结合起来，改变单一的传播形态，从而提升微信推送的质量，打造一个融合图文影音的微信推送模式。如北师大官方微信平台定期发布语音推送，通过语音的形式加强内容的传播。中国传媒大学官方微信平台的菜单栏里则单列出“视觉”这一菜单，其中包括“直播”“视频”“动漫”“摄影”四个板块，以生动形象的传播形态丰富了官方微信的传播内容和传播形式。

3. 建立官方微信平台与用户情感纽带，致力人际传播

在拉扎斯菲尔德的《人民的选择》中，他将大众传播与人际传播做出对比，指出在一定条件下，人际交往的传播效果好于大众媒介的宣传效果。也就是说，没有哪种媒介比人更能打动人，人际传播的魅力往往比冰冷的大众媒介大得多。而这在高校官方微信的运营中也得到了体现。

目前，高校官方微信的主要限制因素之一是一天只能群发一条消息，少数高校一天可群发一条以上消息，可推送的内容和影响力仍然是有限的。高校官方微信的传播其实更多是靠二级传播，即用户的转发和分享实现的。在高校微信平台上，受获取信息、阅读偏好、阅读时间等限制，学生往往不会选择将推送全部阅读。但是，他们会认为同学在朋友圈分享的文章已经经过筛选，质量高且值得阅读，阅读这些文章则更为有利。这被称为“二次阅读”，据腾讯公司产品数据显示，微信用户的“二次阅读量”一直是“直接阅读量”的 3—5 倍。因此，在新媒体平台上，人际传播的影响扩大，“意见领袖”也发挥着越来越重要的作用。

高校官方微信应注重与用户打造情感纽带，其发布内容应把握学生的需求和心态，表达用户群体的心声，使用户自发地分享转发，促进人际传播，从而大大提高高校官方微信的传播影响力和知名度。如北师大经济与工商管理学院学生会官方微信于 2017 年 12 月 19 日发布的《Say no to 直男风！这才是积水潭女子师专的男人》巧妙地利用了人际传播的优势，通过熟人转发、朋友圈分享等形式在北师大学生群体中迅速流传，其阅读量也从 2000 飙升至 20000。

但是，官方微信在追求内容、追求阅读量的同时切不可违背新闻传播的原

则：为引人注目而传播低俗信息、为增加阅读量而不惜做“标题党”等现象应被杜绝。与此相反，官方微信运营成员应树立马克思主义新闻观，坚持党性原则，牢牢把握新媒体传播的底线，遵循传播规律，营造具有良好风气的运营团队。

（三）完善运营机制，提高管理水平

由于官方微信发展时间较短，且尚未进入成熟期，因此大多数高校官方微信运营团体尚未建立较为完善的运营制度。然而，一个媒体的产生与发展，必然离不开一个相对完善的运营机制。只有建设了成熟的运营和管理机制，才能从宏观上统筹把握官方微信团队的发展。

1. 建设扁平化、较为稳定的官方微信团队核心管理层

管理者对于一个团队来说是不可或缺的，而针对官方微信运营团队，其核心管理层应包括教师与学生骨干。管理方式应以扁平化，及时高效沟通反馈为原则。在官方微信运营机制中，核心管理层负责顶层设计，同时规划好各部门的管理权限，完善运营管理机制，使素材采编与制作、技术研发、活动策划等活动分工到位，正确引导整个团队的工作。针对某些突发情况，核心管理层也能够视情况迅速调整分工安排。这样既可以促进成员的高效分工，又能够加强官方微信的整体统筹和垂直管理，避免出现权责不清、多头管辖的局面。此外，核心管理层的优势还在于其人员的相对固定性，这在一定程度上缓解了官方微信成员流动性大的问题。

2. 重视运营团队的人员管理

严把入口，在官方微信公众平台招新等人员选拔过程中，应充分调动新闻传播院系学生或拥有较高的写作排版能力、新闻素养以及计算机技术的人才，从而调动大学生的专业特长和优势。具有条件的高校，应将官方微信平台运营工作与新闻传播学院人才培养相结合，宣传部门联动新闻学院开展长效合作机制。此外，在官方微信运营期间，应加强对运营成员的写作编辑、运营管理、媒介素养的培训，如邀请老师或校外专家定期举办专题讲座和培训课堂，对缺席成员进行线上培训如重播录像、开会交流感想等。团队的培训和成员之间的交流培养了成员对微信平台运营的兴趣，提高了成员积极性，增强了成员对官方微信团队的归属感，也加强了团队的凝聚力，促进高校官方微信的良好运营与发展。最后应完善奖励机制，例如对一段时期内影响力较大、点击量较高、口碑较好的推送制作者发放奖金、赠送礼物等，借以提高团队人员的工作积

极性。

（四）加强平台互动，拓宽传播渠道

互联网平台的包容力很强，其逻辑不是谁消灭谁，也不是简单的新兴的代替旧有的，而是各种媒体形式相互包容、彼此共存在人类的传媒生活圈里中，各有各的空间。传播渠道多元化、包容化被视为新媒体时代的特征之一，然而问卷调查显示，高校微信平台的宣传更多以线下为主，即在开学迎新等活动时通过线下扫描二维码关注官方微信。虽然可以在短时间内吸引到大量粉丝，然而这只局限于校内的用户。对于线上来说，除官方微信、官博、官网、校报等平台外，大多数高校并未设立其他的媒体平台，如客户端、视听类平台（bilibili弹幕网、斗鱼、网易云音乐等）、媒体开放平台（今日头条、搜狐自媒体平台等）和用户粉丝线上社群，即使开设的高校也并未完全发挥这些媒体平台的作用，而是仅仅作为微信平台的子集去运营。

但其实，这些多元的媒体平台可以与官方微信相互补充。所以，高校可设立并利用多元的媒体平台，加强官方微信与这些媒体平台之间的互动，从而拓宽微信公众平台的传播渠道，扩大其影响力。另外，高校官方微信也应重视与校内各级微信公众平台和校媒的交流与合作，这不仅能够促进校媒各种平台之间的信息互通与共享，提高校园信息传播的速度和质量，还可以打造全面高效的校园信息传播平台。如北京大学官方微信平台于2017年11月25日发布的《学习时间 | 中央宣讲团走进北京大学，宣传党的十九大精神》的内容和图片就来源于北京大学新闻中心即北京大学党委宣传部。北京大学通过宣传部和官方微信的合作实现了信息的快速共享，促进了信息发布的时效性和有效性。

高校微信公众平台的宣传渠道不只是局限于线上或线下，而是线上线下相互贯通。例如，高校在举办某些线下活动时可以将线下投票、官方微信官博投票、二维码直播、游戏、弹幕评论、社群聊天等方式结合起来，不仅可以扩大官方微信宣传的范围和力度，提高官方微信影响力，还能够即时获得不同媒体平台上的用户实时反馈和诉求，在这些用户反馈中不乏一些有益的意见和创意。通过对这些意见的吸纳和接收，高校微信平台便可以在传者与受众的对话和交流中一步步前进、发展。例如，中国人民大学官方微信平台的主界面设有“校庆直播”的板块，通过这个板块可以直接观看人大80周年校庆的直播视频，在视频直播页面还设有线上活动如“校庆头像生成器”“我爱人大，不是说说而已”小游戏、“那些年我们一起走过的人大”动态地图等。且用户可以通过后台发送评论、感受及建议，其将线上的宣传互动与线下的校庆活动结合起来，不仅增加了校庆的关注度，也有利于官方微信即时接收反馈，促进官方微信良性发展。

众所周知，当今互联网发展的“下半场”是由数据化和智能化主导的社会和产业发展的全新阶段，也是媒介专业化程度更高、智力输入更加密集、范式创新更为关键的全新发展阶段。最突出的一点改变就是媒介形态的平台化，我国当下的媒介机构分为三个等级：三等媒介做服务、二等媒介做产品、一等媒介做平台。社会媒体目前正在进行全面深度融合，正在突破媒体条块分割、各自为战的格局，进行机构重组。

高校官方微信公众平台要想讲好中国教育故事，必须准确把握新闻传播规律的内核，从传受时代的受众思维切换到移动互联时代的用户思维模式。高校官方微信公众平台应加速推进校内全媒体矩阵融合，建立全媒体采编平台、全媒体中心，实现全媒体传播，在重视高校受众体验的基础上，设立用户数据与客服中心、活动策划中心等，提升传播效果，更加贴近基层、贴近受众。同时还应与社会媒体共同搭建新闻采集共享系统，共享有价值的高校新闻资源。真正实现全媒体报道，才能合力实现良好传播效果，提升高校品牌影响力，以及高校影响力和传播力。

参考文献：

[1] 习近平主持中央全面深化改革领导小组第四次会议 [N]. 人民日报，2014-08-19 (1).

[2] 习近平在党的新闻舆论工作座谈会上强调：坚持正确方向创新方法手段提高新闻舆论传播力引导力 [N]. 人民日报，2016-02-20 (1).

[3] 沈正斌. 新媒体时代新闻舆论传播力、引导力、影响力和公信力的重构 [J]. 现代传播，2016 (5).

[4] 习近平主持中央全面深化改革领导小组第四次会议 [N]. 人民日报，2014-08-19 (1).

[5] 喻国明. 互联网发展下半场：“聚变”业态下的行动路线 [J]. 新闻与写作，2017 (10).

[6] 方增泉，祁雪晶，杨可，等. “双一流”战略背景下中国高校海外网络传播力现状及发展对策建议 [J]. 情报工程，2018 (2).

［7］周志荣. 高校宣传思想工作的新媒体平台建设：以高校官方微信建设为例［J］. 新媒体研究，2018（19）：52－54.

［8］翟浩辰. 高校官方微信公众平台的现状及运营策略探析［J］. 视听，2018（10）：142－143.

［9］张磊，李卓. 高校官方微信公众平台建设存在的问题及策略研究［J］. 科技资讯，2018，16（12）：240，243.

［10］刘中慧. 基于用户调查的高校新媒体运营策略研究［D］. 成都：西南交通大学，2018.

［11］覃爱媚. 高校官方微信公众号运营策略研究：以浙江大学等5所高校为例［J］. 今传媒，2017，25（12）：74－75.

“一带一路”传统音乐文化传播研究

——以“海上丝绸之路”为例*

蒯卫华

本文从音乐史学、民族音乐学、传播学的角度对“一带一路”传统音乐文化传播课题进行研究，旨在探究在历史迁徙过程中，海上丝绸之路呈现的状态，以及在漫长传播发展过程中，运用民族音乐学的视角探究“海上丝绸之路”各国音乐审美的稳定性因素和变化性因素。整体研究过程中，以“传播学”的相关理论为指导，史学角度之“逆向”回溯和传统音乐研究之“逆向”证今。海上丝绸之路体现出血缘、地缘、亲缘关系，宗教、宗祠对于音乐文化传播的影响。

“一带一路”是2013年习主席提出的在对外经济外交方面的重要畅想，是“丝绸之路经济带”和“21世纪海上丝绸之路”的简称。

从国家层面上看，“一带一路”是“道路联通、贸易畅通、货币流通、政策沟通、人心相通”中“人心相通”研究的具体细化，也是“一带一路”沿线各国人民之间心心相通外在显性的彰显。其传统音乐内在传播的学理性研究也是“一带一路”各国人民之间心心相通内在隐性的共同音乐审美的基础。梳理清楚这条脉络，为我们“一带一路”的建设势必增加助力。人心相通是基础，音乐艺术和教育在“一带一路”建设中具有独特的作用，对各国的国家富强、民族繁荣、人民幸福具有基础性和先导性作用。

习近平总书记在“一带一路”中提出“五路”建设目标、“五不”原则和消灭“三个赤字”概念。北京师范大学已有相关研究成果，如黄会林先生的

---

* 作者蒯卫华，北京师范大学艺术与传媒学院音乐系。

《民心相通》已经受到中宣部的高度重视。“一带一路”是世界尺度的知行合一。习主席强调“三个超越”“三个相互”蕴含了巨大的文化自信、思想自信和行动气魄。“一带一路”的研究是中国学界的责任担当。因此，此课题项目也是“一带一路”的相关研究从初步探索到深度耕耘。本论文拟从“海上丝绸之路”为切入点，对相关沿线国家的传统音乐文化传播研究进行深入探索。

一、研究缘起

自2016年起与“一带一路”相关论题的研究，已出版数十本图书并创建了一个“数据库”。2015年盘古智库编著《盘古智库谈“一带一路”》（山西经济出版社），2016年出版了国家信息中心“一带一路”大数据中心著《“一带一路”大数据报告》（商务印书馆），李永全主编《“一带一路”建设发展报告》（社会科学文献出版社），汪伟民主编《“一带一”路战略与和平发展》（法律出版社），陈元、钱颖一主编《“一带一路”金融大战略》（中信出版社），薛力著《“一带一路”与“亚欧世纪”的到来》（中国社会科学出版社），王佑启等著《“一带一路”法律保障机制研究》（人民出版社），邹磊著《“一带一路”合作共赢的中国方案》（上海人民出版社），2017年北京大学“一带一路”五通指数研究课题组著《“一带一路”沿线国家五通指数报告》（经济日报出版社），等等。

音乐方面，中央音乐学院于2016年12月20日，中央音乐学院“一带一路”音乐交流发展研究中心正式揭牌。教育部国际司司长许涛、政策规划处刘剑青处长都参与了此项活动。2017年5月5—7日，中央音乐学院举办了“一带一路”音乐教育联盟成立大会——暨音乐学术研讨与展演活动。来自印度尼西亚、罗马尼亚、匈牙利、吉尔吉斯斯坦、斯洛文尼亚、乌兹别克斯坦、印度、哈萨克斯坦、土耳其、孟加拉人民共和国、爱莎尼亚、越南、塔吉克斯坦、泰国、伊朗共15个“一带一路”沿线国家音乐院校的院长、学者和音乐家共计62人，来自中国各音乐学院的院长和学者36人参加了此次大会。此外，2017年3月25日到4月16日，深圳“一带一路”国际音乐季开幕音乐会在深圳音乐厅举行。来自“一带一路”沿线国家波兰、哈萨克斯坦、斯洛伐克等17个国家和地区的音乐家与深圳交响乐团组成“一带一路”节日交响乐团，共谱中国人民与世界人民和谐共生、和睦共融的华章。音乐会拉开了为期23天音乐季的序幕，从3月25日到4月16日，来自近30个国家和地区的12个艺术团体的700多位中外艺术家，将带来16场各具特色的国际精品演出。

在世界民族音乐研究领域也有相关地区音乐研究的成果出现。研究成果主要呈现在如下方面：一、世界民族音乐综述、概论性的研究成果，如王耀华，王州主编《世界民族音乐概论》（人民教育出版社 2004 年版）。二、音乐形态方面的微观研究，如李玫《“中立音”音律现象的研究》（上海音乐学院出版社 2005 年 9 月版），李玫《中立音现象研究综述》（《音乐研究》2000 年第四期）。三、“一带一路”音乐学专项研究，目前相关成果亦如“雨后春笋”般地涌现出来，如《一带一路与中国音乐“特色话语”》（《中国文艺评论》2016 年第 9 期），该文阐释了中国音乐文化在交流中发展；“一带”交流，丝路乐舞与中原乐舞分工有自；“一路”交流，西方音乐教育模式渐呈主导；中国音乐“特色话语”创造性发展，李宝杰《“一带一路”：区域民俗音乐文化的机遇与挑战》（《音乐研究》2016 年），王德盛、马恒辉《2015 全国首届丝路高校音乐舞蹈学院院长论坛暨学科建设研讨会会议综述》（《人民音乐》2016 年）等。

“一带一路”所涉及的国家主要可划分为两种：一种是以下几条主线，分别是：

（1）北线 A 为北美洲（美国、加拿大）—北太平洋—日本、韩国—日本海—符拉迪沃斯托克（扎鲁比诺港、斯拉夫扬卡等）—珲春—延吉—吉林—长春（即长吉图开发开放先导区）—蒙古国—俄罗斯—欧洲（北欧、中欧、东欧、西欧、南欧）；

（2）北线 B 为北京—俄罗斯—德国—北欧；

（3）中线为北京—郑州—西安—乌鲁木齐—阿富汗—哈萨克斯坦—匈牙利—巴黎；

（4）南线为泉州—福州—广州—海口—北海—河内—吉隆坡—雅加达—科伦坡—加尔各答—内罗毕—雅典—威尼斯；

（5）中心线为连云港—郑州—西安—兰州—新疆—中亚—欧洲。

一带一路沿线国家包括：

（1）东亚的中国、蒙古国和东盟 10 国（新加坡、马来西亚、印度尼西亚、缅甸、泰国、老挝、柬埔寨、越南、文莱和菲律宾），共计 12 国；

（2）西亚 18 国（伊朗、伊拉克、土耳其、叙利亚、约旦、黎巴嫩、以色列、巴勒斯坦、沙特阿拉伯、也门、阿曼、阿联酋、卡塔尔、科威特、巴林、希腊、塞浦路斯和埃及的西奈半岛）；

（3）南亚 8 国（印度、巴基斯坦、孟加拉人民共和国、阿富汗、斯里兰卡、马尔代夫、尼泊尔和不丹）；

（4）中亚 5 国（哈萨克斯坦、乌兹别克斯坦、土库曼斯坦、塔吉克斯坦和吉尔吉斯斯坦）；

（5）独联体 7 国（俄罗斯、乌克兰、白俄罗斯、格鲁吉亚、阿塞拜疆、亚美尼亚和摩尔多瓦）；

（6）中东欧 16 国（波兰、立陶宛、爱沙尼亚、拉脱维亚、捷克、斯洛伐克、匈牙利、斯洛文尼亚、克罗地亚、波黑、黑山、塞尔维亚、阿尔巴尼亚、罗马尼亚、保加利亚和马其顿）。

“一带一路”所涉及的国家另一种划分是，从沙漠丝路、草原丝路、海上丝路、茶马古道等几个板块入手，对“一带一路”传统音乐文化进行整理、介绍。可以看出，沙漠丝路主要以簧片类乐器的使用、音乐的程式化特征鲜明。草原丝路主要是弦乐器的使用。茶马古道主要是簧片、琉特类乐器的使用，歌舞乐一体。

本文重点探究海上丝绸之路，从沿线各个国家的律、调、谱、器入手，宏观把握，重点选择从亚洲（东亚、东南亚、南亚作）为切入点，探究“一带一路”沿线国家音乐的审美特点和音乐文化传播途径，做了 13 个国家及地区的个案分析。本研究主要使用的方法是中国历史音乐学纵向的礼乐与俗乐查证；音乐形态学的分析。以及，音乐人类学横向的“跨文化——族群——地域性”的国际视角；由外向内的“他者——自我”并存的双重文化视角；由内向外，凸显“自我——主位”的文化视角。史学角度“逆向”回溯、传统音乐研究之“逆向”证今。

二、东南亚锣群音乐文化

东南亚位于亚洲东南部，包括中南半岛和马来群岛两大部分，共有 11 个国家：越南、老挝、柬埔寨、泰国、缅甸、马来西亚、新加坡、印度尼西亚、文莱、菲律宾、东帝汶，面积约 457 万平方千米。东南亚在构造地形上可分为两大单元，一是比较稳定的印度 - 马来地块，二是地壳变动比较活跃的新褶皱山地，具有赤道多雨气候和热带季风气候两种类型。中南半岛因在中国以南而得名，北部同中国山水相连，地势北高南低，河流高山大河自北向南延伸，形成山河相间、纵列分布的地表形态。河流大多发源于中国西南地区，蕴藏着丰富的水力资源；下游河道变宽，形成广阔的冲积平原和三角洲。平原和三角洲地区人口稠密，开发历史悠久，是东南亚的重要农业区，是蜀身毒道与海上丝绸之路的重要商道。马来群岛地形崎岖，地势高峻，沿海有狭窄平原；位于亚欧板块与印度洋板块交界处，地壳活动不稳定，火山地震活动非常强烈；印度尼西亚是世界上火山最多的国家；爪哇岛上多火山灰，土壤肥沃，促使了当地铸铜业的发展。

由于蜀身毒道、海上丝绸之路的开辟，再加上地域临近、战争以及各国的友好往来，各国的文化也得到了交流传播与发展。

东南亚各国的音乐都以击打乐为主，在东南亚的音乐演奏中，广泛使用着各种名称不同的旋律打击乐器，而在旋律打击乐器中占到大半比例的是各种形制不同的锣。因此，东南亚音乐文化圈也被称为锣群音乐文化圈。

印度尼西亚是世界上火山最多的国家，多火山活动使东南亚一带有着丰富的火山灰土，促进了当地铸铜业及农业的发展。在当时，大部分的锣是铜制成的，因此，锣群文化圈也称铜锣文化圈。由此可见，锣群文化与东南亚人民的生活有着密切的联系，无论是乐舞戏剧、节庆典仪，还是宗教祭祀、婚娶丧葬，锣均扮演着一个不可或缺的重要位置①。

（一）锣群文化溯源

我们现在所见的锣乐器基本上是圆形的，大小、薄厚、平凸不一，但是锣乐器的形状具体是在何时定型、定性，却并无确切证据进行考证。但是，作为打击合奏乐的形式，可以确定是在青铜文化时期形成的。（青铜时代，也被称作是青铜器时代或者青铜文明，在考古学上是以使用青铜器为主要标志的人类文化发展的一个阶段。在青铜文化时期，“青铜鼓”的制作尤为著名，虽说称之为“铜鼓”（见图1），但当时所谓的“鼓”，并不是现在蒙皮的那种，而是从里到外全部用青铜制作冶炼而成的，除形制外，材质与铜锣无异。在青铜时代，“铜鼓”并不是作为乐器所存在的，而是以农耕礼仪中的相关“法器”的身份出现，也就是作为宗教上的道具被使用的。我们从图2中可以看出铜鼓的鼓面中心是一个太阳的标识，当时的劳动人民文化水平较低，在进行劳作过程中对于阴晴雨雪的变化并不知其所以然，但深知其种种变化都与太阳有关，于是把太阳奉为“万物有灵”，所以为了能够风调雨顺，来年丰收，通常会在铜鼓这件“法器”上刻太阳或者太阳纹，以表对太阳的崇敬之情。）②

公元前300年左右，从中亚传入青铜铸造技术，以爪哇为中心形成了高度发达的青铜与铁的铸造技术，使大小不一的各种青铜乐器的制造成为可能③。

之所以会在锣群文化中提到“铜鼓”，是因为在东南亚的巴厘岛，有一架被巴厘岛人称之为“裴香之月”的铜鼓，而这架铜鼓恰恰被巴厘岛人誉为是佳美

---

① 霍天琦. 东南亚锣群音乐文化研究［D］. 长春：东北师范大学，2015：6.

② 霍天琦. 东南亚锣群音乐文化研究［D］. 长春：东北师范大学，2015：5.

③ 李芸编. 浅谈印度尼西亚佳美兰音乐地方样式的形成与发展［J］. 音乐天地，2011（11）：63.

兰（在印度尼西亚锣乐器的合奏形式）的祖先①。

图1 铜鼓一

图2 铜鼓二

（二）有关锣群文化发祥地的考察

在东南亚一带，人们的生活与锣乐器息息相关，在稻谷丰收、迎宾送客、房屋建成、婚娶丧葬、节庆祭祀、歌舞戏剧等重要场合，锣乐器都发挥着重要作用，并且在村庄之间思想交流、传递信息的工具也是锣乐器。可见，锣乐器在东南亚人民心目中占有着重要地位，因此，它被东南亚人民称为“会说话的锣”。

由于海上丝绸之路的开辟，各国之间进行着商业贸易的友好往来，因此，中国以及东南亚之间的文化也会随之传播。中国对于锣乐器最早的记载见于唐朝杜佑《通典》的卷一四二：“自宣武以后，始爱胡声，洎于迁都。屈茨琵琶、五弦、荃摸、胡警、胡鼓、铜钱、打沙罗……”② 由此可见，在公元499年锣乐器就已经在中原出现，首创属于柬埔寨人。

但是，在对锣乐器的历史考察中，国内学者秦序认为：“早在战国至汉时代即已在我国西南广大少数民族地区广泛使用的、与铜鼓有着极为密切关系的锣这一乐器，应该是产生于最先制作及使用铜鼓的一些古代西南民族之中。”③ 在此次对云南晋宁石寨山的古墓考察中，最为重要的是从云南挖掘的铜锣与柬埔寨浮雕上的锣一样都有乳突，并且现在东南亚各国使用的锣与我国西南少数民族使用的锣，最大的共同点就是锣面的中心都有乳突。由于云南与东南亚各国陆路相连，因此，在经济文化等各方面会有着密切往来，在古代，西南民族向南迁徙的同时，也会带去青铜文化，因此，东南亚的发祥地很有可能是中国西

① 霍天琦．东南亚锣群音乐文化研究［D］．长春：东北师范大学，2015：6.

② 海滨．唐诗琵琶文化景观形成的源流考述［J］．昌吉学院学报，2011（3）：16.

③ 秦序．锣类乐器及其历史［J］．音乐艺术，1982（2）.

南滇池地区。

（三）东南亚锣乐器的音乐形态和表现形式

东南亚的锣乐器极富有民族特色，雕刻精细、华丽无比，其框架上的雕饰和绚丽的色彩是东南亚锣乐器的特色之一。锣乐器是金属旋律性击奏乐器并且拥有固定音高，但它不具备独奏的要求，因此，在东南亚的锣乐器大都是以合奏的形式出现，因此，锣乐器的音乐形态和表现形式也要从东南亚的锣群乐队中提炼。

1. 作为主奏乐队形式进行演奏

锣群乐队在爪哇的佳美兰通常以独奏的形式出现，因此以佳美兰为例，每一只佳美兰至少有一具、通常由两具低音吊锣，年代久远的佳美兰甚至拥有三具以上。低音吊锣也为铜铸，在佳美兰中是最为神圣的乐器，吊锣被赋予特定的名字，某些特别尊贵的佳美兰还要赋予“凯仪”（Kayai）与“康坚”（kangjeng）的尊称。无论是从精神上还是物质上，锣都是佳美兰所有乐器中重中之重的主体乐器。所以，锣乐器的形制也是佳美兰乐器中最为多样和多元化的①。爪哇人在演奏前，为了对乐器中的神灵以示尊重，会焚香供奉这些佳美兰大锣。

2. 作为伴奏乐队进行表演

锣群乐队的伴奏形式大多数以舞蹈为主，也有为各种比赛呐喊助威的。例如图3。

图3 锣群乐队的伴奏

转载自【美】苏玛莎姆《加美兰的历史与理论》。

---

① 霍天琦. 东南亚锣群音乐文化研究［D］. 长春：东北师范大学，2015：10.

在中国，云锣形质上类似东南亚吊锣，也是吊在框上用琴槌进行敲击演奏，起到了点缀作用，从图片中可以看出，云锣共5行，每一行的云锣大小大致相同，小锣的数量有9面，民间称为“九音锣”。

3. 锣群乐器的名称

东南亚国家中有关锣群乐器的音乐作品中，锣乐器的音乐功能通常用来标记段落结构，起到了句读作用。

锣乐器按照音高区分：低音吊锣、中音吊锣、高音吊锣、高音罐锣，通常在宏声乐队和柔声乐队中均采用。表1是对这些高低音锣在数量、音色、音高等方面的概述。

表1　高低音锣概述

乐器名称与形制	调式音阶与音高
小钹 kecer	无明确音高
木鱼 kemanak	无明确音高
苏灵笛 suling	佩罗格：斯连德若
木琴 gambang	佩罗格：斯连德若
高音西特尔琴 siter panerus	佩罗格：斯连德若
西特尔琴 siter	佩罗格：斯连德若
切莲蓬筝 celempung	佩罗格：斯连德若
高音罐锣 kempyang	6　1
低音罐锣 kethuk	6　2
吊锣 Gong：低音吊锣 Gong Ageng/Gong Gede 中音吊锣 Gong Suwukan/Siyem 高音吊锣	5　6 1　2 5　6
编吊锣 kempul	3561235612
高音大罐锣 kenong	3561235612
单八度高音铜排琴 saron panerus	佩罗格：斯连德若
单八度中音铜排琴 saron barung	佩罗格：斯连德若
单八度低音铜排琴 saron demung	佩罗格：斯连德若
单八度低音共鸣管铜排琴 slenthen	佩罗格：斯连德若
高音编罐锣 bonang pannerus	佩罗格：斯连德若
中音编罐锣 Bonang baarung	佩罗格：斯连德若

霍天琦．东南亚锣群音乐文化研究［D］．长春：东北师范大学，2015．

（四）锣群乐器的音乐特征

锣群乐队音乐往往在各类乐器一起演奏时音响效果层叠交错，是多声部、多层次的音乐。从总体方面来看的话通常包括四个不同层次：首先是让人印象深刻的核心旋律层；其次是装饰变化旋律层；第三是对比旋律层，使音乐不枯燥，更加有趣味性；第四是节奏层，从功能角度而言，则包括线的乐器群、点的乐器群以及中介乐器群①。其中，线的乐器群包括竖笛、木琴、排琴、列巴普、切连朋和歌声等，主要表现旋律的横向连贯及其装饰；点的乐器群中包括的锣群乐器的吊锣、釜锣等，主要强调旋律的骨干音，而中介乐器群是掌握节奏和速度的双面鼓。这些乐器的组合构成复音层叠的乐音组织。总的说来，其音响效果体现了沉着稳健与丰富多彩相结合的特点②。

（五）锣群乐器的音乐体系

锣群乐器以印度尼西亚的佳美兰发展最为成熟，因此下面所列举的音乐体系也都是以佳美兰为例进行阐述的。

佳美兰音乐使用的音阶形式有两种，分别是“斯连德若”和“佩罗格”。在爪哇人的眼中音阶是具有性别之分的，“斯连德若”为男性象征，代表着庄严高贵，富有喜庆色彩；“佩罗格”为女性象征，代表着温婉优雅。音乐学者们发现，不同的佳美兰甚至是同一支佳美兰乐器中，即使音名和音位相同，在音高上也会有某种程度的差异。在“斯连德若”和“佩罗格”中，有一个可以连接两种音阶形式的枢纽，我们称它为共同音。共同音的定位，决定着佳美兰乐队的听觉合奏效果。在调音过程中，调音师不会使用任何调音器，唯一的标准就是那个政府电台规定的音高的共同音。

美国民族音乐学家罗杰有一段阐述是极其深刻的：“佳美兰调律，尤其是当一位有造诣的乐师来从事这项工作时，指导他的是丰富的乐感加实践经验，理解这样一个过程，不能仅从对佳美兰测音所得数据来推论。我们要寻求一种对爪哇音律的理解，我想最终我们不得不对调律者的行为加以研究和探讨，而不仅仅限于音律本身。我们也许要接受这样一个事实，即爪哇人对斯连德若和佩罗格的音律概念，不仅仅是音分数值。我们要努力去减少爪哇音律对数值的表述，以及受西方逻辑形态分析的影响，运用富有成效的调查手段来增进和弥补我们对爪哇音律、

① 王耀华. 世界民族音乐的文化区划（续一）[J]. 中国音乐教育，2001（3）：27.

② 王耀华. 世界民族音乐的文化区划（续一）[J]. 中国音乐教育，2001（3）：27.

文化意义多重因素上的理解。”① 图4是美国民族音乐家M. 胡德测算的以坐标的方式呈现的音分值，从中可以更清晰地看出它与十二平均律的区别。

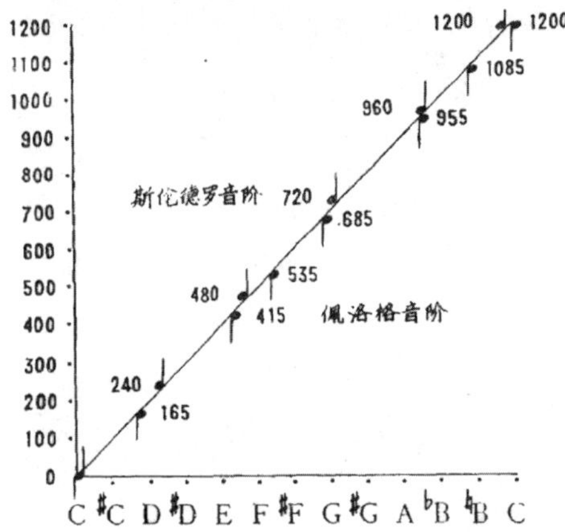

图4　M·胡德测算的以坐标方式呈现的音分值

霍天琦. 东南亚锣群音乐文化研究［D］. 长春：东北师范大学，2015：18.

从音组织方面看，斯连德罗音阶包括三种帕台特（patet），分别称为涅姆（nem）、桑加（sanga）、曼尤拉（manyura），具体音高详见图5，引自王耀华老师的《世界民族音乐概论》②。这种适合于特定音阶体系的相当于广义调式的概念，其组织结构的特殊之处在于，除了规定调式中心音和骨干音之外，还规定了特定的音域、旋律型、终止等。同样，印度音乐的拉格（Rega）也有类似的情况③。

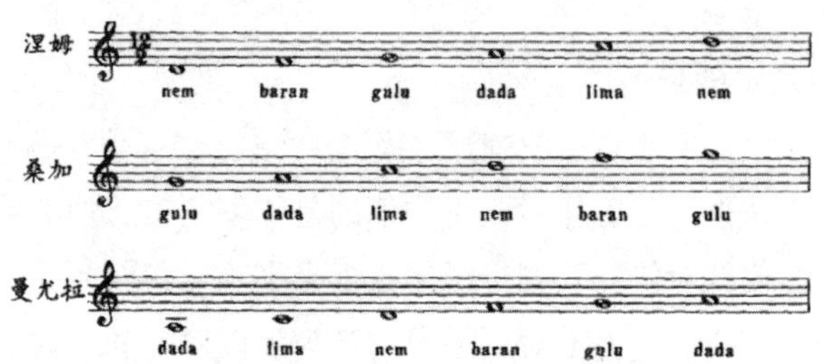

图5　斯连德罗音阶三种帕台特音高

王耀华. 世界民族音乐概论. 131.

---

① VETTER R. A Retrospect on a Century of Gamelan Tone Measurements［J］. Ethnomusicology, 1989（Spring/summer）：217－226.

② 霍天琦. 东南亚锣群音乐文化研究［D］. 长春：东北师范大学，2015：20.

③ 童忠良. 论音体系与各民族的音阶：兼论世界民族音乐在乐理教学中的定位［J］. 武汉音乐学院学报，2007（1）：68.

佩罗格也有三种帕台特，分别是里玛（lima）、涅姆（nem）、巴兰（baran）。

罐锣波昂有两种调音系统的音位排列，爪哇记谱法是用数字表示音高，拼音字母是音名缩写。非平均五声斯连德若音位排列：音位排列不等于基本音阶排列，音阶排列指音阶的起讫音，而音位排列则是从演奏上的便利来考虑的。其中包括有半音和无伴音的五声音阶①。

罐锣的两种音位是以逆向形式排列的，它使用的是两根棒形槌，是宏声风格乐队中的主要乐器。虽然现代佳美兰为双排罐锣，然而在古代佳美兰乐队中却为单排，但在巴厘岛仍使用单排罐锣②。

三、闽南戏曲音乐种类

（一）高甲戏

高甲戏，又名戈甲戏，以演武戏为主，它以精彩微妙的武功，闽南人熟悉的流畅唱腔和紧锣密鼓，于清末在闽南地区迅速崛起，戏曲声腔、剧目、表演等日趋完善，是闽南地区民众喜闻乐见的戏曲剧种。1840 年以后，高甲戏班频繁走出国门，足迹遍及东南亚诸国，表 2 列出了福建高甲戏出国演出的主要情况。

表 2　福建高甲戏出国演出的主要情况

年代	班社名称	演出地	演员	剧目
1840—1843	三合兴班	新加坡、马来西亚、缅甸	《三气周瑜》等	
1834—1844	福金兴班	泰国、安南（越南）、新加坡、印度尼西亚、马来西亚	洪猪仔赞（戏师）、姚大标（大花）、洪莱盆（老旦、武旦）、芋头笋（武生）、洪仔埔（武旦）、洪朝允（丑）等	《困河东》《斩黄袍》《龙虎斗》《过五关》《黄盖献苦肉计》《取宛城》《斩慕阳》《鸿门宴》等
1902—1916 ? 1921	福兴荣班	马业西亚、新加坡、印度尼西亚	郑文语（丑）、洪臭泰（旦）、董义芳（老生）、洪玉仁（小生）等	
1909—1914	福和兴班（后田班）	菲律宾、新加坡、马来西亚、印度尼西亚	陈坪（丑）、洪三天（鼓师）、李双声（花旦）等	《白蛇传》《水漫金山》等

① 霍天琦. 东南亚锣群音乐文化研究［D］. 长春：东北师范大学，2015：20.

② 饶文心. 爪哇甘美兰乐器惯用分类的功能阐释［J］. 民族音乐学，1999（4）.

续表

年代	班社名称	演出地	演员	剧目
1912—1942	金和兴班	马来西亚、新加坡、印度尼西亚	董义芳、郑文语、胡玉兰、郑允朝、陈清河、林大串等	《筏子都》《失高宠》《孟姜女》《杀郑恩》《小商河》等
1915—1918	福美兴班	菲律宾、新加坡、马来西亚、印度尼西亚	李清土、陈清河、洪廷根、洪道成等	《两国王》《失高宠》《孟姜女送寒衣》《孔明献西城》等
1915—1921 ？1920	福庆兴班	马来西亚、新加坡、印度尼西亚	董义芳、林大钦、洪加走、洪阿喜、林言等	《罗增征》《凤仪亭》《司马师迫害》《玉骨鸳鸯宝扇》等
1921—1922	吕宋班（一）	菲律宾	黄琵琶、李清土、董义芳、陈清河等	《白蛇传》《孟丽君脱靴》《狄青》等
1923—1924	吕宋班（一）	菲律宾	董义芳、洪大钦、洪加走、宝兰芳、许百晓等	《孟丽君》等100多出
1921—1923	吕宋班（二）	菲律宾	李水阁、洪金乞、洪万泳、李金古、洪玻璃等	《三气周瑜》　《取长沙》《华容道》《困河东》《白蛇传》《金顶山》等
1923—1924	吕宋班（三）	菲律宾	张德吹、吴银	《金钗缘》《玉镜记》《陈三五娘》《鸾英比武》等
1922—1942	金和兴班	马来西亚、新加坡、泰国、印度尼西亚	董义芳、郑文语、胡玉兰、洪朝允、陈清河、林大串等	《凤仪亭》　《黄盖献苦肉计》《三气周瑜》《过五关》《华容道》等
1924—1926	福庆成	菲律宾	柯贤溪、吴远宋、洪加走、黄仔卓、施仔俊等	《斩关恩》《收水母》《两国王》《取金刀》《大金桥》《纸马记》《老军点将》《赵美容充军》等
1924—1927	大福兴班	新加坡、马亚西亚、印度尼西亚	洪火木、陈天德、陈子龙、陈子章、陈天厚、伍昭、何连、洪印培等	《龙潭寺》《刘月河》《田螺记》《玉泉山》《困土山》《收卢俊义》《八蜡庙》《水淹七军》《请东南风》《薛仁贵征东》《李世民落海滩》　《段红玉招亲》等

续表

年代	班社名称	演出地	演员	剧目
1925—1928	建成兴班	新加坡、马来西亚、印度尼西亚	洪道成、洪永缅、洪银对、洪银浮、洪林立、洪丙丁等	《乾隆游山东》《李江报》《两国王》《龙虎斗》《黄鹤楼》《赵子龙救主》《麒麟山》《哪吒闹海》《大闹天宫》《白骨精》《上海案》等
1925—1930	金福兴班	新加坡、马来西亚、印度尼西亚	许福地、许天赐、吴小梅、张金象、洪床容、王朝等	《赵匡胤南唐》《辕门斩子》《孔明借箭》《王佐断臂》《双报仇》乾隆游石莲寺》《采花峰》《药茶记》《四美救夫》《杀子报》《选宫女》《刘哲宗复国》《龙飞人宋》《白去楼》《大伞关》《胡奎卖人头》 《李荣春大闹花府》等
1930—1935	新福顺	印度尼西亚、马来西亚、新加坡	林坚心、林水昆、林良眼、吴文石、陈今古、许北两、任班主、卓天看等	《铁公鸡》《收水母》《攀江关》《陈庆镛过大金桥》《绞宠妃》《裁衣》《破洪州》《升迟县》《落马湖》等
1935—1937	福庆成	菲律宾	杨贤溪、洪金乞、吴远宋等	《番婆弄》《青梅害虎兄》《铁开花》《管甫送》《唐二别妻》《桃花搭渡》《疯僧骂秦》《妗婆打》《士久弄》等
1936—1937	旧大福	菲律宾	许仰川、洪定、洪延根等	《关羽之死》《雪梅教子》番婆弄》《探窑》等

转自：1.《中国戏曲志·福建卷》1993年12月第1版。

2.《福建地方戏剧》1997年7月第1版。

（二）芗剧（歌仔戏）

这是20世纪20至30年代在台湾和福建闽南地区新兴的地方剧种。此剧种在台湾地区、福建和东南亚地区叫法各不相同。歌仔戏是台湾地区方面的叫法，福建省称之为“芗剧”，由于其语言曲调富于地方特色，通俗易懂，深受华侨的欢迎，30 年代曾一度轰动新马闽南侨界，给东南亚高甲戏班带来巨大的冲击。

根据福建方面的历史资料，最早到东南亚一带演出的歌仔戏班是厦门的“双珠凤”班，其前身是小梨园班，曾多次出国演出。“双珠凤”班改唱歌仔戏后秉承传统，到东南亚演歌仔戏，开福建歌仔戏班出国的先河。随着歌仔戏在新马的风靡，东南亚的当地人也建起了自己的歌仔戏班。第一个成立的歌仔戏班是新加坡人林金美出资组建的“玉麒麟闽剧团”，该班建立于 1937 年，1949 年易名为“艺声”，是后来享誉东南亚的“新麒麟闽剧团”的前身，该班由陈锦英任团长。陈锦英，艺名“锦上花”，厦门鼓浪屿人，1937 年首次到新加坡献艺，1947 年后一直在该闽剧团任团长兼导演。第一个将高甲戏班改为歌仔戏班的是“新赛风闽剧团”，班主是魏亚永，后传子魏木发、魏春贵兄弟，该团多为魏家子弟。

这里特别要提到一个芗剧团——“都马抗建剧团”。此芗剧团曾出国到菲律宾表演过正宗闽南歌仔腔，这一事实也鲜为人知。抗战以来，由于救亡宣传的急切需要，福建漳州地区由漳州社会服务处负责训练全县所有的歌仔戏班，他们从形式、内容、剧本和唱词等方面革新了原来以台湾调歌唱为主的歌仔戏，遂形成今日完善的“芗剧”。改良后的“芗剧”，所采用的剧本以京剧为蓝本，唯唱词仍以闽南方言唱出，同时对演剧人员的一些表演动作也予以改变。南靖县都马抗建剧团就在这一时期成立。1946 年冬，都马抗建剧团全团 47 人，受邀到台湾表演。经该团改良的“卒什”锦歌，迅速在台湾地区流传起来，其最脍炙人口的正宗芗剧剧目是《四才子》《西厢记》《八才子》《孟丽君》等。他们在台湾地区表演结束后，又复出到菲律宾各地表演半年，风靡全菲华人社会，他们带去的正宗闽南歌腔，大受旅菲闽侨的喝彩。

（三）南曲社团

南曲又称南音、南乐、南管、弦管，由于曲词幽雅，演唱系闽南方言，极富有闽南乡土气息。南曲广泛流行于闽南地区和台湾以及南洋群岛（新、马、菲、泰、印尼）等闽南籍的侨胞、华人聚居之地。南曲历史悠久，可以说是中国也是世界上保持最完整的古老音乐体系之一。“南曲”什么时候流传到东南亚，已无法稽查，但由华侨先辈从闽南带去的，却是事实。南曲具有强大的生命力，闽南地方戏曲梨园戏、高甲戏、傀儡戏、布袋戏等都以南曲为基调，南曲从而成为闽南家喻户晓的民间曲调。近代闽南人大规模移居南洋，进一步促进了南曲艺术在东南亚的传播与发展。当时南洋闽南劳工在闲暇时常常吟唱南曲，由于对南曲有着共同的爱好，故而南曲好友、工余弦友聚在一起，慰藉乡愁。

长期以来，福建的南曲名艺人奔走往返于东南亚各地与家乡之间。有“南音状元”“弦管才子”之誉的泉州人陈武定（1861—1937）曾先后师从丁梦高、柯豹先和朱的伯三位南曲名艺人，其中朱的伯老先生曾在菲律宾任南曲教师数年，在侨胞中享有很高的声誉。1895 年，陈武定应菲律宾华侨之请，前往菲律宾教授南曲。他到菲后，受到旅菲侨胞的热情接待，并设馆传授了许多门徒。在菲期间，他特别注意与侨胞联络感情，每逢家乡民间节日或侨胞社团有喜庆大典，举行南曲演奏时，无不亲往登台献艺。他所传授的学生遍及台湾地区以及菲律宾各地，对南曲在菲律宾的传播和发展，起了很好的作用。还有晋江的高铭网、厦门同安的纪经亩和傅若理等南曲名手都曾先后到南洋等地传播南曲的技艺。除此之外，有相当多的南曲艺人长期留居东南亚各国传艺，以唱南曲为职业的歌女就是其中相当特殊的群体。这些职业歌女在新加坡被称为“歌旦”，据新加坡人李金泉先生回忆，她们晚上在娱乐场所演唱南曲，白天在家里练琴、操琴（专指琵琶）。这些歌旦大多来自厦门，多数有同乡或亲戚在南洋，由于她们在厦门曾正式学过南曲，因此有较高的表演水准①。这些漂洋过海献艺的歌旦，尽管地位低微，但却是南曲专职的演员，而且常年在华人社会中演出，应该说她们也曾为南曲在东南亚的生存和发展起到一定的促进作用。

（四）布袋戏

布袋戏是中国福建木偶剧种之一，亦称“掌中班”，流行于闽南地区和台湾地区一带。说唱用闽南话。木偶形象用手掌和指头穿入操纵，配合舞台小道具，演出历史演义或民间说部。音乐曲调，泉州地区的用南乐（南曲、南音），漳州地区的旧用京调，现用芗剧曲调。布袋戏是移民从福建引进印度尼西亚的。印度尼西亚的布袋戏一般都是用马来（印度尼西亚）语或爪哇语等方言说唱的，当地人都听得懂。剧目虽然多取材于中国历史演义或爱情故事，但情节生动，自然能吸引各族观众。印度尼西亚老百姓比较开朗豁达，他们不在乎剧目的背景是外国的还是当地的，只要能娱乐消遣就行②。下面是 John B. Kwee 在 *A Study of Potehi ，the Chinese Puppet Theatre in Indonesia* 中描写印尼布袋戏的一段

① 黎温慧. 新加坡的福建南音［D］. 新加坡：国立大学，1992.

② 周一良. 中外文化交流史［M］. 郑州：河南人民出版社，1987：216.

话：The performances at times go on even without an audience，the key purpose after all is the amusement of the deities. Whether there are onlookers is not a matter of serious concern for the puppeteer，his as istant，and the musicians.（就算没有一个观众演出也会持续不断地一直演下去。对于演职员来说，有没有观众并没有什么关系，演戏的目的是为了娱乐神明）。

在东南亚一带的宗教祭祀活动中，这些布袋戏班活跃在城乡庙宇的戏台上，演戏酬神。

（五）木偶戏

福建素来就有“木偶之乡”的美誉。随着闽南人移居南洋人数日益增多，福建木偶以其独特的表演艺术驰名海外，深受南洋各国福建侨胞的喜爱。从福建省木偶戏的历史来看，早在明代时木偶戏就有可能远渡重洋，到友好邻邦演出。1840年后，闽南木偶戏班更是常被侨胞邀请到南洋诸岛演出。

泉州提线木偶戏流行于福建东南沿海的闽南话地区和台湾、香港等地，也为菲律宾、新加坡和马来延聘了当时的名艺人何经锭、赖海、连焕彩等，先后两次带木偶戏班到新加坡、槟榔屿、菲律宾等地巡回演出，单在菲律宾演出就达四个月，开了中国提线木偶戏出访友好邻邦的先河。演员以优美的唱腔、动听的音乐伴奏、细腻的科步动作以及演员认真严肃的台风，受到了当地华侨和人民的热烈欢迎，给海外观众留下了深刻的印象。当年华侨特地写了一副对联——“实叻（新加坡）槟屿（槟榔屿）都演过，大小吕宋褒奖来”，赠给蔡庆元的木偶戏班，表达了海外赤子对家乡戏剧艺术的赞赏①。

四、中缅传统音乐的比较

缅甸，在中国史书中，汉称“掸国”，唐称“骠国”，宋称“蒲甘”，元称“缅国”，自明代起始称“缅甸”。缅甸是一个有着悠久历史的文明古国，早在两千多年前，著名的南方丝绸之路——“蜀身毒道”就已开通。关于“中—缅—印”这条交通要道，最早的文字记载见于司马迁《史记——西南夷列传》，文中记述了公元前122年张骞在印度见到蜀布和邛竹杖的情景。它是连接中国西南部与印度缅甸交往的纽带，不仅有助于中印文化交流，还促进了当时缅甸

① 林金枝. 福建戏在东南亚拾零［J］. 福建戏剧，1986（3）.

此文为北京师范大学宣传思想专项课题“一带一路”的传统音乐文化传播研究的阶段性成果。项目编号：311403101

各方面的发展。

从民族史的角度看，缅甸大多数民族与中国各民族有着亲密的渊源关系。大多数学者根据各方面的史料证实，缅族的祖先原为居住在中国西北一带的氐羌族群，大约在公元前 50 年，一些氐羌族系的藏缅人部落顺澜沧江和怒江南下，从北部进入缅甸，约于公元2—7 世纪又逐渐南迁至缅甸中部。缅族就是氐羌与当地土著民族融合而形成的①。在近现代，有许多华人移居缅甸，由于人口迁徙而使两国音乐进一步交流。

（一）佛教对中缅戏曲音乐的影响

中缅两国都有高度发展的戏曲音乐，并且有许多共同之处，其主要特点是它们的音乐由一些音乐形态相当固定的唱腔和曲牌群体构成。在中国，虽然许多剧种已经形成不同的唱腔流派，旋律风格有明显的区别，但是，音乐结构的基本模式变化不大。缅甸戏曲音乐的旋律也是相当固定的，许多曲目都是专曲专用，如大臣、仙人、魔鬼等出场都有专门的曲调，唱腔也基本上是程式化的。缅甸古典戏剧从其形成到发展都受到中国戏剧较大的影响。

缅甸戏剧起源于古代拜神敬佛的活动。它的雏形形成于 15 世纪阿瓦王朝年间，分阿迎、木偶戏和缅甸剧三种。其中，与中国戏曲音乐最为相似的是木偶戏。

中国木偶戏是用木偶来表演故事的戏剧，是中国传统艺术之一，在中国古代又称傀儡戏。中国木偶戏历史悠久，普遍观点是：“源于汉，兴于唐。”据《后汉书·五行志》记载，汉代（公元前 206—220 年）已有“作傀儡”，三国（公元 220—265 年）时马钧的“水转百戏”显然是对汉代人戏的模仿；北齐（公元 550—577 年）时水动的“机关木人”制作，技艺高超，尤其出现了“傀儡子”演“郭秃”故事的木偶艺术，暗示了中国木偶戏的形成年代。演员在幕后一边操纵木偶，一边演唱，并配以音乐。木偶戏的戏剧特征是“以歌舞演故事”。

有学者认为缅甸木偶戏是从中国南部传入，在 15 世纪已经出现，缅甸木偶戏因缅甸古时木偶戏可搭高台演出，故又名“高台戏”。木偶高约 2 英尺，牵线最多的有 60 根。传统有 28 偶像，有动物、神仙及帝王将相等人物。初期仅有一白幕无道具。操纵木偶者和演唱者由 2 人分担。演出分 3 部分，首先表演开

① 李汉杰. 中缅传统音乐之比较研究［J］. 民族艺术研究，1992（2）：24－40.

天辟地和动物舞蹈。其次表演宫中活动、王子公主相爱等。最后演佛本生故事或自编剧目。第二次世界大战爆发前，木偶舞台出现女演员，偶像增多，目前木偶剧日趋衰落。

有学者的研究成果认为，缅甸戏曲音乐起源于佛教，缅甸传统音乐有一部分是受到了佛教的影响。佛教是缅甸人民最主要的宗教信仰，因此缅甸传统音乐的节奏、节拍、调式调性等受佛教文化的影响比较大。

据《史记·大宛传》和《史记·西南夷传》记载：秦汉时，已有中国四川的民间商人到中缅边境的乘象国经商，而且还从这里途径缅甸到印度做买卖①。由此可见，在秦汉时期中缅已经有了商业往来，但也仅限于此，并没有涉及政治、文化、宗教等方面。佛教在中缅两国全面发展的鼎盛时期是在魏晋南北朝时期，在公元前1世纪左右，印度高僧迦叶摩腾和竺法兰两人就途经缅甸来到中国传播佛教文化，这就说明了在这一时期，中缅的佛教文化有可能都是受益于印度的高僧们。因此，中缅音乐文化的相似之处有可能是从魏晋南北朝时期就建立了基础，而佛教文化的时间之久远使得缅甸传统音乐与佛教文化有着密不可分的联系，缅甸佛教音乐节奏比较固定，并且宗教活动有些与歌舞有关，这些都对缅甸传统音乐有着较大的影响。

（二）中缅传统音乐的比较

1. 节奏

缅甸音乐家认为缅甸传统音乐的节奏是受到了佛寺中念经时平稳、有规律的韵律的影响。缅甸传统音乐在起初并没有固定的乐谱，唱奏时对歌词以及音阶高低可以根据个人想要表达的情感进行比较自由的发挥，但对节奏拍子的要求却非常严格，常用二拍子和四拍子，这也与中国传统音乐相似，节奏规整，其中旋律型节奏居多。即使节奏型与中国及西方音乐相近，但是强拍和弱拍的位置却相反，缅甸传统音乐中的偶数拍是强拍，奇数拍是弱拍。缅甸音乐由于节奏型较为固定，在演奏或演唱中要求的节奏较为严谨。

中国戏曲音乐的节奏、节拍在板腔体和曲牌体音乐中也会有较大的不同，以“一板三眼”的慢板的节奏节拍居多，兼有一板一眼的中板等节奏类型。

2. 音阶与音律

缅甸音乐文化与中国、印度等国家的音乐有着许多共通之处。中国传统五

① 何芳川. 中外文化交流史［M］. 北京：国际文化出版公司，2008：5.

声音阶“宫、商、角、徵、羽”起源于春秋时期，距今已有2600多年，正是因为丝绸之路的开辟，缅甸音乐受到了中国传统五声音阶的影响。最早的缅甸传统音乐是以五声音阶为基础的，后来随着社会发展以及世界各国之间的来往日益密切，缅甸音乐又受到西方音乐的影响，逐渐发展成了七声音阶。缅甸的七声音阶与西方的七声管阶并不是完全一样的。与西方七声自然音阶相比较，缅甸七声音阶的“mi”和“si”要比钢琴的固定音低，而“fa”要稍微高一点，这也是缅甸传统音乐比较独特的地方。

3. 调式与调性

以缅甸传统音乐中的古曲为例，缅甸著名音乐家吴秉邱在他编著的《马哈基大》序中谈及古曲调式的有关理论：“这些歌曲，用弯琴、笛子等乐器伴奏时，有规定唱什么歌，用什么调，如弦曲、布艾曲就用的弯琴七声，用‘尼因龙’（C为主音）演奏、演唱：巴骠曲、神曲、三十七神曲……”由此可见，缅甸古曲调式有可能是根据他们常用的乐器例如弯琴来定调式的，并且会根据不同场合来选择相应调式①。此外，在调式的运用方面还规定在国王出场、迎宾、祈祷、哀悼等不同场合要使用不同的调。例如，“尼因龙”要用在宫廷音乐及戏剧中表现国王出场的场面（见表3）。

表3　以弯琴命名的七种调式

中文	尼因龙	乔兑嫩	敏赛	欧扁	比都边	都勒加	帕雷
缅文	[illegible]	[illegible]	[illegible]	[illegible]	[illegible]	[illegible]	[illegible]
国际音标	hnyin-lòn	chauk-thwe-nyun	myin-zaing	auk-byan	pyi-baw-byan	du-rakò	palè
简谱	1	2	3	4	5	6	7
调名	C	D	E	F	G	A	B
仿动物叫声	象	马	山羊	杜鹃	公牛	孔雀	鹤

（朱海鹰《试论缅甸音乐的结构》）

（三）中缅传统乐器

唐代时期，缅甸被称为骠国，曾组乐团来长安献骠国之乐，诗人白居易曾赋诗《骠国乐》，生动形象地描绘了骠国乐人演出时的情景：玉螺一吹椎髻耸，铜鼓一击文身踊；珠缨炫转星宿摇，花鬘抖擞龙蛇动。据《新唐书·骠国传》中对骠国乐器和乐曲的记载，从中国传入的乐器除了打击乐，还有许多弹奏类弦乐器和吹奏乐器，传入中国的乐曲有《佛印》《赞娑罗花》《白鸽》等12首。

① 朱海鹰．试论缅甸音乐的结构［J］．民族艺术研究，2004（4）：47－56.

由此可见，在当时缅甸已经有了不同种类的乐器，丝绸之路促进了中缅两国的音乐文化发展，不仅缅甸音乐文化的发展受到了中国的影响，中国音乐也同样受到缅甸音乐的影响，如此往来丰富了两国的音乐文化。

1. 缅甸弯琴与中国箜篌

缅甸的常用的弹奏乐器是弯琴，也就是缅甸箜篌，这是项有绦轸的一种凤首箜篌，至今还在缅甸流传，又称“桑柯”，也叫作“缅甸竖琴”。而在国内，凤首箜篌在明代后失传。弯琴是缅甸最古老的传统民族乐器，也是最具代表性的弦乐器，被誉为“缅甸乐器之王”。在唐贞元十七年骠国率领乐团来献骠国之乐时，使用的弦乐器中包括了7种弯琴。在《新唐书·骠国传》中称之为“凤首箜篌”。缅甸人民极其尊敬弯琴及弯琴的演奏者，从缅甸作曲家在古曲调式的选用中常用弯琴来定调名就可以看出。

中国箜篌在古代有卧箜篌、竖箜篌、凤首箜篌三种形制。《史记·封禅书》：“于是塞南越，祷祠太一，后土，始用乐舞，益召歌儿，作二十五弦及空侯琴瑟自此起。”《史记·孝武本纪》：“于是塞南越，祷祠泰一，后土，始用乐舞，益召歌儿，作二十五弦及箜篌瑟自此起。”唐代杜佑《通典》：“汉武帝使乐人侯调所作……今按其形，似瑟而小，七弦，用拨弹之如琵琶也。”此属琴瑟类的卧箜篌。从甘肃省嘉峪关魏晋墓砖书看，其面板上没有品柱。竖箜篌，汉代自波斯传入，后被称为“胡箜篌”。《隋书音乐志》记载：“今曲项琵琶、竖头箜篌之徒，并出自西域，非华夏之乐器。”据考证，箜篌流传至今已有两千多年的历史了。

中国箜篌与缅甸弯琴在音色上也是有一定差别的，中国箜篌的音色较为明亮，柔美清澈，缅甸弯琴的音色相对于低沉，声音更厚一些。

2. 中缅象脚鼓

缅甸的乐器以鼓类为主，有围鼓、铜鼓、象脚鼓和双面鼓等，围鼓是缅甸最具有特色的乐器，它独特的地方在于是世界上古老乐器中唯一可以演奏出旋律的鼓乐器，制作精美，音色明亮。在这里，笔者主要介绍一下与中国鼓乐器相通的象脚鼓。

在缅甸，最为普遍的鼓乐器是象脚鼓，象脚鼓因其形状似象脚而命名，主要分为两种，一种是长象脚鼓，一种是短象脚鼓。象脚鼓是傣族古老的民族乐器，明朝时期钱古训所写的《百夷传》中写道：傣族“以羊皮为三、五长鼓，以手拍之”。这里所说的“三、五长鼓”就是指的长象脚鼓，由此可见，在明朝甚至更早，傣族就已经出现了象脚鼓。在歌舞表演时，一边跳舞一边击鼓，声音悦耳节奏明快。

象脚鼓是亚洲东南部民族创造的，出现年代应在公元8世纪以前，象脚鼓不是单源而是双源，短脚象脚鼓是由锅演变而成，发源于缅甸中、南部，长脚象脚鼓的发祥地是我国西双版纳和缅甸的掉邦地区。中国傣族与缅甸掸族是两个同源的跨界民族，两个民族都是由汉代百越中的一支滇越为发展源头，并在公元之初或1世纪时，从珠江西迁至中国云南省中部。公元8世纪一部分又逐步迁徙到缅甸地区繁衍生息。作为同源的跨界民族，傣族与掸族在生产、生活、信仰和文化等方面均有着紧密的血缘关系。从生产上看，两者都属于农耕民族，无论从我国傣族居住地，还是在缅甸掸族的居住区，都可以得到众多翔实的田野依据。从生活上看，两者都喜食糯米，女性着窄袖短衣和筒裙，头盘发髻、戴头巾，男性着无领对襟或大襟小袖衫，下穿长管裤，戴头巾；住的都是构造与风格极为相同的竹楼；两个民族都属傣泰语系，使用傣文，讲傣语。从信仰上看，两者都信仰南传上座部佛教，尤其是掸族在缅甸地区的居住地，和尚、佛塔、佛寺遍布整个城市。从音乐上看，“象脚鼓”乐器文化的传播与流布更能体现出这两个跨界民族同根同源、血脉相连的密切关系。中国傣族与缅甸掸族作为同源的跨界民族，具有相同的文化基因，其中，“象脚鼓”乐器文化是最具代表性的文化事项之一。因为，“象脚鼓”是两个民族共有的击奏膜鸣乐器，常被用于民间节日活动和佛教仪式活动当中，并在悠久的发展历程中，深受两个跨界民族的共同喜爱，是两个跨界民族日常生活当中不可或缺的重要文化事项①。

缅甸传统乐器种类多种多样，并在唐朝时期就与中国有着音乐文化的联系，且相互借鉴交流，两国的音乐文化逐渐丰富与发展。

近现代，随着交通越来越便利，越来越多的华人移居缅甸，中国的传统音乐也不断进入缅甸地区，这不仅有利于近现代中缅音乐文化交流，同时也可以发现中缅传统音乐文化的异同之处。上述的缅甸音乐文化特点与中国的联系只是一部分，丝绸之路的开辟使独立的各国逐渐有了更多联系，两千年来都在不断扩大与各国的交流往来。在音阶、调式调性、乐器、演奏技巧等方面，中缅音乐文化既有联系又有各自独特的差异性。

---

① 初步云. 中缅“象脚鼓”乐器文化比较研究［D］. 北京：中国音乐学院，2014.

在本文中，笔者首先以中缅戏曲文化为切入点，比较了中缅两国木偶戏的异同，由于缅甸音乐文化受到佛教影响较大，从而在史学角度了解了宗教在中缅两国的传播，同时又对比了中缅两国在节奏、音阶、音律、调式调性等音乐方面的联系，而后在乐器方面比较了中缅两国在弹拨乐和打击乐方面，各自的异同和传播途径。在音乐文化的传播中，可以看出中缅两国的文化认同感，都能够较好地吸收外来音乐文化。在研究一个国家的音乐文化时，只有与周边的国家比较异同，才能更好地认识这个国家的独特之处与包容程度。

从古丝绸之路到现今的“一带一路”，音乐文化一直是各国之间交往的重要内容之一，同时也是各国经济文化交流的重要纽带，通过乐器、歌舞等在各国之间的交流传播，音乐文化更加多元化，继承发扬传统音乐文化的同时，也顺应了时代发展的潮流。

五、结论

亚洲及周边区域人群在地缘、亲缘、血缘关系稳定情况下，固化下来的音乐文化样态呈扩大化的蔓延趋势。从地缘上看，中国、日本、印度音乐是三个围绕在泰国周围的主要音乐文化，它们呈现出强大的音乐影响力，泰国的音乐家们积极接受这些音乐文化，将其融入自己的系统中。从血缘上看，东南亚地区的华裔把福建南音、歌仔戏等带到东南亚地区。中国福建地区和东南亚、南亚地区的宗教、宗祠观念对于音乐的影响力是很强的。

海上丝绸之路共性审美特征，程式化音乐风格特征表现在音乐的传承与创腔以口传心授的传播方式为主。如南亚印度音乐的“格拉纳”广泛出现在北印度古典音乐界，意为“派别”，也有“风格”的含义。

围绕骨干音的即兴创腔方式表现在中国每一个曲牌都是围绕特定的骨干音形成不同类型的音乐旋律，成为创腔和即兴表演的主要依据。泰国传统器乐合奏中，一般由一至两件乐器演奏音乐主题，其余乐器采用不同的节奏、旋律变化对主题进行各种装饰性的变奏。

整个东亚音乐文化的音乐审美共性特征是综合性、虚拟性、程式性的特征彰显。很多国家有固定的词汇来形容古典音乐的情感和韵味特征。这一范畴与印度美学的“拉斯”（Rasa）、希腊美学中的“气质”（Ethos）和中国美学钟的“神韵”等范畴有着异曲同工之妙。紧密联系、相互依存的乐器集合体，体现出佛教中“和”文化思想，强调不同元素之间的和谐共存、共生关系，追求多元的审美。

参考文献：

［1］李芸．浅谈印度尼西亚佳美兰音乐地方样式的形成与发展［J］．音乐天地，2011（11）：63.

［2］霍天琦．东南亚锣群音乐文化研究［D］．长春：东北师范大学，2015：6.

［3］海滨．唐诗琵琶文化景观形成的源流考述［J］．昌吉学院学报，2011（3）：16.

［4］秦序．锣类乐器及其历史［J］．音乐艺术，1982（2）.

［5］霍天琦．东南亚锣群音乐文化研究［D］．长春：东北师范大学，2015：10.

［6］王耀华．世界民族音乐的文化区划（续一）［J］．中国音乐教育，2001（3）：27.

［7］VETTER R. A Retrospect on a Century of Gamelan Tone Measurements. Ethnomusicology，1989（Spring/summer）：217－226.

［8］霍天琦．东南亚锣群音乐文化研究［D］．长春：东北师范大学，2015：20.

［9］童忠良．论音体系与各民族的音阶：兼论世界民族音乐在乐理教学中的定位［J］．武汉音乐学院学报，2007（1）：68.

［10］王薇薇，王瑞年．东南亚锣群文化之美：2012“世界音乐周”暨中国·印度尼西亚音乐国际研讨会综述［J］．艺闻点击，2012：190－191.

［11］林庆熙，郑清水，刘湘如．福建戏史录［M］．福州：福建人民出版社，1980：50.

［12］王耀华．福建传统音乐［M］．福州：福建人民出版社，2000：68.

［13］吴少静．近代东南亚华人对闽南音乐的继承与传播［J］．泉州师范学院学报（社会科学），2004，22（5）.

［14］霍天琦．东南亚锣群音乐文化研究［D］．长春：东北师范大学：2015：20.

［15］饶文心．爪哇甘美兰乐器惯用分类的功能阐释［J］．民族音乐学，1999（4）.

［16］黎温慧．新加坡的福建南音［D］．新加坡国立大学．

［17］周一良．中外文化交流史［M］．郑州：河南人民出版社，1987：216．

［18］林金枝．福建戏在东南亚拾零［J］．福建戏剧，1986（3）．

［19］杨民康．中西乐器和音乐分类法的多维关系比较研究［J］．黄钟（武汉音乐学院学报），2006（3）：98．

［20］霍天琦．东南亚锣群音乐文化研究［D］．长春：东北师范大学，2015：6．

高校大学生社会主义核心价值观教育的实现路径研究

——以北京师范大学为例*

王秀丽　吕洋

当今时代高校大学生面对的是更为复杂多变的社会环境，为了解高校学生对社会主义核心价值观教育的实现路径看法，课题组自编“关于高校大学生社会主义核心价值观教育的实现路径和调查问卷（大学生版）”，调查结果发现，高校大学生对思想政治教育课为主导的社会主义核心价值观培育方式总体满意度较高，接受载体、参与方式都呈现出多样化特征，学生对三种课堂融入新内容等表现出高度的期待。课题组针对调查问卷所呈现的问题，提出着力提升思想政治教育课为主的第一课堂教学质量，增强课程感染力；大力开拓第二课堂活动的多样性，增强社会主义核心价值观活动的吸引力；发挥“互联网+”为内容的全媒体平台作用，加强社会主义核心价值观融入网络力度等三项建议。

作为未来国家发展和国家建设的主要力量，大学生群体已经开始承担起重要的社会责任，同时开始扮演更为重要的社会角色。随着时代的快速发展，大学生群体被推向了时代发展大潮的前列，高校大学生群体的整体素质特别是政治思想状况和价值观选择必将对我国未来的政治经济发展带来前所未有的影响，大学生群体能否按照社会主义核心价值观的要求构建符合社会发展要求的科学价值体系，坚持正确的价值选择，关系到我国未来的国家发展以及社会转型期我国的发展能否走在正确的方向中。当今社会，随着全球化的迅猛发展和互联网等新媒体的不断普及，高校大学生面对更为复杂和多变的社会环境，各种因素影响和冲击着高校大学生的思想和价值选择，当前高校在校大学生价值选择

* 作者王秀丽，吕洋，北京师范大学，全球变化与地球系统科学研究院。

的主流是积极的、健康的，但是从发展趋势上看，又表现出多元化特征突出、主体意识增强、传统与现代性交织、功利性倾向明显等特征，同时也存在着一定的多元化、模糊化、混沌化的倾向以及对社会主义核心价值体系认同的不明确化、边缘化倾向等值得关注的价值认同危机问题。在此社会背景下，进行高校大学生社会主义核心价值观教育培育路径研究，探索如何建构和创新高校大学生社会主义核心价值观教育的培育路径，提高高校大学生社会主义核心价值观教育的实效性，引导高校大学生树立社会主义核心价值观，提高高校大学生辨别是非荣辱的能力，引导高校大学生在科学价值观理念的指引下积极投身国家建设，具有重大的现实意义。

以北京师范大学为例，探究高校大学生社会主义核心价值观教育的实现路径，有助于提升大学生践行社会主义核心价值观的自觉性。目前我国改革建设处于转型期，青少年学生思想意识更加自主，价值追求更加多样，个性特点更加鲜明，社会上一些不良思想倾向和道德行为，对青少年学生的健康成长产生了不容忽视的影响。探究高校大学生社会主义核心价值观教育的实现路径，寻求切实可行的实践方案，有利于加深大学生对社会主义核心价值观的理解，从而进一步增强其践行社会主义核心价值观的自觉性。

探究高校大学生社会主义核心价值观教育的实现路径，有助于进一步增强大学生思想政治教育的实效性。当前，社会上出现了拜金主义、享乐主义、极端个人主义等突出道德问题。回顾历史、环视世界，可以说思想迷茫、道德滑坡是任何一个经历过现代化的国家都不可避免地会遇到的问题。如何加强民族复兴进程中的思想道德建设，已经成为摆在我们面前的艰巨课题，也是对大学生进行社会主义核心价值观教育面临的巨大挑战。因此以北京师范大学为例探究高校大学生社会主义核心价值观教育的实现路径，可以进一步破解目前思想政治教育的困局，从而提升大学生思想政治教育的实效。

探究高校大学生社会主义核心价值观教育的实现路径，有利于进一步贯彻党的教育方针，实现立德树人的根本任务。高校是国家培养社会主义合格建设者和接班人的摇篮，人才培养能否做到立德树人，关系到国家的前途与民族的命运。探究高校大学生社会主义核心价值观教育的实现路径，有利于进一步贯彻党的教育方针，提升大学生的综合素质，为国家建设贡献力量。

一、研究现状综述

关于大学生社会主义核心价值观的实现路径和工作机制研究，近年来从理论到实践，一直都是学界关注的方向。学者们长期以来分别从理论和实践的维度进行了不同层次的研究。2006 年，党的十六届六中全会首提“建设社会主义核心价值体系”之后，关于大学生社会主义核心价值观教育的理论研究随即开始升温，在中国知网进行期刊文献检索，输入“高校”“大学”“社会主义核心价值体系”等篇名关键词后，2007 年至 2016 年，相关理论文献多达 2200 余篇。而检索同一时期的硕士博士学位论文，输入同样的关键词，论文多达 1500 余篇。由此可以看出，针对大学生青年群体进行价值观教育的相关研究，不论是现在，还是今后一段时期，都是学界研究的焦点问题。然而在这些学术研究当中，很少有从具体高校出发进行实践探析的文章。北京师范大学是教育部直属重点大学，是一所以教师教育、教育科学和文理基础学科为主要特色的综合性全国重点大学。以北京师范大学的青年学生为例，探究大学生社会主义核心价值观的实现路径和工作机制，是对社会主义核心价值观科研课题的有力补充，具有极高的学术研究价值。有关青年大学生社会主义核心价值观教育的理论研究现状综述如下。

（一）有关教育意义方面的研究

开展社会主义核心价值观教育，是我国社会主义事业发展的需要，是凝聚社会思想共识、实现团结鼓劲的基本途径，也是对外树立良好的国家形象、不断提升文化软实力的迫切需求。目前学者多从五个方面进行研究：一是推进中国特色社会主义事业的内在要求；二是为中国梦凝聚正能量；三是我国文化软实力建设与提升的迫切需要；四是有利于提高全体社会成员的思想道德水平；五是总结古今中外经验教训得出的结论。有学者在研究中，提出了“三个需要”：保葆中华民族精神与文化特色的战略需要；培养全面发展的社会主义人才的现实需要；促进和谐校园文化建设的深层需要①。

（二）有关教育挑战方面的研究

在复杂的国际国内双重环境下针对大学生进行社会主义核心价值观教育，面临各种挑战和压力。有学者在研究中将其总结为：首先是复杂多样的价值观带来的冲击；其次是不良社会风气带来的影响；最后是传统文化缺失带来的认知障碍②。赵果在研究中认为：经济社会中的变革和不确定因素对主流价值观形成冲击，新媒体网络技术中传播的负面报道对大学生主流价值观的培育形成

① 徐圆媛，谭自慧，罗二鹏．大学生社会主义核心价值创新模式的构建［M］．成都：西南交通大学出版，2014：21 -27.

② 印亚军．高校培养和践行社会主义核心价值观的探讨［J］．教育探索，2014（10）.

冲击①。王晓惠在研究中指出：一是社会中道德滑坡现象的存在影响了大学生的价值观的选择；二是互联网新媒体的参差不齐影响了大学生对价值观的认知；三是现有的教育模式不利于大学生价值观的培育②。还有学者认为，高校社会主义核心价值观教育，其教学与管理方面存在的问题给价值观教育带来挑战，朱健指出：其一是教育理念的挑战，其二是系统推进的挑战，其三是教育实效的挑战③。有学者认为，从社会环境方面来看，主要是各种社会思潮、消极的社会心态和复杂的网络信息给价值观教育带来挑战。从实践操作方面看，主要是制度建设滞后于实践需要；价值观教育没有落细、落实、落小④。

（三）有关教育原则方面的研究

从事任何事业都有原则，作为社会主义核心价值观教育，同样要遵循特定的原则。有学者在研究中指出，必须体现社会主义的本质与内涵要求；必须立足于我国社会主义正处于初级阶段的基本国情；必须涵括社会主义先进文化的基本特征；必须遵循核心价值观内在生成与发展规律⑤。也有学者在研究中认为，社会主义核心价值观教育首先是将马克思主义中国化的最新成果彰显出来；其次是要把社会主义的基本特征反映出来；最后是要把人的主体地位凸显出来⑥。冯刚在研究中认为，价值观教育的原则至少应体现四个方面：时代特点、价值目标、人文关怀和整个社会的道德诉求⑦。还有学者则提出五大原则，即方向性原则、民主性原则、层次性原则、开放性原则和渗透性原则⑧。喻义东认为，价值观教育中要坚持方向性原则、主体性原则、实践性原则与开放性

---

① 赵果．创新大学生社会主义核心价值观培育机制的路径探析［J］．思想教育研究，2013（11）．

② 王晓惠．社会主义核心价值观在高校大学生中的培育与践行［J］．内蒙古师范大学学报，2015（12）．

③ 朱健．高校培育和践行社会主义核心价值观的长效机制建设探析［J］．思想理论教育导刊，2015（11）．

④ 施海涛，周伟．青年社会主义核心价值观培育形式及对策研究［J］．云南行政学院学报，2015（2）．

⑤ 方爱东．社会主义核心价值观研究［M］．合肥：中国科学技术大学出版社，2013：205－207．

⑥ 裴德海．从一般价值到核心价值：社会主义核心价值观培育与践行的双重逻辑［M］．安徽：安徽教育出版社，2013：107－109．

⑦ 冯刚．着力培训大学生社会主义核心价值观［J］．高校理论战线，2012（9）．

⑧ 徐金超．浅论社会主义核心价值观教育应遵循的原则［J］．学校党建与思想教育，2014（12）．

原则①。

（四）有关教育方法方面的研究

社会主义核心价值观教育与其他教育一样，都有特定的方法。对此，有学者展开了有关理论探索。王晓惠在研究中指出，其教育方法要做到“三个体现”：首先是要在思想政治教育中充分体现；其次是要在大学文化建设中体现；最后是要在大学生管理与服务过程中体现②。还有学者认为，大学生社会主义核心价值观教育方法要做到“五个统一”：必须坚持历史方法与现实逻辑相统一，必须坚持精神追求和物质利益相统一，必须坚持宣传教育与实践养成相统一，必须坚持整体推进与重点突破相统一，必须坚持价值引领与制度规范相统一③。余双好在研究中认为，大学生社会主义核心价值观教育方法应该体现“五种方法”，即通识教育法、价值澄清法、价值附载法、价值反省法、隐性课程法④。有学者认为，教育的方法可以按照“疏”与“导”两个方面进行归类，系统分析思想疏导过程的逻辑性和方法论，并将之运用于社会主义核心价值观教育中，从而提升有效性⑤。有学者在研究中认为，“典型引导”与“底线约束”是高校社会主义核心价值观教育中的方法，但是“典型引导”多、“底线约束”少。

（五）有关教育路径方面研究

1. 有关课堂教学路径方面研究

对于大学生社会主义核心价值观教育来说，课堂教学依然是主渠道和主阵地，有学者在研究中指出，社会主义核心价值观贯穿思想政治理论课要厘清“为什么要贯穿”和“如何把握与理解”的基本问题；在思维转换上实现政治话语与学术话语、理性世界与生活世界、社会价值取向与个人价值取向的融合与对接；在方式选择上做到因势而谋、因势而动、顺势而为，实现社会主义核

① 喻义东．社会主义核心价值观基本属性及教育原则探析［J］．河海大学学报，2015（2）．

② 王晓惠．社会主义核心价值观在高校大学生中的培育与践行［J］．内蒙古师范大学学报，2015（12）．

③ 张兆文，杨建义．培育和践行社会主义核心价值观的方法论透视［J］．思想教育研究，2015（2）．

④ 余双好．以文化人与社会主义核心价值观践行培育的方法论透视［J］．思想教育研究，2014（12）．

⑤ 金伟，王东．思想疏导方法在社会主义核心价值观培育和践行中的运用［J］．思想教育研究，2015（12）．

心价值观贯穿思想政治理论课教学全过程①。还有学者在研究中指出，高校思想政治理论课要阐释好社会主义核心价值观，必须在教育引导力上下真功夫，在文化熏陶力上下硬功夫，在时代感召力上下实功夫。而学者周琪指出，社会主义核心价值观融入思想政治理论课，需要依托教材整体性、教学话语和多元化教学模式建设，其实现路径呈现为生活情境创设、问题探究课程建设和活动资源开发的统一②。

2. 有关社会实践路径方面的研究

社会实践不仅是大学生思想政治教育的重要途径，同时也是大学生价值观价值的重要途径。有关社会实践方面的研究，有学者在研究中指出：社会实践的特点，决定了这是大学生求学成才的通道，社会实践可推动大学生在思想层面对价值观的现实意义进行深入理解，还有利于大学生在实践行动中自觉践行和传播价值观③。也有学者指出，大学生进行社会实践能了解社会、熟知国情、增长才干，这有利于增强大学生对中国道路的认同，有利于增强对中华传统文化的认同。然而，开展大学生社会实践，当前还存在诸多值得探讨的问题。

3. 有关校园文化路径方面的研究

高校是先进文化的创新与传播阵地，同时，文化传承与创新也是高校的四大职能之一。有学者在研究中认为，校园文化建设必须强调核心价值观的引领，把社会主义核心价值观融入校园文化管理、融入校园文化活动、融入校园文化精品培育、融入校园文化新阵地拓展之中④。还有学者在研究中强调高校应该大力强化爱国主义为主导的精神文化，建立平等公正的制度文化，培育诚信友善的行为文化。也有研究者认为，核心价值观是校园文化的力量之源，核心价值观应该与校园文化共荣互哺。在多元文化思潮下，要以社会主义核心价值观来引领高校校园物质文化、精神文化、制度文化和行为文化⑤。

---

① 曹群，郑永廷. 社会主义核心价值观贯穿高校思想政治理论课教学的要义［J］. 思想理论教育导刊，2015（2）.

② 周琪. 社会主义核心价值观融入高校思想政治理论课的三个转向及实现［J］. 思想教育研究，2015（12）.

③ 焦敏，黄德林. 基于社会实践视角的大学生社会主义核心价值观培育研究［J］. 学校党建与思想教育，2015（5）.

④ 山述兰. 以社会主义核心价值观引领高校校园文化建设的策略研究［J］. 思想理论研究，2015（1）.

⑤ 吴彬镪. 社会主义核心价值观引领高校校园文化建设研究［J］. 思想教育研究，2016（1）.

4. 有关网络新媒体路径方面的研究

截至2015年6月底，中国网民数已达6.68亿人，互联网普及率48.8%，手机网民5.94亿人。高校作为社会主义核心价值观教育的重要场所，掌握着互联网新媒体的应用技术。网络新媒体同时具有正能量和负能量，而挖掘其正量，能极大地拓展价值观教育的格局。有学者在研究中认为，利用网络新媒体开展社会主义核心价值观，其途径主要包括网络文化内容的创造、网络传播平台的建设、网络生态环境治理等。社会主义核心价值观教育与网络新媒体之间相互依赖，通过互联网教育活动，可以使社会主义核心价值观深入人心①。还有学者在研究中认为，探索网络助力高校社会主义核心价值观教育的组织队伍、网络平台、作品创作和应急预案等方面的策略探讨，目前尤为紧迫。在网络新媒体广泛使用的当代生活中，要利用好网络新媒体的正能量，使其成为大学生核心价值观教育的重要载体。同时，还要充分挖掘网络新媒体中的有利信息和资源，充实于大学生核心价值教育中。

（六）有关教育机制的研究

推进社会主义核心价值观教育工作的长效化、常态化，形成可操作性的教育机制，是学界广泛关注的议题。有学者在研究中指出，大学生价值观教育，高校党委领导是关键，要加强顶层设计与统筹部署，调动校内外的价值观教育资源，奋力形成核心价值观教育的协同机制，形成整体、有序推进的良好局面②。有学者在研究中强调，要从五个方面强化融入，即推动社会主义核心价值观融入高校教育教学全过程、融入高校实践育人工作、敲入校园文化建设、融入高校制度建设、融入高校理论研究宣传。还有研究者提出，要健全价值观教育机制，加强道德建设机制，推动实践养成机制，抓好教师队伍建设机制③。

（七）有关大学生社会主义核心价值观教育研究中的不足

从文献反映的情况来看，尽管大学生社会主义核心价值观教育的研究成果极为丰富，但是仍有不足之处。

其一，研究对象过于宽泛。大学生是接受教育的主体，也是大学校园中的主要群体，目前我国高校类别、层次不同，对大学生进行的社会主义核心价值观教育，其教育方法也应该有所差异，如果都采取一刀切教育方法，则不能达

① 关洁. 社会主义核心价值观的网络培育途径［J］. 当代世界与社会主义，2013（2）.

② 汪庆华. 高校构建培育和践斤社会主义核心价值观协同机制探析［J］. 思想理论教育导刊，2015（8）.

③ 海松梅. 高校培育和践行社会主义核心价值观若干机制探析［J］. 科学社会主义，2015（5）.

到预期的效果，这就对研究者提出了更高的要求。如果选取某一具体、典型的高校为例，探究高校大学生社会主义核心价值观教育的实现路径和工作机制，将具有很大的现实意义。

其二，实证研究较为欠缺。很多文献理论性的阐述多，而研究的实证数据偏少，问题意识不够明显。对于社会主义核心价值观教育研究而言，如果选取典型高校进行研究，在调查数据的支撑下，以实证或者个案进行分析，那么探索高校大学生社会主义核心价值观教育的实现路径和工作机制的结论就更具备有效性。

二、社会主义核心价值观的内涵与特点

在当代大学生中进行社会主义核心价值观教育，一个首要的基本前提是，搞清楚社会主义核心价值观的内涵与特点。高校思想政治教育工作者如果对这个问题缺少基本的认识，就难以顺利地在当代大学生中培育社会主义核心价值观。

党的十六大报告提出了“社会主义核心价值体系”这一命题，党的十七届六中全会提出了“社会主义核心价值体系是兴国之魂”。党的十八大报告用 24 个字，从国家、社会和个人三个层面，概括汇集各方面意见，凝练出符合现阶段人民群众最大公约数的“社会主义核心价值观”，即“倡导富强、民主、文明、和谐，倡导自由、平等、公正、法治，倡导爱国、敬业、诚信、友善”。2013 年 12 月，中共中央办公厅印发《关于培育和践行社会主义核心价值观的意见》，要求各地各部门要联系实际，培育和践行社会主义核心价值观，2015 年 1 月，中共中央办公厅、国务院印发的《关于进一步加强和改进新形势下高校宣传思想工作的意见》要求把社会主义核心价值观融入高等教育“全过程”。从“社会主义核心价值体系”到“社会主义价值观”的进一步抽象和升华，以更加概括、更加“核心”、更加简洁的形式，提出了亿万人民的价值目标、价值追求和价值准则。

社会主义核心价值观是立足于马克思主义科学理论和新时期中国特色社会主义发展阶段、在坚持中国特色社会主义道路的基础上，吸收和借鉴一切人类优秀的科学文明成果，探索创新出的汇集广大人民意见、体现广大人民利益、造福广大人民和人类社会的价值观表述，具备深邃而正确的哲学基础。它既是对中国特色社会主义理论体系的丰富和发展，也是对马克思关于人类社会发展和科学社会主义理论的丰富和发展。

社会主义核心价值观的内容既相互联系、相互贯通，共同构成一个完整的

体系；又各有侧重，各自发挥着不可替代的重要作用。其中马克思主义指导思想是灵魂，中国特色社会主义共同理想是主题，以爱国主义为核心的民族精神和以改革创新为核心的时代精神是精髓，社会主义荣辱观是基础。坚持马克思主义的指导地位，就抓住了灵魂；树立中国特色社会主义共同理想，就突出了主题；培育和弘扬以爱国主义为核心的民族精神和以改革创新为核心的时代精神，就把握了精髓；树立和践行社会主义荣辱观，就打牢了基础。

社会主义核心价值观体现着社会主义的发展模式、制度体制和目标任务，在中国所有价值目标中处于统摄和支配的地位，是中国社会大众价值观念发展的主导力量，是激励中国社会大众奋发向上的精神力量和维系社会团结的精神纽带。社会主义核心价值观为党和国家的意识形态工作树立了旗帜，建立了纲领，指明了方向，具有重大的理论意义与现实意义。就理论意义而言，社会主义核心价值观体现了中国共产党对马克思主义的价值理论、思想道德建设和精神文明建设理论的丰富和发展，是中国共产党建立在对社会主义价值观念系统认识和把握基础上的理论创新；就实践意义而言，社会主义核心价值观为和谐文化的发展与和谐社会的构建提供了正确的思想指南，为形成和激励全国人民朝着共同目标努力奋斗提供了强大的思想动力，为中华民族大家庭的团结和睦和兴旺发展提供了坚固的思想纽带。在新的时代背景下，大力培育社会主义核心价值观是中华民族的铸魂工程，对树立与中国特色社会主义相匹配的价值取向、思想观念、道德操守，铸造中华民族的民族魂将发挥巨大的作用，对巩固和完善中国特色社会主义制度、推进社会主义和谐社会建设具有极为重要的意义。

三、关于高校大学生社会主义核心价值观教育的实现路径调查结果分析

（一）问卷编制

在参考前人问卷基础上，结合前期理论分析，课题组自编“关于高校大学生社会主义核心价值观教育的实现路径和调查问卷（大学生版）”作为研究工具。该问卷由三部分组成。第一部分用以收集研究对象的基本信息，包括年级、专业、政治面貌、身份等内容。第二部分由 10 道选择题组成，其中 6 道为单选题、4 道为多选题；题目从大学生和教师两个视角出发，了解他们对“与社会主义核心价值的最初接触”“对目前核心价值教育的评价”“对大学生核心价值观教育路径及工作机制的发展期待”等。第二部分为研究的主体，也是进行数据分析的主要依据。第三部分由 2 道问答题组成，请研究对象就“我校目前进行社会主义核心价值观教育”“我校社会主义核心价值观教育的实现路径和工作

机制”有什么其他意见和建议。第三部分的答案经整理，成为第二部分的补充和完善，可以从大学生和教师两个群体出发，收集到比研究假设更加多元立体的建议对策。

通过项目分析，求出每个项目的“临界比率”（CR 值），发现第二部分的 17 道选择题全部达到显著水平（$p<0.001$），结合 Alpha 一致性系数结果，说明该问卷具有良好的信度与效度，是了解大学生、教师对社会主义核心价值观在高校实施教育不同路径和工作机制的有效形式。

（二）调查对象

本研究共收集了北京师范大学大学生的问卷数据 310 份，按缺失值 5% 及以上的标准进行剔除，有效数据为 301 份，有效回收率约为 97.1%。问卷组成成分见表 1。

表 1　调查问卷中各阶段学生分布比例

选项	小计	比例
A. 大一	37	12.29%
B. 大二	54	17.94%
C. 大三	38	12.62%
D. 大四	35	11.63%
E. 硕士研究生	125	41.53%
F. 博士研究生	12	3.99%
本题有效填写人次	301	

由上表可知，本研究的调查对象覆盖全面，具备较强的代表性和典型性。

（三）统计方法

本研究采用 SPSS 19.0 软件进行数据处理和分析。10 道选择题的作答数据为测量学中定义的连续变量，可以采用 Descriptive Statistics 对数据进行描述性统计；同时被试量达到统计学要求，可以采用 Compare Means 对数据进行推断性统计。

（四）结果分析

调查选取北京师范大学在校大学生作为调查对象，学生作答部分共回收有效问卷 301 份。学生作答部分的年级抽样分布为：大一年级占 12.29%，大二年级占 17.94%，大三年级占 12.62%，大四年级占 11.63%，硕士研究生占 41.53%，博士研究生占 3.99%。专业方向抽样分布为：人文科学占 53.16%，社会科学占 13.95%，理科占 30.56%，工科占 2.33%。政治面貌抽样分布为：

中共党员占32.23%，共青团员占64.45%，民主党派占0.66%，群众占2.66%。现将学生作答部分问卷具体结果报告分析如下。

1. 在校大学生认同思想政治教育课是进行社会主义核心价值观教育的主渠道，对思想政治教育课当中有关社会主义核心价值观的部分基本满意

74.09%的北京师范大学在校大学生认为在高校进行社会主义核心价值观教育主要是思想政治课教师的职责，有60.47%的学生认为是全体教师、职工与学生的责任。而59.8%的学生选择了辅导员与班主任承担核心价值观教育的职责，只有少数学生认为是行政人员的职责（见表2）。综合看来，我校学生倾向于以思想政治课教师为主，以全体教职工、学生为推动力，共同推动社会主义核心价值观教育的途径。

表2　大学生认为社会主义核心价值观教育的职责归属

选项	小计	比例
A. 思想政治课教师	223	74.09%
B. 辅导员、班主任	180	59.8%
C. 行政人员	96	31.89%
D. 全体教师、职工与学生	182	60.47%

在思想政治教育课中有关社会主义核心价值观的内容的满意程度调查（见表3）当中，有32.56%的学生选择了满意，绝大多数学生选择了基本满意，占60.8%，而选择不满意的学生占6.64%。其中对思想政治教育课当中有关社会主义核心价值观的内容最为满意的是博士研究生，有75%选择了满意，而没有人选择不满意。对思想政治教育课当中有关社会主义核心价值观的内容最为不满意的是大一学生，有13.51%的大一学生选择了不满意。

表3　学生对社会主义核心价值观教育内容的满意度

选项	小计	比例
A. 满意	98	32.56%
B. 基本满意	183	60.8%
C. 不满意	20	6.64%

在不同专业的学生当中，人文科学专业的学生对思想政治教育课当中有关社会主义核心价值观的内容不满意程度最高，达8.13%，其次为理科专业学生达5.43%，社会科学专业学生达4.76%，工科学生则表示完全满意（见图1）。而在不同政治背景的学生当中，民主党派对课程内容基本满意，没有不满意的

表6　您是否参加过社会主义核心价值观的社团活动或实践活动

选项	小计	比例
A. 经常参加	49	16.28%
B. 偶尔参加	184	61.13%
C. 没有参加过	68	22.59%

在“平时通过网络，如微信、微博、网页等看到有关社会主义核心价值观的相关内容会主动点击进入阅读吗?”的调查选项中，大多数（占72.76%）的学生选择了偶尔阅读，经常阅读的学生占比只有15.61%，11.63%的学生则从来没有阅读过。而在从来没有阅读过有关社会主义核心价值观教育内容的学生当中，这部分学生从来没有参加过有关社会主义核心价值观的讲座或报告会的占比也是最高的，达68.57%。同样也是这一部分学生，从来没有参加过相关社团活动或实践活动的占比也是最高的，达57.14%。在这一问题的调查当中，无论从大一到大四，还是硕士研究生、博士研究生，数据都呈现均匀分布。不同专业的学生数据分布也较为平均。

数据呈现较大波动的是不同政治背景的学生，其中共青团员从来没有阅读过相关内容的占比最高，达14.95%，群众没有阅读过相关内容的占比其次，达12.5%。

在“您认为目前影响自己参加社会主义核心价值观学习或实践活动（如志愿服务、社会公益服务、实践团体等）的因素有哪些?”（见表7）的调查选项中，大多数的同学选择了学习时间紧张，这部分学生占比达到了74.75%，53.82%的学生则选择了信息渠道欠缺，45.51%的学生选择了受到激励或奖励较少，33.89%的学生选择了对此类活动不感兴趣，而16.28%的学生认为这类活动不重要。除此之外，还有一部分同学认为此类活动无趣，活动质量有待提高。在不同年级不同专业当中，影响学生参加社会主义核心价值观学习或实践活动的因素排名前三的分别是学习时间紧张、信息渠道欠缺、受到激励或奖励较少。这与上述数据基本符合。

表7　您认为影响自己参加社会主义核心价值观学习或实践的因素有哪些

选项	小计	比例
A. 信息渠道欠缺	162	53.82%
B. 受到激励或奖励较少	137	45.51%
C. 学习时间紧张	225	74.75%

续表

选项	小计	比例
D. 认为这类活动不重要	49	16.28%
E. 对此类活动不感兴趣	102	33.89%
F. 其他，请填写	6	1.99%

在不同政治背景的学生当中，影响民主党派和群众参与此类活动的显著因素在于“对此类活动不感兴趣”（见图3）。而在没有参加过任何社会主义核心价值观讲座、报告会或社团活动、实践活动的学生，以及从来没有主动阅读过相关内容的学生群体当中，影响这一部分学生参与的最主要因素为“对此类活动不感兴趣”，其次为“认为这类活动不重要”。

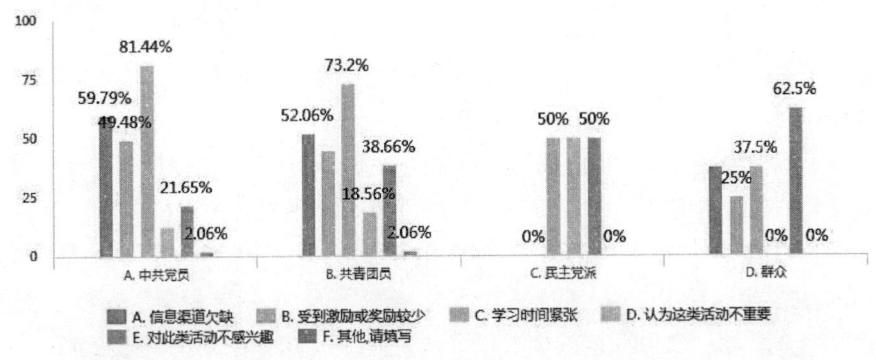

图3　不同政治背景学生参加社会主义核心价值观学习或实践活动的因素

在针对我校社会主义核心价值观教育实现路径建议问题上，多数学生期待活动形式的创新，提出的建议包括：“把宣传融入有趣的活动中去”“多开展相关活动，活动形式多样性”“活动多样化来引起更多的关注和兴趣”等。此外，很多学生还提出通过实践的方式来进行社会主义核心价值观教育，提出“多一些志愿活动”“鼓励研究生多进行此类实践”“多走出课堂，增加实践活动”等建议。

综上所述，通过交叉统计可以看出，没有参加过任何社会主义核心价值观讲座或报告会的学生，基本上也没有参加过任何形式的社团活动或实践活动，平时也不会主动阅读网络上有关社会主义核心价值观教育的相关内容。而影响这一部分学生参与的最主要因素为“对此类活动不感兴趣”“认为这类活动不重要”。可以看出，在学校中仍存在一部分学生未能参与到社会主义核心价值观教育体系中来，高校大学生社会主义核心价值观教育通过什么样的路径和方式充分调动这一部分学生的积极性，使其认识到社会主义核心价值观教育的重要作用是值得我们密切关注和积极思考的问题。

在不同年级不同专业当中，影响学生参加社会主义核心价值观学习或实践活动的因素排名前三的分别是：学习时间紧张、信息渠道欠缺、受到激励或奖励较少。在高校大学生社会主义核心价值观教育的实现路径当中应着重注意这三项问题，合理安排社会主义核心价值观教育活动的时间与活动密度；有针对性的发布相关活动信息，拓展相关信息渠道；对学生进行参与活动的激励与奖励措施。同时我们应注意到，影响学生参与社会主义核心价值观教育的一大因素是学生的政治面貌，如何对不同政治面貌学生进行社会主义核心价值观教育也是迫切需要解决的难题。而针对我校社会主义核心价值观教育的实现路径和工作机制，我们应着重通过学生喜闻乐见的实践活动与志愿活动来进行社会主义核心价值观宣传教育，创新活动形式，建设好相应的活动保障体系。

3. 在校大学生参与社会主义核心价值观活动方式呈现传统方式与互联网方式并存局面

在了解社会主义核心价值观的主要途径调查当中，学生选择最多的排名前5的途径分别是：占绝大多数的73.09%的学生选择了通过相关课程了解社会主义核心价值观教育的相关内容，67.44%的学生选择了讲座、报告会等形式，61.13%的学生选择了街道上的宣传标语、条幅，而58.14%的学生选择了微信公众号、微博等，57.48%的学生选择了社团活动、实践活动。排名较为靠后的4项途径分别为：44.52%的学生选择了网页浏览的途径，42.52%的学生选择了辅导员、班主任老师，而26.91%的学生选择了报刊杂志，只有13.62%的学生选择了亲朋好友（见表8）。

表8　学生了解社会主义核心价值观的主要途径

选项	小计	比例
A. 相关课程	220	73.09%
B. 社团活动、实践活动	173	57.48%
C. 讲座、报告会	203	67.44%
D. 网页浏览	134	44.52%
E. 微信公众号、微博等	175	58.14%
F. 街道上的宣传标语、条幅	184	61.13%
G. 报纸杂志	81	26.91%

续表

选项	小计	比例
H. 亲朋好友	41	13.62%
I. 辅导员、班主任老师	128	42.52%
J. 其它，请填写	1	0.33%

在“在高校内加强社会主义核心价值观教育，在第二课堂中您倾向于通过以下哪些途径?”的调查（见图4）当中，55.15%的学生认为应“在学生社团中建立专门的社团组织社会主义核心价值观活动和实践等”，52.16%的学生认为“在校园宣传栏定期进行专题宣传”，49.83%的学生认为可以在“在校园文化活动中，设立社会主义核心价值观文化周或文化月”，46.84%的学生认为“设立专门的微信公众号进行宣传”，34.22%的学生认为“不单独设立专门公众号或网站，而是在网站、主流公众号中设立专门的社会主义核心价值观板块”，27.24%的学生认为应该“在学院或学校部门建立专门的工作室或教研室，进行专门的研究”，29.93%的学生则认为应该“在学校年度工作计划中，设立专门的主题板块”。这也突出了学生社团以及校园宣传、校园环境建设在学生参与社会主义核心价值观的路径中的重要地位。而学生的选择也为我们提出了新的参考，可以考虑在学校中设立社会主义核心价值观文化周或文化月，也可以在网站、主流公众号中设立专门的社会主义核心价值观板块等。

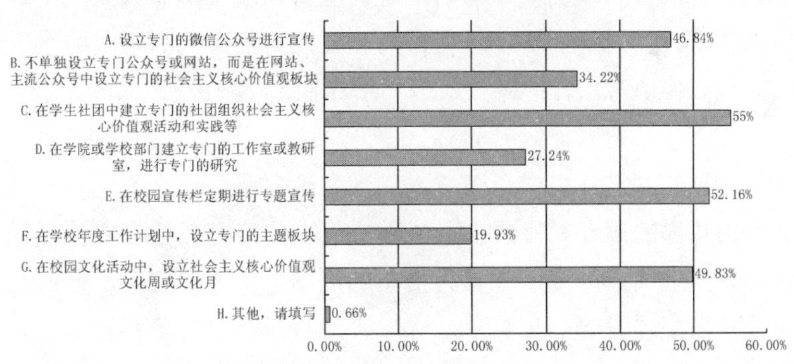

图4 在第二课堂中，您倾向于通过哪些途径加强社会主义核心价值观教育

有研究者指出要用包括微信在内的新媒体切入社会主义核心价值观教育中，对学生进行一系列的“微辅导”“微教育”，并进而构建基于新媒体的社会主义核心价值观培育模式，而理论先行、实践滞后这一矛盾现象的存在，一定程度上说明目前利用微信等新媒体进行社会主义核心价值观培育等思想政治教育工作存在着极大的发展空间，大学生主要通过自主学习的方式利用微信进行社会主义核心价值观的学习，新媒体的优势还未被高校教师及思政工作者完全利用。

四、高校大学生社会主义核心价值观教育的路径定位

相对于方法、途径的选择性特征而言，路径更强调必然性特征。它是向上承接理论向下承接具体实践的主客体相互作用，相互促进的桥梁与纽带。在培育的进程中，路径的存在承载了各要素的相互运动，并由不同的各要素相互交织构成了完整的高校大学生社会主义核心价值观教育路径体系。

基于本文的相关研究，我们可以对大学生社会主义核心价值观培育路径做如下界定：以培育为重点，以践行为关键，对大学生进行以社会主义核心价值观信息的交流、分享而连接起来的主客体指向实践目标的逻辑指向和实践过程的中介载体。按照认知规律进行认知教育，进而促成情感认同，再上升为自觉信仰。这就体现了社会主义核心价值观培育不是一种线性行为，而是螺旋式上升的行为。在这一行为中涉及培育主题、培育客体、培育介体、培育环体等要素的矛盾运动，而正是这些矛盾运动的相互作用，推动着大学生对社会主义核心价值观由认知、认同到接受乃至践行。

“任何教育活动的产生和存在都离不开‘现实的个人’，任何教育活动都要由一定的‘现实的个人’去实施，并由另一部分‘现实的个人’来接受。”① 这就是马克思历来主张把人当作主体看待，强调人的主体性的缘由。任何一种主流价值观教育，既要靠现实的个人来实施，也要靠现实的个人来接受。针对本课题培育活动来说，其整个培育过程都离不开现实的个人。现实的个人既构成了社会主义核心价值观培育的施教主体（培育者），也相应地构成了这一培育活动中的接受主体（培育对象）。而与之相对应的培育路径的客体则是在社会主义核心价值观培育的时空环境中，以“人的现有价值观”为中心的各种各样的存在关联状态的要素的集合。社会主义核心价值观的培育无论是主体互动还是对象性关系的客体生成，都可以表现为信息的流动、交流和共享。信息是社会主义核心价值观培育过程的中介要素，培育活动的开展即是培育者和培育对象之间的信息互动。所谓环体，则是指社会主义核心价值观培育活动所处的社会客观环境。针对高校大学生社会主义核心价值观教育的路径定位则包括所有的社会组织、社会活动、社会舆论、社会现象等，如社会团体、家庭、学校、公共场所、文化设施、新闻机构、集体活动、社会交往等。综上所述，在研究高校

① 雷骥．现实的个人：社会主义核心价值观育的逻辑起点［J］．中国特色社会主义研究，2013（2）．

大学生社会主义核心价值观教育实现路径的时候，只有充分把握培育主题、培育客体、培育介体、培育环体等要素之间的关联，才能全面科学地进行路径研究。

五、高校大学生社会主义核心价值观教育的实现路径

（一）完善制度建设，增强师生意识

高校大学生社会主义核心价值观教育的实现路径应该充分发挥学校的外在促进作用，首先应建立健全学校内部相关的制度政策，高校社会主义核心价值观教育应该将法治与德治两种手段相结合，外在约束与内在教化双管齐下，以有利于实现高校大学生社会主义核心价值观教育的时效性。

健全的保障机制是高校在大学生中进行社会主义核心价值观教育的基础和前提。一是学校要成立专门的领导机构，为开展大学生社会主义核心价值观教育活动提供坚强的组织保证。二是学校要加大大学生社会主义核心价值观教育的投入力度，为确保在大学生社会主义核心价值观教育取得实效提供坚实的物质保证。三是学校要加强大学生社会主义核心价值观教育的队伍建设，充实队伍力量，优化队伍结构，提高队伍的专业化和科学化水平。四是要制定完善的大学生社会主义核心价值观教育的管理机制、考核机制、评价机制及规章制度，确保大学生社会主义核心价值观教育发挥长效作用。五是要形成大学生社会主义核心价值观教育的联动机制，形成学校管理队伍、专职教师队伍、后勤保障队伍、学生群体一盘棋的格局，确保大学生社会主义核心价值观教育的每个环节职责明确，责任到位，真正形成大学生社会主义核心价值观教育的合力。

有学者提出“党委统一领导、党政工团齐抓共管、相关部门各负其责、全体教职工全员育人、全程育人、全方位育人的工作机制”①。完善制度建设，增强师生意识应注意在教师与学生两个群体中都建立科学合理而具有约束力的奖惩评价体系，制定具体的实行方法和规定程序。这一评价体系与评价标准的建立有利于在学校内部形成依法办事、有法可依、有章可循的氛围，教师可以在这一制度的约束下反思教学过程，学生也可以在相应制度的约束下，及时了解自己的学习成效。

（二）打造校园文化，营造和谐氛围

高校主流校园文化对大学生成长成才具有重要的渲染作用，校园文化深刻影响着大学生的思想观念，很大程度上牵涉着对大学生进行社会主义核心价值

① 李新生. 多元化背景下大学生核心价值观教育路径探究［J］. 前沿，2009（7）.

观教育的成效。高校应当将大学生社会主义核心价值观教育融入校园文化建设活动中，发挥文化的育人功能，进而实现社会主义核心价值观教育融入高校主流校园文化的预期目标。

其一，高校要积极开展以社会主义核心价值观为主题的校园文化活动，利用重大节日、纪念日等机会，开展形式多样的学习宣传活动，让大学生在活动过程中增强对核心价值观的感悟，帮助大学生树立正确的世界观、人生观和价值观。其二，要建设社会主义核心价值观为主要内容的校园景观，校园物质文化建设是校园文化建设的重要载体和支撑，是弘扬社会主义核心价值观的重要阵地和窗口。完善的校园设施、优美的校园环境和温馨的室内装饰会让人心旷神怡、赏心悦目，在潜移默化中起到陶冶高尚情操、塑造纯洁心灵的作用，为师生开展宣传和实践社会主义核心价值观的活动提供必要的场所。比如将社会主义核心价值观的主要内容以板报的形式放到学生常见的地方，通过校园文化景观、教室板报、寝室文化设计等形式把社会主义核心价值观教育渗透到大学生日常的行为规范等活动中，对大学生思想行为的培养发挥潜移默化的作用。其三，要建设社会主义核心价值观为主要内容的大学制度文化，尤其是在推进依法治校、民主治校和建设现代大学制度中融入社会主义核心价值观的内容，形成贯穿于学校办学传统和制度层面上的校园制度文化。

打造校园文化，营造和谐氛围要注重和高校精神文明建设相结合，二者是一个互动的统一体。将大学生社会主义核心价值观教育同步渗透到高校精神文明建设中，有利于社会主义核心价值观引导师生形成积极的精神风貌、正确的价值取向与良好的道德风尚，进而推动高校精神文明建设健康和谐发展。在此过程中，要注重把社会主义核心价值观教育与加强学风教风校风建设相结合，引导广大师生立足岗位和实际，努力做到爱国、敬业、诚信、友善，也要注意把社会主义核心价值观教育与弘扬中华民族传统文化相结合，通过举办中国传统文化讲座、中华古典音乐会、校园汉字听写大赛、校园诗词大会、中华美文诵读大赛、最美校园人物评选等活动，使两者达到相辅相成的最佳境界。

打造校园文化，营造和谐氛围还要注重建设良好的校风，为培育和践行社会主义核心价值观打好基础。校风体现着一所学校的精神风貌，良好的校风可以催人奋进，对学校的师生提供前进的动力和团结的凝聚力。高校一方面应当结合自身条件和已有的文化资源，培育特有的校园文化，形成具有顽强的生命力和感染力的校风，打造具有办学特色的校园文化品牌；另一方面应当为校风不断扩充新的时代内容和内涵，将社会主义核心价值观融入校风建设中，通过举办校风建设的校园文化活动帮助大学生认识自我、施展才华、发展个性。

（三）丰富网络媒体，打造教育高地

近些年来随着互联网的发展，互联网在人们的工作和生活中的应用越来越广泛，当代大学生也越来越熟悉计算机、手机等高科技产品的使用以及互联网和互联网相关产品。互联网的普及和发展不仅改变着大学生的生活方式和学习方式，还在潜移默化中影响着大学生价值观的塑造。提升宣传社会主义核心价值观的网络建设水平应该主要从发挥高校网络宣传的舆论导向作用、完善社会主义核心价值观相关的网络监督和管理两个方面展开。

在发挥高校网络宣传的舆论导向作用方面，互联网是大学生社会主义核心价值观教育的重要载体，高校需要重视网络舆论阵地的建设，通过建设网络平台来传播先进文化和科学理论，开展丰富多彩的网络思想政治教育活动，发挥社会主义核心价值观在网络环境中的舆论导向作用。在信息技术飞速发展的大背景下大学生社会主义核心价值观教育也要做到与时俱进。

第一，将网络媒体与传统媒体相结合，形成媒体宣传的合力。传统媒体通常是高校进行思想政治教育的主要阵地，高校可用于进行社会主义核心价值观宣传的传统媒体有校报校刊、校园广播、宣传栏等。随着大学生舆论阵地的多样化以及互联网宣传影响力的日益加深，高校一方面需要重视网络媒体的宣传作用，学会用年轻人的思维进行网络宣传；另一方面需要整合网络媒体与传统媒体的资源，做到宣传教育资源的共享，在发挥各自优势的同时能够形成统一的媒体宣传导向和舆论宣传氛围。

第二，增加社会主义核心价值观的网络课堂教学，充分利用网络资源。为弥补思想政治理论课教学课时和教学形式的限制，可以通过建立社会主义核心价值观教育的网上学习平台进行网络课堂教学，一方面增加社会主义核心价值观相关的网络资源，另一方面提供教学反馈和学习体验分享的渠道。这样学生在课下能够继续对社会主义核心价值观进行学习，在师生之间实现资源共享和师生互动。

第三，通过社交网络传播社会主义核心价值观，发挥自媒体的优势。自媒体有别于由专业媒体机构主导的信息传播，它是由普通大众主导的信息传播活动，由传统的点到面的传播，转化为点到点的一种对等的传播。随着社交软件的应用和普及，以社交网络为主的自媒体的传播力量不容小觑。社会主义核心价值观的宣传应当尽快把握住社会网络这一方便、快捷的传播渠道，及时进行社会主义核心价值观相关信息和最新动态的网络传播。可以成立大学生社会主义核心价值观教育的网络宣传组织，积极利用飞信、微博、QQ 群、微信圈、朋友圈、班级群、公众号等新媒体技术，扩大大学生社会主义核心价值观传播的广度和深度。

互联网作为传播校园文化和进行社会主义核心价值观教育的新平台，具有开放性、及时性和交互性等特点。为保证互联网舆论宣传对大学生的正面影响，提高网络宣传的吸引力和感召力，就需要通过有效的网络监督和管理，掌握社会主义核心价值观宣传的主动权，一方面可以保证社会主义核心价值观的宣传活动能够有序进行，为防范各种不良信息和错误思潮的侵入设置第一道防线；另一方面可以密切关注大学生思想发展动向和价值观培育情况，构建大学生积极向上、和谐充实的精神家园。

首先，可以综合运用网络技术、法律法规和相关制度条例等加强网络监督和管理，健全校园网络舆论舆情的科学研判机制。高校的网络监管主要集中在网络营运监管、网络内容监管两个方面，网络营运监管需要依靠与现代科技发展水平相适应的网络技术的支持，网络内容监管需要坚持正面引导为主，在保障大学生言论自由的同时维护高校宣传思想工作的活力和秩序。从以上两个方面共同建立可信、可管、可控的高校社会主义核心价值观宣传的网络阵地。

其次，设立网络监管的专门机构，统筹管理社会主义核心价值观教育和宣传的各方面工作。专门机构由于权威性和倾向性的特点，可以通过信息的公开对网络监管进行舆论引导，并为高校的网络舆论引导的目标、手段、方式和流程等做出总体安排，牢牢掌握高校意识形态工作的领导权、话语权。此外，专门机构还应当对高校的不同部口和单位的宣传工作做到统一的调动和有效的组织协调，从而建立一个由专门机构牵头负责、基层单位全面覆盖的完善的网络监管体系。

最后，建立学校监管和学生自主监管相结合的网络监管队伍，全面落实社会主义核心价值观的培育和践行工作。高校网络监管工作要想获得持续健康的发展，关键在于培养一支思想政治坚定、热爱学生工作、熟悉网络技术、乐于和学生沟通、有良好综合素质的专业队伍。这支专业队伍可以由高校思想政治教育教师、心理咨询师、辅导员、相关职能部门人员、学生干部等多层次结构人员组成。通过设立完善的组织架构和组织制度来安排网络监管队伍的工作，在网络上以坚定的理想信念、正确的价值观念对大学生进行引领，用正确、积极、健康的思想文化信息来引领网络阵地。

（四）创新社会实践，丰富形式载体

高校在开展活动过程中不仅要具备基本的理论知识，还要注重理论结合实践，积极开展实践活动，组织学生进行课外活动，使学生在活动中不断提高能力。实践活动对大学生自觉践行社会主义核心价值观发挥着重要的锤炼作用，应当充分发挥社会实践的育人功能，强化教育的效果。通过社会实践，让大学生了解国情，增长知识，奉献社会，锤炼品格。大学生的社会实践和志愿服务活动的形式应当根据时代的需要及时进行创新，通过创新社会实践活动的形式使大学生在基层的实践中得到锻炼，勇于担当其时代责任、坚定追求其理想信念。只有这样才能正确响应党和国家的号召，赢得社会各界的肯定和赞扬。

第一，在重要节日和纪念活动的节点上适时举办社会实践活动，为社会主义核心价值观的宣传起到借势借力的作用。在重要节日方面，例如，在八一建军节等重要时间节点，可组织学生祭扫烈士陵园、缅怀革命先烈；看望慰问老革命战士；参观战斗纪念设施、博物馆、文物保护单位等爱国主义主题教育基地及一些革命活动旧址。在重要纪念活动方面，可组建实践团队到爱国主义传统教育基地、革命老区等地寻访、调研、学习，例如，探访井冈山、延安、731部队遗址、侵华日军东宁要塞遗址等红色实践教育基地，传承革命献身精神，寻访不同时期的优秀党员，培养爱国拥党情怀。

第二，在社会实践活动中引入先进典型人物，以对大学生的社会主义核心价值观教育起到积极的示范导向作用。例如“最美人物”系列、“感动人物”系列等都是各行各业的先进典型人物，邀请这些社会评选出来的先进典型人物到学校开展演讲和讲座，一方面可以用他们的崇高的精神和道德力量感染学生，对学生形成强烈的心灵震撼；另一方面可以用他们自身鲜活的事例教育学生，为大学生做好榜样带头作用。

第三，将社会实践活动的内容与社会调研相结合，为大学生踏入社会提前做好准备。大学生社会实践活动可以对革命遗址、科技馆、英雄模范人物、杰出人物、现代化建设成果、市政工程、著名高校、工厂、高新技术产业运作情况等进行参观、访问、考察，将调查的情况写成调查报告或论文，使大学生加深对社会的了解和认识，搭建好大学生进入社会的桥梁，为营造和谐稳定、积极向上的社会环境和社会风气出谋划策，贡献自己的力量。

创新社会实践，丰富形式载体要注意以下几点内容：一是要依托大学生暑期下乡活动、专业考察实践、学习雷锋月活动、志愿者节日等载体，对大学生进行社会主义核心价值观的教育和实践，让大学生亲身感受到社会主义核心价值观不仅是理论层面的知识，其一言一行更是践行社会主义核心价值观的重要体现；二是高校要开设教育和践行社会主义核心价值观的实践课程，以实践课程的形式将大学生社会主义核心价值观得到确认和固化，并确保实践活动的常态化和规范化；三是要优化大学生社会主义核心价值观实践教育的内容和方法，提高大学生社会主义核心价值观实践教育的针对性和实效性；四是要发挥学校和社会两种力量，产生学校和社会两大效应，形成大学生社会主义核心价值观教育的良好氛围。

参考文献

［1］马克思，恩格斯. 马克思恩格斯全集［M］. 北京：人民出版社，1998.

［2］李德顺. 价值论［M］. 北京：中国人民大学出版社，2007.

［3］冷浩然. 思想政治工作中的哲学问题［M］. 上海人民出版社，1997.

［4］赵志军. 思想政治教育管理学［M］. 北京：中国社会科学出版社，2009.

［5］沈国权. 思想政治教育环境论［M］. 上海：复旦大学出版社，2002.

［6］欧阳林. 思想政治教育传播学［M］. 北京：北京交通大学出版社，2005.

［7］刘芳，等. 思想政治教育人本论［M］. 北京：军事科学出版社，2009.

［8］刘小新. 当代大学生主导价值观研究［M］. 北京：首都师范大学出版社，2005.

［9］雷骥. 现实的个人：社会主义核心价值观育的逻辑起点［J］. 中国特色社会主义研究，2013（2）.

［10］李新生. 多元化背景下大学生核心价值观教育路径探究［J］. 前沿，2009（7）.

［11］刘桂宇. 大学生社会主义核心价值观培育的路径研究［J］. 南宁：广西大学，2014.

研究生社会主义核心价值观认同教育研究*

严帅　谌荣彬

培育和践行社会主义核心价值观是一项系统的铸魂工程，对于高校落实立德树人根本任务至关重要。在研究生社会主义核心价值观教育中，要以研究生的认知度和认同度作为重要标准，结合研究生实际，深化拓展培育内容，统筹利用多种培育载体，针对性设计教育活动，不断探索新时代的路径和方法，推进社会主义核心价值观入脑入心。

青年兴则国家兴，青年强则国家强。党的十九大报告明确指出，培育和践行社会主义核心价值观，要以培养担当民族复兴大任的时代新人为着眼点，为新时代培育和践行社会主义核心价值观指明了方向、提出了更为明确的要求。在新时代，高校作为人才培养的重要阵地，肩负着为中国特色社会主义事业培养建设者和接班人的重大任务，在研究生中培育和践行社会主义核心价值观是培养中国特色社会主义事业的合格建设者和可靠接班人的内在要求，也是新形势下加强和改进高校思想政治工作的现实需要，对于促进研究生全面发展，集聚实现中华民族伟大复兴中国梦的强大正能量，具有重要的现实意义。要继续探索社会主义核心价值观培育养成的路径方法，构建完善研究生社会主义核心价值观的培育机制，不断提升核心价值观育人实效，引导广大研究生做社会主义核心价值观的坚定信仰者、积极传播者、模范践行者。

* 作者严帅，谌荣彬，北京师范大学 党委学生工作部。

一、研究生社会主义核心价值观教育的认知现状

社会主义核心价值观提出以来，国家、社会和学校进行了全方位的宣传教育，在公众场所张贴宣传标语，各高校也进行了广泛学习教育。研究生群体对社会主义核心价值观认同度如何，有哪些感受，提出了哪些改进方向，这些都是必须了解的现实问题。

通过对北京师范大学研究生群体的问卷调研，并征集研究生自己认为影响最大且富有意义的核心价值观案例，进行文本分析和数据分析。调查问卷共设5项必答题，包括4项多选题和1项故事叙述题。其中，多选题围绕社会主义核心价值观12个关键词，从与自身的相关度、学校宣传教育工作、个人感受体会等三个维度进行选择；采用故事叙述的形式，参与调研的研究生分享一个感受最深的核心价值观故事，提供故事的关键词、时间、场景、对象等四个关键要素。故事叙述题的优势在于，与传统的选择题、开放题相比，它的指向更明确、更高效、信息量更大，问卷通过网络平台发放，共回收495份，来自学校31个学部院系，其中硕士研究生403份，博士研究生92份，性别、年级、学科分布基本符合在校研究生比例。

调研发现，研究生群体对核心价值观不同维度的认知存在差异，这些差异与研究生的专业积累、个人经历、人际交流、校园环境等因素相关，将其与现行的核心价值观教育的相关工作进行对照比较，能够反映出研究生社会主义核心价值观教育对研究生群体的实际成效，进而反观和改进工作方法和路径。

1. 社会主义核心价值观12个关键词中与自己的相关度最高的关键词分析

如图1所示，研究生认为“诚信”与自己的相关度最高。有的同学认为“作为一名学生，诚信是最基本的素养”；有的同学提到“在实验期间，不虚造数据”。“诚信”与日常生活相关，有的同学提到“一个同学捡到现金若干元和银行卡，然后交给宿管阿姨”。受访学生普遍意识到“诚信”是研究生必要的美德，不仅要讲“学术诚信”，更要培养“做人诚信”。

“文明”排在第二位。大部分研究生感受到“文明”的故事与日常生活中的文明言行有关，通过参与党团活动和社会实践感受到的相对更多。有同学看到校园内学生自发组织文明使用小黄车监督小组；有同学在街头受到了陌生人的热心帮助；有同学在道路上看到“行人和骑车人互相礼让的场景”；有同学提到在景区和电影院等公共场合自觉排队。文明的表达更多是场景化的、生活化的、细节化的，说明秩序养成和习惯教育是社会主义核心价值观教育的重要途径。

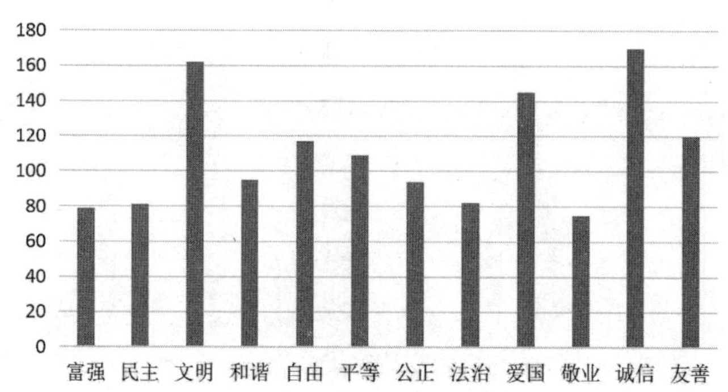

图1　与自己相关度最高

“爱国”排在第三位，案例包括观看影视作品、参加升旗仪式、赴境外交流等。有多位同学谈到电影《战狼2》对自己的触动，“让人深深感受到了祖国强大的重要性，只身在国外时，更能感受到祖国的伟大”；有多位同学提到升旗仪式中体会到爱国，一位在国外进修的同学去使馆奏唱国歌时，感觉“很兴奋、激动、感动、振奋，觉得这样的爱国主义活动并不流于形式，因为已经深入我们的心里”。赴国外学习访问的过程中，对社会主义先进文化自觉认同会更加凸显，有助于同学在国际比较中加深认同。有的同学赴境外交流，认为“以一种文化使者的身份向世界介绍中国的优秀传统文化是一件令人自豪的事情”；有的同学在西柏坡接受爱国主义教育，“我们党总能带领人民，走出困境，迎接美好的未来，我为有这样的祖国感到无比的骄傲”。爱国主义的仪式感和神圣感本身就能产生教育的效果，升旗仪式、宣誓致辞等能激发爱国情愫，从而在心底生发出敬意和感动。

“友善”排在第四位。从同学们分享的案例中可以看出，从学生之间、师生之间乃至和陌生人之间的人际交往中感受到友善。有的同学因压力过大曾眼底出血，在生病期间得到舍友无微不至的照顾而深受感动；有的同学目睹了舍友帮助陌生人，感受到“同学的良好品德，应该向他学习”。导师、辅导员等对同学的影响也很大。有同学提到“近距离面对大师”感受到“真正的大师都是与人为善的”；有同学提到“辅导员老师每次都特别亲切和耐心地询问我近期情况，在讨论后还给予我一些建议”，“学院虽小，温暖如家”。

2. 社会主义核心价值观12个关键词中学校宣传教育频次分析

如图2所示，研究生普遍认为学校宣传教育最多的是“爱国”，对照学生提供的案例发现，这一部分教育主要来自第一课堂的课堂教学和第二课堂开展的爱国主义教育，包括学校、学院、党团支部开展的理论学习和实践活动。

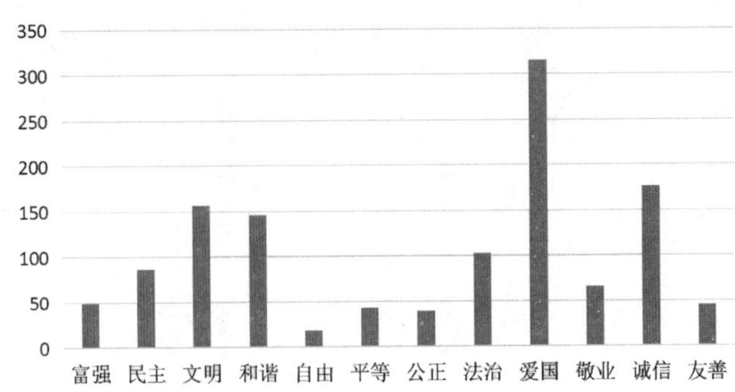

图2　学校宣传教育最多的词

第一课堂的爱国主义教育更多体现在任课教师的主动讲授，有学生提到“老师在课堂上放了一段老兵的视频，令我感触良多，老兵不畏生死，保家卫国，一片赤诚之心永远不忘”；有学生提到“国防教育课上，来自国防科技大学的老师激情澎湃地讲述了他在军队中遇到的种种战友情和祖国边疆守卫士兵的艰辛与坚持，让人动容”；有学生提到“在公共政治课上放了纪录片《你光明，中国便不黑暗》，看完之后很触动，爱国之情油然而生”；有学生提到“导师在讲课时用了很多生动的例子，讲述中国国力的增强，法治社会的建立，我感同身受，中国正一步一步强大”。不同课程均能发挥思想政治教育的效果，对学生的影响往往也是最直接的，要依托课程本身的内容设置和任课教师的教学设计达到思想政治教育同心同向的效果。

第二课堂的爱国主义教育主要集中在研究生参加党团活动过程中。有学生提到“研究生一年级前往西柏坡进行参观，在心里油然而生一种深深的自豪感……无论在多么艰苦的条件下，我们党总能带领人民，迎接美好的未来”；有学生分享“支部会上组织观看了阅兵视频以及抢险救灾时解放军救援视频，深切感受到祖国的不断强大、人民解放军的伟大”；有学生分享“在党建活动中，同学从本专业的角度出发解读习近平总书记重要讲话，不同于照本宣科式的机械理解，很生动而且有见地”。组织育人是落实社会主义核心价值观的重要抓手，在组织中，研究生会因为同一身份产生更强烈的集体认同，也会在分享和讨论中加深对这一身份的理解。

而“诚信”“文明”“和谐”的宣传教育，主要是通过校园生活的渠道开展。学校持续开展“诚信教育”“文明生活”“文明离校”等主题教育活动，在学生中产生了一定的反响。关于“和谐”的案例很大比例来自团队合作共同学习、工作、实践等。有学生在参加团队素质拓展中，大家和谐互助对团队产生了积极效果；有学生从大家齐心协力完成了一项任务中感受到和谐；还有学生分享与少数民族舍友的相处中了解对方的信仰习俗、饮食习惯，加深了对“和谐”的理解；有学生了解了国外大学的枪击案，更体会到对国内安定环境的和谐感受。

3. 核心价值观故事的发生时间分析

如图3所示，“一年级”和“入学阶段”出现的频率最高，占比为53%，因此在社会主义核心价值观教育中应抓住新生入学的时间节点集中开展，利用新生刚入学的新鲜感和积极性，将核心价值观教育扎实落地。另外，随着年级提高，学习生活深入，集中教育效果降低，社会主义核心价值观教育进入更加细化分化的阶段，要进一步挖掘分层分类的教育方式、内容、载体，在研究生学习生活的日常中融入价值教育。

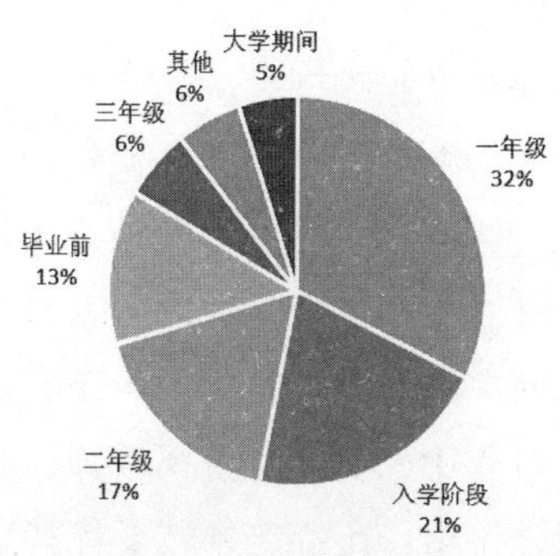

图3　故事发生时间

4. 核心价值观的教育主体分析

故事的教育主体从“人”的角度进行分析，对研究生的影响最多的是同学和老师，占比接近四分之三（见图4）。可见，师长和朋辈是关系最密切、影响最深刻的两大群体。因此，在社会主义核心价值观的教育中，需要更多地创造机会，进一步发挥这两大主体的价值影响，可以创造更多平台空间让老师和同学们更多交流，也可以挖掘身边的正能量典型，树立一批身边的教师典型和学生楷模，形成良好的校园氛围和影响力。

此外，还有少部分以活动的形式出现的教育主体，例如影音视频等，调研期间正处在爱国题材电影《战狼2》的放映期，该部影片在广大学生中引到了热烈反响，许多同学提到了近年来我国拍摄的一些电影和大国纪录片给人以震撼的同时也强化了爱国情感；还有主题展览、实践参观等，比如四千余名研究生参观“砥砺奋进的五年大型成就展”，很多同学对十八大以来党和国家取得的

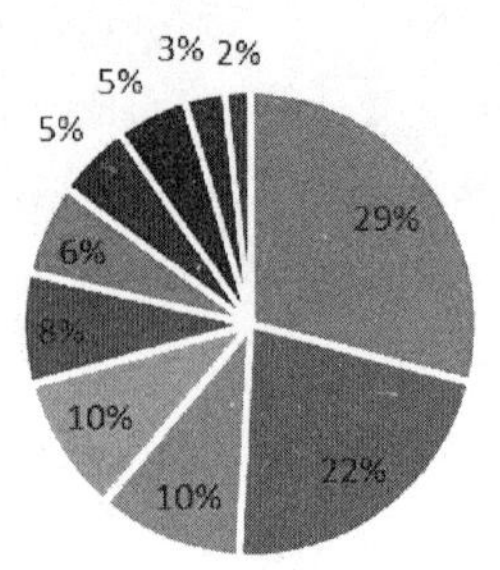

■同学　■老师　■校外人员　■舍友　■其他
■导师　■视频　■辅导员　■校内其他人员■展览

图4　故事教育主体

历史性成就和变革深有感触。

5. 基于核心价值观故事的数据挖掘

通过对研究生反馈的社会主义核心价值观故事文本的关键词词频统计（见图5），可以发现，在研究生感受最深的核心价值观事件中，占据最突出地位的是老师、同学、自己，反映了在高校研究生社会主义核心价值观培育过程中老师、朋辈和自身经历三方面渠道起到了重要的各不相同的引导作用。因此，在社会主义核心价值观培育过程中，要高度重视教师、朋辈和学生主体自身的重要作用，多种载体相互配合作用，在特定领域发挥特定作用，同向发力，同频共振，促进核心价值观得到研究生们的真切认同。并且要进一步重视高校在培育社会主义核心价值观中的主体作用和重要职责，要通过全员、全方位育人体

图5　学生故事中出现频次最多的词之一

系，将核心价值观融入育人的全过程中。

去除教师、同学及自己三大主体，在研究生社会主义核心价值观培育过程中，还存在其他众多的影响因素，其中较为突出的有“国家”“学校”“学习”“工作”“活动”“宿舍”等，除此之外还有课堂、党团、实践、观影、出国等多种要素参与其中（见图6）。因此，社会主义核心价值观的培育，并不是单向度的，也不是一套方案“包治百病”，不是一蹴而就的，需要多方努力、共同作用、持续发力。研究生在校学习生活的方方面面都可能对其观念产生影响，既可能出现正面引导，也可能出现负面抵消，要在不断提升正向影响的基础上，消弭或控制负面事件产生的不利因素。

图6　学生故事中出现频次最多的词之二

二、研究生社会主义核心价值观培育的深层分析

1. 学校教育的重点与学生主体需求的关注度存在错位

调查数据显示：社会主义核心价值观12个关键词中，学校宣传教育频次及重点与学生认为与自己相关性程度高的和感受最深的词，两者之间存在一些错位。例如，学校大型活动中，都包含“富强”要素，在学生价值教育中也持续开展中国梦教育。但是在学生实际体会中，对于国家富强的认同更多地源于亲身体会或者实践观察，一方面说明价值教育的效果要在亲身经历或实践体验中才能有所显现，教育存在一定的滞后性或者需要一个显现的契机，另一方面也反映出，国家层面相关价值观概念在培育过程中的理论传输，还需要进一步结合学生感兴趣的方式方法。而在“诚信”“平等”“公正”等方面，学生认为与

自身的相关度较高，但是认为学校教育提供的内容不足。

此外，学校教育的一些方式方法和载体手段，由于质和量的差异，导致一定程度上扩大了错位。如学校提供的教育类型，更多是讲座报告，有的讲座数量过多、质量不高，容易降低教育效果，甚至影响学生对学校开展的其他教育的认可度和接受度。与之相比，学生通过实践调研、朋辈交流、实地参观、影视赏析，更能建立起自身与国家、社会的关联，将自身放置于国家社会的发展态势上思考定位和发展，从而提升自信心，提高主动作为的积极性。不断丰富和拓展教育方式、技巧，更加注重实践环节的教育感悟，围绕学生成长发展实际需要进行教育设计，才能够有效提升学生的理解认同。

2. 价值教育需要多种教育渠道发挥合力

在学生提供的案例发生渠道途径中，公共课和专业课等第一课堂占比为35%，党团活动和社会实践等第二课堂占比为38%，日常交流活动等生活场景占比为26%。由此可见，三者在价值教育方面各有侧重，同时也相互影响、共同作用。

如前所述，第一课堂发挥了主阵地作用。教师正面传授引导，对学生的影响是直接的。尤其在涉及党情国情、社情民情的教学内容中，社会主义核心价值观的基本概念会以更加专业和深刻的形式来传递，学生便于思考，易于认可，理解更加深刻到位。有同学提到“公共课上，老师对核心价值观的精彩解读让我获益匪浅，值得好好揣摩和学习”；法学院的学生提到“通过课程，深刻感受到犯罪学、法治，与我们的生活密切相关”，要“提高自身法治意识，社会层面需要完善更多的法治保障制度”。

第二课堂发挥着主渠道作用。通过规范而丰富的党团组织建设、校园文化活动等，能够让研究生进一步了解党的历史、国际大事、当前形势、重要政策等，通过丰富的社会实践活动，如实地参观、挂职锻炼、志愿服务、社会调研等，促使研究生走出校园、接触社会，了解民情民意，主动承担起公民应有的社会责任。

日常生活交往发挥着潜移默化的教育作用。生活中的点滴小事、某个行为举止的触动，会引发意想不到的教育效果。有同学看到“老师兢兢业业、废寝忘食地在实验室做实验”，不仅“激发了我对科研的浓厚兴趣”，其“敬业品格也值得我学习”；有同学看到“一个陌生的市民捡到巨款现金，却努力找到失主，将财款归还”，感受到了诚信；有同学提到在洗澡的时候“忘记带校园卡，旁边的同学帮她刷卡，感到非常亲切温暖”等。

3. 价值观教育的"场景化"转向明显

相对于逻辑严谨的理论宣传，与学生密切相关的学习生活场景更能达到教育效果。"场景化"的转向，既表明新生代学生更加从自我为中心去理解家国社会，也说明价值观教育要产生效果，必须与学生发生真切的关联。仔细研读每一个案例，我们能够看到"场景"无处不在，特定的时间、地点和人物存在特定的场景关系，正是"场景化"让学生印象更加深刻，让记忆更加持久，让体验更加个性，让教育得以落地。也因为共同的场景，会催生相似经历的人有同样的认同，因而更愿意分享，客观上加强了教育效果。

如提到"法治"相关案例时，有法学院研究生谈道："经过一系列学习，了解到我国法治建设的发展，看到了法治建设的成果，对实现依法治国的总目标充满信心。"还有同学通过社会热点事件中法律发生作用的过程，对法治概念进行多角度的深思，明确了"作为一个法律专业的学生，更应该贯彻法治精神，以法律逻辑理性看待社会问题"。提到"民主"的体验，大部分同学以参加党支部、班级、区人大代表等各类选举，包括评奖评优过程中的投票等来举例，说明选举过程所具有的公平公开、人人参与的性质，能够激发同学们的民主意识。提到"公平"，同学们把奖学金评选中评选规则与"公平"的议题关联起来，通过明确的评选制度和公开透明的评选过程，同学们意识到了公平的实现。提到"敬业"，同学往往分享自己所熟知的老师。有同学担任课程助教，被任课老师对待教学的热情、认真和奉献而深深感染；也有同学提到"导师在春节期间仍然坚持工作，为学生论文绘制图画，每天工作到很晚才回家"。提到"友善"，有同学分享"自己独自去医院看病，忘了带钱包，有一位大叔帮助顺利缴费，令我深刻感受到爱与友善的力量"。这些"场景"的呈现，将学校教育与社会教育相衔接，理论与生活相关联，产生了更深厚的教育效果。

三、高校开展社会主义核心价值观培育的对策建议

1. 统筹课堂教学、校园文化活动和社会实践

以推进社会主义核心价值观教育为中心，统筹课堂教学、校园文化和社会实践相关资源，明确目标任务和内容方法，多载体多手段多管齐下，形成各司其职、互相补充的良好机制。

第一，发挥课堂教学的基础性作用。课堂教学是高校教育活动的主渠道，是传递社会主义核心价值观教育的首要场所。要积极推动核心价值观进课堂、进教材、进头脑。调查发现，教师在课堂教学中，通过专业知识的权威传授，在一些环节上围绕核心价值观的有关方面稍做展开往往能够取得事半功倍的效

果，潜移默化地影响学生的价值观和行为方式。这就要求高校教师不仅要做授业解惑的“经师”，更要做思想引领的“人师”。

第二，构建积极向上的校园文化环境。校园文化是涵养社会主义核心价值观的重要平台。一是充分挖掘校园文化中正面题材元素，校训校歌、校史校情、院史院情都是教育的重要内容，是构建高校个性化教育的重要来源。二是围绕学生学习生活开展形式多样的校园文化活动，诸如学术沙龙、艺术赏析、宿舍文化、读书分享等，在高校丰富的校园文化中感受到积极向上的能量。三是培养选树先进典型，当代大学生更加倾向于从优秀同辈中汲取奋斗的动力，要广泛培养符合社会主义核心价值观的优秀榜样，突出体现研究生在学术科研、社会实践、国际交往和生涯发展领域内的杰出表现。

第三，完善知行合一的研究生培养环节。充分发挥研究生在具体实践过程中自我教育的重要作用，不断拓展基层服务、社会调查、挂职锻炼、海外研修、产学研合作等实践平台，引导研究生在实践中坚定信念、提升素质、深入基层，使实践锻炼成为学生了解社会、思想成长、增长才干的第二课堂，在具体的体验中真正将社会主义核心价值观内化于心、外化于行。

2. 统筹思想政治理论课教育、专业教育和人文艺术教育

高校课堂教学环节主要包括思想政治理论课、专业课程等部分。调查发现，不同课程在价值观教育中都发挥着一定的作用，要深入剖析各类课程在同心同向发挥思政育人合力中各自的侧重点，统筹构建课程思政体系。

第一，充分发挥思想政治理论课主渠道作用。许多同学反馈在思想政治课上接收到的社会主义核心价值观内容印象深刻，有的通过教师结合时政热点主动剖析，有的通过影音视频赏析，有的通过学生小组分享或者交流讨论。思想政治理论课教学要始终结合新时代的特点和要求，以大学生喜闻乐见的方式进行授课，以身边的人和事作为教学案例，增进亲和力和针对性，以通俗易懂的语言深入浅出地引起学生共鸣。

第二，强化专业课育智和育人相结合。当前人文社会科学研究广泛对应国家战略需求和社会发展要求，研究生导师们所开设的专业课程，蕴含着丰富的价值观教育元素。要以社会主义核心价值观为底色，推进课程思政建设，发掘学科课程的积极能量，将专业教育与家国情怀结合起来，引导研究生将个人发展与时代命运相关联，在中华民族伟大复兴的中国梦中寻找奋斗发展的方位。

第三，推动人文艺术教育的文化育人作用。社会主义核心价值观的教育深深植根于中国文化传统，要在人文艺术课程中充分挖掘中华优秀传统文化、革命文化和社会主义先进文化的相关内容，构建内容更加丰富、内涵更加深厚、

富有历史传承、兼具时代气息的中国特色人文艺术教育体系，使学生在文化传承中深化对社会主义核心价值观的认同。

3. 统筹学校教育、家庭教育和社会教育

价值观教育是学校教育、家庭教育和社会教育相结合的有机整体，家庭教育是基础，学校教育是主体，社会教育是延伸。调研案例显示，在加深社会主义核心价值观的影响力方面，存在学校教育、家庭教育和社会教育相对脱节、合力不足的情况，价值观教育不是单方面的强化，而是多向度的合力，需要统筹好家庭教育、学校教育和社会教育。

第一，以家庭教育为基础，培育家校合作的扎实根基。习近平总书记指出："家庭是社会的基本细胞，是人生的第一所学校。"家庭教育是学生价值观形成的基础，能够对学生起到全方位的有效关怀，学校教育要主动协调家庭教育资源，保持家校沟通，动员家庭在学生思想成长和个人发展中发挥教育、督促、引导作用，实现家校教育的衔接和配合。

第二，以学校教育为主体，筑牢核心价值观的主基地。要着力打造贯通不同年级的价值观教育体系，充分调动管理人员、专业教师、辅导员、班主任、朋辈群体、窗口单位、校园环境等各方面教育资源，使得大学的教育、管理、服务、保障都能实现育人的效果。同时，为学生提供自我教育、自我管理、自我服务的契机和平台，调动学生的主观能动性，让学生主动思考、学会思考、习惯思考。

第三，以社会教育为延伸，拓宽核心价值观的长效机制。社会教育是学生价值形成的背景色，家庭教育和学校教育都无法脱离社会具体环境而存在。既要引入社会资源进入学校开展宣传教育，又要组织学生深入社会感知社会，了解社会发展情况，在了解社会运转的过程中深化对价值观的认识，在愿景和现实两者中找到努力的方向。

4. 改进方式方法，提升教育质量

在研究生群体中培育和践行社会主义核心价值观的过程，是研究生充分认识、认同、内化和表达社会主义核心价值观的过程。教育的方式方法直接影响着教育的质量，要把社会主义核心价值观日常化、具体化、形象化、生活化，使每个人都能感知它、领悟它，将它内化为精神追求，外化为实际行动。

社会主义核心价值观教育需要长时段的培育和涵养，要避免一阵风的运动式教育。要紧密围绕学生的社会生活、学术生活、校园生活，从整体上构思和规划，体现在研究生培养不同环节中，实施持续性教育。例如，在课堂教学中，讲明白社会主义核心价值观的整体性和系统性，为什么缺一不可，为什么相互关联，为什么和学生密切相关，使得书本中的理论概念成为清晰的思想观念和身边实例，通过案例分析、情境创设、互动问答等方式，充分发挥研究生的主观能动性，引导他们积极参与到社会主义核心价值观的学习讨论中来，在自我探究中深化认识，引导学生思考个人成长与社会和谐、国家繁荣之间的辩证关系，逐渐形成国家价值目标、社会价值导向和个人价值取向的有机统一。

要不断选树体现社会主义核心价值观的先进典型，为青年学生提供学习的榜样。在教育过程中，多用故事丰富理论、多用典型引领思想、多用榜样代替说教，以积极的态度、模范的行为影响学生。在研究生群体的教育中，要充分发挥导师的第一责任人作用，导师不仅是学术科研的指导者，更是价值观的传授者和践行者。导师的言传身教、攀登进取往往能够直接触动感染学生，让学生感受到身边的爱国、敬业、诚信等品格。在学生日常管理服务中，要加强规范教育，例如在学生奖惩助贷、综合测评、民主选举的过程中，帮助学生端正态度、积极参与、形成良好习惯，在日常生活中践行社会主义核心价值观。要完善网络教育平台，不断拓展“两微一端”等学生日常使用的渠道载体，充分借用新闻焦点、影视热点、网络话语等学生熟悉了解的话题语境，把社会主义核心价值观的要求体现到网络宣传、网络文化、网络服务中，用正面声音和先进文化占领网络阵地，用正确的网络舆论和喜闻乐见的形式引导思潮、凝聚共识，形成学生看、学生办、学生爱的网络思想政治教育平台和品牌。

5. 针对不同类型学生设计针对性教育方案

调查发现，研究生群体因年级年龄、学科专业、培养阶段不同，对社会主义核心价值观的关注点也有所差别。价值观教育要注重在整体覆盖的基础上，加强针对性设计，做好分层分类教育。

在不同的年级阶段开展不同形式的教育。要仔细分析学生在不同培养阶段的特征。首先是紧紧把握入学教育黄金期，一年级学生由于刚刚入学，对各种课程和活动有着充分的新鲜感，积极性和主动性较强，学习热情和接受度较高，因此要充分把握新生入学及第一年的关键时间段，依托新生入学教育设计完整的工作方案，嵌入社会主义核心价值观的多个要素。其次，在学生进入更高年级后，要结合学术学业，搭建更深层次的教育培训环节，改大课为小课，强化主题，深入探讨，进一步巩固教育成果。最后，在学生毕业前，把握学生进入社会前的多重心态，为毕业生创造美好的校园回忆的同时，增强毕业生的感恩意识和进取精神，教育引导毕业生传承和发扬大学精神，树立与时代主题同心同向的理想信念。结合毕业生实际需求，综合推进理想信念教育、文明离校教育、诚信教育、敬业教育和党性教育，激励研究生在新的人生阶段立大志、干大事，在具体行动中践行社会主义核心价值观。

对于不同学科背景的学生群体侧重不同内容的教育。人文社科类研究生对于社会主义核心价值观的认识更为细腻，能够在案例中充分论证个人经历背后的价值观逻辑。要充分认识到他们对社会现实和理论知识的了解已经有了一定的积累，在加强教育的同时，要注重个人反馈，在分享讨论和释疑解惑中加深理解和把握，形成学生自我教育自我提升的良性循环，形成教育与思考的长效机制。调查发现，理工类研究生对于社会主义核心价值观的认同度更高，与理工类研究生从事的科学研究直接对应国家战略社会需要有一定关系。因此，要更加注重运用学生喜闻乐见的方法，引导学生自觉从身边的教学科研人员身上汲取正面的能量，帮助他们塑造严谨诚信的治学态度和积极进取的科学精神，引导学生利用专业服务国家和社会，促进学生服务祖国的崇高理想。此外，一些与价值观教育直接关联的学科，如教育、法律、管理等专业研究生，能够从专业的角度学习和反思价值观教育的成效与不足。他们不仅是价值观教育的接受者，也经常为价值观教育提供意见建议。要鼓励和引导他们深入社会基层，了解实际情况，充分运用所学，积极提供服务，脚踏实地，从我做起。

注重不同培养层次学生的兴趣点。对社会主义核心价值观的感受体会，由于知识储备、实践经历等方面的不同，不同层次学生的理解和认知也有一些差别。研究生相比于本科生，具备相对成形稳定的价值观念和思维意识，因此这一阶段开展单一的理论灌输教育往往不是最好的办法，可以借助专家学者权威讲授、专业领域调查研究、优秀朋辈经验交流等形式强化教育效果，引导研究生在自身的价值观念体系内不断滋养正面积极的能量。在研究生群体中，硕士研究生在校园文化活动中更加活跃，对于社会参与的渴望度较高，要多为他们提供参与实践的机会和平台。博士研究生更聚焦于本专业领域内的学术进展、国际前沿、形势政策，可以鼓励其在党团组织、集体学习、共建帮扶的活动中，依托专业现身说法，解读社会主义核心价值观，通过讲的形式不断提升学的效果。

参考文献

[1] 习近平. 决胜全面建成小康社会夺取新时代中国特色社会主义伟大胜利：在中国共产党第十九次全国代表大会上的报告 [M]. 北京：人民出版社，2017.

[2] 习近平. 习近平谈治国理政 [M]. 北京：外文出版社，2014：166 - 179.

[3] 中共中央办公厅. 关于培育和践行社会主义核心价值观的意见 [N]. 人民日报，2013－12－24（1）.

[4] 习近平. 把思想政治工作贯穿教育教学全过程 开创我国高等教育事业发展新局面 [N]. 人民日报，2016－12－09（001）.

[5] 中共教育部党组关于印发《高校思想政治工作质量提升工程实施纲要》的通知 [EB/OL]. 2017－12－05.

[6] 孙兰英，李立. 大学生社会主义核心价值观认同问题研究 [J]. 思政教育研究，2015（1）：9－12.

[7] 胡建，刘惠. 大学生社会主义核心价值观认同建构的阶段性分析 [J]. 思想理论教育导刊，2017（8）：67－70.

[8] 冯刚，王振. 着眼大学生成长发展需求，构建培育践行社会主义核心价值观长效机制 [J]. 思想理论教育导刊，2017（2）：80－83，97.

[9] 曹威威. 大学生社会主义核心价值观认同限度探析 [J]. 思想教育研究，2016（2）：36－39.

[10] 冯刚，刘晓玲. 坚持以文化人 深入推进社会主义核心价值观培育践行 [J]. 思想理论教育导刊，2016（1）：96－99.

中国梦视域下当代中国精神的形塑与建构*

温　静

当代中国精神是中国精神的最新呈现样态，既是实现中国梦的强大精神力量，也在中华民族伟大复兴的历史进程中完成了内容、结构、特征和价值的多方面建构。中国梦提供了历史传承规约、现实生成根基和国际借鉴标准，铸就了植根传统、立足现实、面向世界的中国精神内容；中国梦以巩固内核、夯实主体、扩展外围的方式，优化了以爱国主义精神和改革创新精神为内核，以民族精神和时代精神的基本内容为主体，以民族精神和时代精神的表现形式为外围的中国精神结构；中国梦以人民性、政治性和包容性等内在属性，彰显了以人民群众为承载主体、以政治认同为根本目的、以开放包容为基本品性的中国精神特征；中国梦以现实观照、方向引领和艰辛历程，推动中国精神实现凝聚价值、激励价值和支撑价值。

中国精神是中国文化的精髓，也是中国社会赖以生存发展的核心和灵魂。它受到国家政治、经济和文化状况的综合作用，在不同历史阶段呈现出不同的精神样态。在当前的时代背景下，中国梦蕴含了党和国家对中国精神的顶层设计，汲取了理论工作者对中国精神的逻辑建构，反映了人民群众对中国精神的心理期待，多方面构筑和塑造着当代中国精神。研究中国梦视域下当代中国精

---

* 作者温静，北京师范大学 马克思主义学院。本文系国家社科基金项目“习近平总书记中国精神思想的理论逻辑与当代价值研究”（17BKS031）、北京哲学社会科学项目“中国共产党爱国主义教育的历史进程与基本经验”（16KDB012）和“北京高校中国特色社会主义理论研究协同创新中心（北京师范大学）”的阶段性成果。

神的形塑与建构，有助于深入理解中国精神的发展模式和时代进程，全面把握中国梦与中国精神的内在关联，增强人们弘扬中国精神、实现中国梦的责任感和使命感，鼓舞人们在实现中国梦的历史征程中不断推动人民精神面貌的提升、国家精神气质的彰显和民族精神家园的建构。

一、铸就中国精神内容

当代中国精神内涵丰富、意蕴深刻、领域广泛，既是继承与创新中国文化的成果，也是借鉴与融合世界文明的产物。在新的历史条件下，中国梦有助于推动中华优秀传统文化创造性转化、创新性发展，继承革命文化，发展社会主义先进文化，不忘本来、吸收外来、面向未来，更好构筑中国精神。它不仅是中国精神的历史传承方式和现实承载路径，更是推动中国精神由传统向现代转换、由本土向世界传播的强大力量。在无数中华儿女筑梦、追梦、圆梦的过程中，中国精神的内容植根传统、立足现实、面向世界，朝着民族化、时代化、国际化方向不断充实完善。

（一）恪守历史传承规约

中国梦是文化复兴梦，需要传承中国优秀文化传统，激活中国最深厚的文化基因，让中华文化展现出永久魅力和时代风采，从而推动传统文化与当代文化相承接、与现实社会相适应，为中国文化软实力赋予最深沉的力量。习近平指出："要努力从中华民族世世代代形成和积累的优秀传统文化中汲取营养和智慧，延续文化基因，萃取思想精华，展现精神魅力。"① 中国精神由各个时代的文化精髓积淀而成，在数千年的历史长河中发挥着重要作用；但随着人类文明的进步和生产生活方式的变迁，某些价值规范和精神取向越来越不适应当代中国的发展现状。以弘扬优秀传统文化为题中应有之义的中国梦，是判定中国精神中的诸多元素是否应当传承的重要准则。它通过甄选、淘汰、改造、继承等一系列过程，将中国精神形塑为符合基本国情和社会需要的当代样态。

首先，有的精神元素与社会主义主流价值观相去甚远，与社会主义核心价值观背道而驰，阻碍和妨害了中国梦的实现，必须予以摒弃。比如，由于中国古代家国同构的社会模式和文化传统，封建时代的民族精神不可避免地带有忠君的色彩，以及"君要臣死臣不得不死，父要子亡子不得不亡"等愚忠愚孝、唯上唯亲等陋习。其次，一些精神元素既有历史局限性又有现实必要性，应当

① 习近平．大力弘扬爱国主义精神 为实现中国梦提供精神支柱［N］．人民日报，2015－12－31（01）．

留其精华舍其糟粕，经过合理改造后赋予其新内涵、展示其新面貌。再次，许多精神元素始终推动着中国社会的发展进步，有利于实现国家富强、民族振兴和人民幸福，应当予以完整继承并大力弘扬，从而在新的历史条件下保持它们的生机和活力。如曾在物质条件极其匮乏时期发挥过重要作用的艰苦奋斗、勤俭节约精神，承接古代传统美德，符合当前基本国情，在国家 GDP 跃居世界第二、人民生活显著提升但仍处于社会主义初级阶段的背景下，依然具有巨大的现实价值。只有与中国梦相契合、相匹配的精神品性，才能从传统走向现代，从历史延伸至未来，获得推动中国特色社会主义建设的新意蕴。

（二）培育现实生成根基

伟大的事业孕育崇高的精神，中国梦是中华民族近代以来最伟大的梦想，需要全体中国人民在共同奋斗的历史征程中保持昂扬向上的精神状态，需要能够推动复兴之梦逐步实现的不竭精神动力。这一强大的内在需求成为孕育中国精神的沃土，为中国精神的生成提供充足养分。自国家危亡存续之际起，中华民族的独立与复兴便成为激励前辈先贤们矢志不渝为之奋斗的理想，也是支撑全体中华儿女不断前行的强大力量，孕育出近代中国以抗争救亡、抵御外辱为主题的精神品格，以及现代中国以艰苦奋斗、强国富民为主题的精神气质。民主革命时期的井冈山精神、长征精神、抗战精神等，社会主义革命和建设时期的焦裕禄精神、雷锋精神、铁人精神等，改革开放新时期的抗震救灾精神、奥运精神、载人航天精神等，凝结为永远的精神符号，熔铸出一代代中华儿女不可磨灭的精神记忆。

习近平指出："我们比历史上任何时期都更接近中华民族伟大复兴的目标，比历史上任何时期都更有信心、有能力实现这个目标。"① 这一基本认识阐明了当代中国精神的现实场域。中国梦为中国精神提供了生发的重要契机和展现的广阔舞台，使当代中国精神拥有更为深厚的根基和更加丰富的营养，呈现出鲜明的时代特征和价值取向。比如社会主义核心价值观是当代中国精神的集中体现，凝结着全体人民共同的价值追求。中国梦对中华民族发展蓝图的设计与规划，反映了习近平新时代中国特色社会主义思想的重要内容，有助于推动社会的稳定发展和全面进步，为中国精神创造出开放包容、积极进步的国内外环境。中国梦对中华民族美好愿景的追求和实践，是激励海内外中华儿女团结奋斗的一面旗帜，释放出强大的号召力和凝聚力，营造出弘扬和培育中国精神的良好

① 中共中央文献研究室．十八大以来重要文献选编（上）[M]．北京：中央文献出版社，2014：83.

舆论氛围。中国梦对人民群众根本利益的关注及维护，顺民意、得民心，有效凝聚起不同地域、不同阶层、不同民族等各类群体的价值共识，为中国精神准备了扎实的群众基础和牢固的主体力量。

（三）探索国际借鉴标准

中华文化自古以来就具有宽厚包容、兼收并蓄的特征，延续至今的中国精神也是不同族群精神文化元素高度融合的结果。在全球化深入发展的当下，各种思想文化交流交融交锋更加频繁，任何国家和民族都难以隔离为文化孤岛，中国精神也不可避免会受到其他国家和民族的精神文化影响。如何在文化沟通中凸显自身的特有风格，如何在文化碰撞中保持自身的独立姿态，如何在异质文化中拣选出符合自身发展的精神元素，这些都是中国精神在现代化发展过程中必然要面对和解决的问题。

中国梦不仅是中国精神是否需要进行国际借鉴的重要依据，更是借鉴哪些精神元素以及如何实现科学借鉴的决定因素。中国梦承继了中华民族讲信修睦、协和万邦的秉性，具有与世界共患难、同分享的广袤意涵，是融入全球思维和国际眼光的世界梦，坚持推动构建人类命运共同体。习近平向各国人民宣告："中国梦既是中国人民追求幸福的梦，也同世界人民的梦想息息相通。"① 在中国梦的指引下，中国进一步走向世界，也深度地认知和理解世界。中国梦的高远立意和恢宏视野，决定了中国精神不可自恃久远、妄自尊大，亦不可自轻自贱、妄自菲薄，而是以平和之心观察世界历史长河中的文化精髓，以笃定之势明晰当代中国精神的国际化发展走向。中国梦的务实风格和亲民理念，决定了中国精神必须理性审视众多人类优秀文明成果，客观评判其他民族和国家的精神元素与中华民族的契合度，冷静思考国际借鉴的必要性和本土移植的可能性，从而整体谋划与布置当代中国精神的发展格局。中国梦的发展进程和具体形态，决定了中国精神必然遵循中国社会的文化演变规律，在新鲜陌生的异质文化元素中不迷失、不盲从、不莽动，以我为主、为我所用，不脱离现实国情，不逾越发展阶段，不背离历史逻辑，在快慢不均的世界文明脚步中从容调整当代中国精神的前行节奏。

二、优化中国精神结构

当代中国精神以爱国主义精神和改革创新精神为内核，以民族精神和时代

① 习近平．在中国国际友好大会暨中国人民对外友好协会成立 60 周年纪念活动会上的讲话［N］．人民日报，2014－05－16（02）．

精神的基本内容为主体，以民族精神和时代精神的表现形式为外围，呈现出由内至外涟漪状扩展的圈层结构。这一结构置身于中国社会转型背景之下，受到中国梦巩固内核、夯实主体、扩展外围的全方位塑造，经历了从剧烈变动到相对稳定、从界限模糊到大体清晰的演化过程。

（一）坚持爱国主义精神和改革创新精神的核心地位

核心即事物的中心，在系统结构中居于关键位置，事物其他部分均围绕它展开。爱国主义精神和改革创新精神在中国精神结构中的核心地位，虽不是由中国梦赋予，却是在中国梦的实践过程中逐渐明晰并日益被强化。中国梦对中国精神内核的巩固，不仅是对历史经验的深刻总结，更是对现实问题的积极应对和未来发展的整体预判。

在人类社会发展阶段仍然需要国家这一政治活动的基本单位时，爱国是国家对国民的基本要求，爱国主义精神必然成为维护国家稳定、推动国家发展的价值共识。中国梦是中华民族近代以来最伟大的梦想，它从萌芽、生发到最终形成，得益于诸多革命先贤爱国主义精神的滋养，也进一步说明爱国主义精神是国家赖以生存的内在需求。习近平强调："在中华民族几千年绵延发展的历史长河中，爱国主义始终是激昂的主旋律，始终是激励我国各族人民自强不息的强大力量。"① 在实现中国梦的道路上，弘扬爱国主义精神既是汇集民众智慧和力量的有效举措，也是协调不同群体利益冲突和矛盾的有益方式，还是抵御西方意识形态渗透和敌对势力攻击的有力武器。

历史证明，国家的强大和崛起离不开改革创新。改革开放以来，中国特色社会主义事业创造的经济奇迹和辉煌成就，极大地推动了中国梦的进程。但是，改革已进入攻坚期和深水区，要冲破思想观念的束缚和利益固化的藩篱，唯有全面深化改革、全面促进创新，大胆尝试治愈沉疴痼疾的良方。更重要的是，中国梦是一项任重而道远的事业，没有先例可循、没有经验可鉴，困难和问题在所难免。习近平强调，"创新是民族进步的灵魂，是一个国家兴旺发达的不竭源泉，也是中华民族最深沉的民族禀赋"②。只有勇于挑战、敢于担当、善于探索，才能不断从未知走向已知、从可能走向必然、从梦想走向现实，为人类文明发展找寻新的道路。

---

① 习近平．在欧美同学会成立100周年庆祝大会上的讲话［N］．人民日报，2013－10－22（11）．

② 中共中央文献研究室．习近平关于实现中华民族伟大复兴的中国梦论述摘编［M］．北京：中央文献出版社，2013：38．

（二）充实民族精神和时代精神的基本内容

主体即事物的主要部分，主体的状态直接影响事物的整体结构。如果主体有缺陷、不合理，事物的结构失衡状态会迅速显露出来，事物的功能发挥和自身发展必然受到影响。民族精神和时代精神的基本内涵是中国精神结构中的主体部分，它们既能够为中国精神的核心提供滋养和保护，又能为中国精神的外围空间提供新的生长点。只有内涵充实而丰满的民族精神和时代精神，才能巩固爱国主义和改革创新的核心地位，生发出多种多样的中国精神表现方式。

中国梦是当代中国治国理政的重大战略思想，内容丰富、寓意深刻，集中反映国家的发展走向，直接影响政治经济文化社会等各方面的路线方针政策，对中国的社会风貌和精神样态具有塑造作用。如习近平所说，“中国梦意味着中国人民和中华民族的价值体认和价值追求”①。在此背景下，民族精神和时代精神的基本内容因时而变、因势而新，不断夯实中国精神的主体结构。比如中国梦的世界眼光和全球视野，需要凸显爱好和平思想和国际主义精神，在更广泛的范围内倡导人类命运共同体意识以及相互依存的国际权力观、共同利益观、可持续发展观和全球治理观；中国梦实现道路上出现的新问题新挑战，需要强调敢为人先的开拓精神和永不止步的探索精神，帮助人们正确对待改革进程中的矛盾冲突；中国梦遵循的人类社会发展规律，需要增强理性精神和实证精神，推动人们发现未知、追求真理、认识规律的脚步；中国梦展现的“和而不同”价值理念，需要海纳百川的包容精神和兼容并蓄的和谐精神，接纳与尊重异质文化，增强各类文明交流互鉴。

（三）丰富民族精神和时代精神的表现形式

外围建构在主体之上，以主体为基点不断向外延伸。外围的有序和合理扩展有助于主体的巩固壮大，形成规模效应，产生强大的集聚力和辐射力；外围的无序或畸形扩展会损害主体的健康发展，危及整体结构的稳定性和平衡性。中国精神的具体表现形式构成中国精神的外围，从不同侧面反映民族精神和时代精神的内涵，展示中国精神的主体概貌。如抗战精神体现出天下兴亡、匹夫有责的爱国情怀，视死如归、宁死不屈的民族气节，不畏强暴、血战到底的英雄气概，百折不挠、坚忍不拔的必胜信念；雷锋精神体现出爱憎分明的阶级立场、言行一致的革命精神、公而忘私的共产主义风格、奋不顾身的无产阶级斗志；载人航天精神体现出特别能吃苦、特别能战斗、特别能攻关、特别能奉献

---

① 习近平．建设社会主义文化强国着力提高国家文化软实力［N］．人民日报，2014－01－01（01）．

的精神内涵。

中国梦在实践领域、实践主体和实践阶段等方面表现出来的特征，推动了民族精神和时代精神的表现形式更加时代化、大众化、多样化，为中国精神的外围结构发展提供了良好契机。首先，中国梦是马克思主义社会理想在当代中国的实践。相比于以往的实践活动，中国梦的实践范围逐步拓宽，实践规模进一步加大，认识世界和改造世界的深度前所未有。这一鲜明特征迫切需要中国精神发挥价值引导、共识凝聚、动力输送、精神支撑等作用，为中国精神的功能发挥开辟广阔空间，以有利于各种中国精神表现形式的生长。其次，中国梦不仅是国家和民族的梦，还是每一个中国人的梦。实践主体的全面覆盖和高度普及使人们崇德向善的价值追求有了更为广泛的主体依托，人民群众弘扬中国精神的积极性、主动性和创造性得到有效激发，在不同个体、不同群体和不同组织中孕育出丰富的中国精神表现形式。最后，中国梦是一项开创性实践，许多方面都处于未成熟未定型的探索阶段。在这一阶段，中国精神既摆脱了模式化和程序化的束缚，又具备文化大发展大繁荣的机遇，能够在前进道路上运用新载体、占领新阵地、尝试新途径，创新民族精神和时代精神的表现形式。

三、彰显中国精神特征

当代中国精神具有中国精神从古至今各个历史时期的共性特征，如继承性与创新性相结合、民族性与包容性相统一等。同时，它随着时代发展不断变化，也具有属于当前这一时间节点的个性特征。中国梦既是中国精神的目标指向和价值归宿，也通过对社会各方面的理念渗透和思想引领构成了中国精神的整体发展环境，直接影响了中国精神特征的形成变动，促使中国精神具备不同于以往时代的特殊属性，呈现出符合当前社会生活和时代动向的精神样态。

（一）以人民群众为承载主体

英雄史观和群众史观是区别唯心主义历史观和唯物主义历史观的一个重要标志。英雄史观夸大个别杰出人物在历史上的作用，宣扬英雄创造和主宰历史；群众史观认为历史是人民群众创造的，人民群众是历史的主人和真正动力。杰出人物和英雄模范是民族的脊梁、时代的先锋，是中国精神的体现者和代表者；他们从人民中脱颖而出，在人民的熔炉中淬炼成钢，他们的力量来源于人民群众。在当代中国，人民是国家的主人，群众是真正的英雄。人民群众是社会变革的决定力量，更是中国精神的承载主体。

中国梦归根到底是人民的梦，人民性是中国梦的本质属性。习近平强调，“实现中华民族伟大复兴的中国梦，必须紧紧依靠人民，充分调动最广大人民的积极性、主动性、创造性”①。中国梦使人民群众在中国精神中的主体地位愈发清晰明了、更为坚实稳固。首先，中国梦是人民的共同理想，反映了人民对美好生活的追求；而中国精神则是人民在精神领域的目标图景，表达了人民对精神家园的向往、对精神世界的愿景。实现人民的精神生活期待，而非少数权贵或精英阶层的精神需要，是当代中国精神的价值理想。其次，实现中国梦必须凝聚中国力量，发挥人民群众的聪明才智和首创精神。这一路径宣告了中国精神的依靠力量和牢固基石，明确了中国精神的行动主体。中国精神的继承与创新、弘扬与发展，不能只依赖杰出人物和精英阶层，而应当依靠全国各族人民和全体中华儿女，共同推动中国精神的血脉延续。再次，人民既是中国梦的出发点，更是中国梦的落脚点和归宿。这一目标指向不仅体现了中国共产党全心全意为人民服务的根本宗旨和立党为公执政为民的执政理念，也为当代中国精神赋予了以人为本的精神依归和高级旨趣。人民群众是衡量中国精神的价值标准，中国精神要代表人民群众的根本利益，符合人民群众的内在意愿，促进个体的全面发展和整体的团结进步。

（二）以政治认同为根本目的

中国精神和中华民族精神既有联系又有区别，虽然二者都是对特定人群集合体思想状态和价值观念的反映，但中华民族精神以族裔为主体，侧重于对民族风俗习惯、道德标准、性格气质等文化方面的认同，而中国精神以国民为主体，侧重于对国家政权性质、权力运行方式、政策法律制度等政治方面的认同。自近代中国民族国家意识觉醒以来，中华民族精神和中国精神成为国人关注的重要问题。为了消除大汉族主义和狭隘民族主义的错误思想，增强中华民族的认同感和归属感，我们常常更多地使用“中华民族精神”一词，以此广泛地团结和鼓舞海内外中华儿女，改变新民主主义革命时期中华民族内部各自为政一盘散沙的局面，巩固和发展社会主义革命、建设和改革时期的民族团结进步事业。

经过长期发展，中华民族精神和中华民族认同已形成基本共识。习近平强调：“我国56个民族都是中华民族大家庭的平等一员，共同构成了你中有我、我中有你、谁也离不开谁的中华民族命运共同体。”② 习近平在阐述中国梦的实现路径时提出“中国精神”的概念，引导人们将民族成员的文化认同上升为当

① 习近平．深入扎实开展党的群众路线教育实践活动 为实现党的十八大目标任务提供坚强保证［N］．人民日报，2013-06-19（09）．

② 习近平．中华民族一家亲 同心共筑中国梦［N］．人民日报，2015-10-01（01）．

代中国公民的政治认同，将目光从历史的合理性转移到现实的优越性上。从中国梦的提出看，这一语词本身就是特定时代的政治产物，体现了中国特色社会主义道路自信、理论自信、制度自信、文化自信，彰显了当代中国的使命担当与精神风范。从中国梦的内涵看，国家富强规定了中国精神的社会理想，民族振兴规定了中国精神的文化愿景，人民幸福规定了中国精神的根本归宿，它们分别从不同角度反映了中国特色社会主义国家的治国理政方略，展示出鲜明的政治价值取向。从中国梦的作用看，它能够有效应对全球化背景下民族国家意识遭到消解的挑战，抵御“主权国家过时论”等西方错误思潮，维护国家的意识形态安全，从而推动中国精神在正确的政治道路上持续健康发展。

（三）以开放包容为基本品性

开放性和包容性是当代中国精神的突出气质。开放性表明中国精神是一个开敞不封闭的文化系统，可以与外界系统发生一定程度的交互关系。中国精神和其他国家的精神在发展过程中相互接触、彼此认知，并通过他者确证自身的存在。包容性表明中国精神是一个进步不狭隘的文化类型，能够与其他文化类型发生深度的作用关系。中国精神对其他国家精神的认可、借鉴、接纳、吸收，成为自身走向成熟和完善的重要路径。中国精神的开放包容品性既承接中华传统文化基因，展现“和而不同”“近悦远来”的哲学思维；又契合当代中国的整体发展规划和现实文化环境，体现“各美其美”“美人之美”的生态逻辑。

中国梦战略思想中蕴含的开放包容内涵，是当代中国精神开放包容品性的基础，促使中国精神以更加开放和包容的姿态屹立于世。一方面，中国梦把开放共享作为五大发展理念的重要组成部分，将中国人民和世界各国人民的福祉紧密相连，推动中国与国际社会共享机遇、共迎挑战、共谋发展。中国精神必将肩负更多的时代责任和使命担当，呈现适合世界舞台和国际社会的精神内涵，从而让当代中国精神真正走向世界，让世界深入了解当代中国的精神风貌。另一方面，中国梦强调不同文化在平等和相互尊重的基础上和谐共生、和平共处，文明交流互鉴不应该以独尊某一种文明或者贬损某一种文明为前提。习近平强调：“要尊重世界文明多样性，以文明交流超越文明隔阂、文明互鉴超越文明冲突、文明共存超越文明优越。”① 在这种理念下，中国精神必将积极倡导人类命运共同体意识，以广阔的胸襟博采众长，不保守排外、不故步自封，更加主动地汲取其他民族国家的精神智慧和营养，更加科学地处理中国精神与世界优秀

---

① 习近平．决胜全面建成小康社会 夺取新时代中国特色社会主义伟大胜利［N］．人民日报，2017－10－28（01）．

文化成果的关系，实现中国文明与世界文明的深度融合。

四、实现中国精神价值

中国精神在各个历史发展阶段都产生了巨大影响，有助于凝聚全体中华儿女的智慧和力量，激励中华民族在顺境中蓬勃向上，支撑中华民族在逆境中砥砺前行，推动中国社会不断发展进步。中国梦是中国精神价值实现的社会历史际遇，在中国梦理想的追寻道路上、在中国梦事业的实践过程中，当代中国精神的凝聚价值、激励价值和支撑价值得到充分展现。

（一）现实观照印证中国精神的凝聚价值

中国精神能够将中华民族全体成员结成一个有机整体，将分散的个体力量聚集起来，将多样的思想观念整合起来。实现中国精神的凝聚价值，就是要以国家民族的奋斗目标来统一思想、形成共识，把不同阶层、不同职业、不同宗教信仰的社会成员聚合为强大的国家力量，心往一处想、劲往一处使，在外敌入侵之际万众一心、抵御外侮，在内部纷争之时坚持团结、反对分裂，推动国家和民族的发展大业。如果社会理想缺乏现实性和实践性，当代中国精神就可能失去与社会现实相融合的契机，或是成为束之高阁的空洞理论，或是供奉出并不真实的完美人物形象，甚至演绎为荒诞不经的神话传说。

在一个拥有十三亿多人口的大国，任何一项社会事业的成功，都必须符合人民群众的利益和诉求，得到人们的认可和支持。习近平指出：“中国梦不是镜中花、水中月，不是空洞的口号，其最深沉的根基在中国人民心中。”① 它凝聚着全国各族人民的憧憬和期待，既是弘扬和培养中国精神的现实目的，也是中国精神的价值归宿。中国梦是生发于近现代中国历史的土壤之上，构筑于马克思主义理论的指导之下，合规律性与合目的性相统一的社会理想。中国精神虽然从数千年的历史中走来，却并没有成为仅供民族成员追古抚今的历史遗存和情感寄托，而是成为能够融入现实生活、观照时代变迁的精神力量。它既能够继承民族精神的基本内涵和精神实质，保持民族性和历史性等核心价值元素；也可以随着社会历史环境的变迁不断丰富和发展，获得时代特征和现实依托，真正成为实现中国梦的黏合剂和内聚力。中国梦的现实观照使中国精神有了正确的目标指向，推动中国精神与国家富强、民族振兴、人民幸福的社会理想相结合，促使中国精神更好地凝聚人心、汇聚力量。

---

① 习近平. 坚持构建中美新型大国关系正确方向 促进亚太地区和世界和平稳定发展[N]. 人民日报，2015-09-23（02）.

（二）方向引领确证中国精神的激励价值

中国精神既能促进物质力量的发展，也能在一定条件下转化为强大的物质力量，推动民族成员认识世界和改造世界的进程。实现中国精神的激励价值，就是要以国家民族的共同理想激发民族成员的主体性和创造力，保持民族成员积极健康的心理状态和昂扬向上的精神面貌，为国家民族的发展提供不竭动力。近代以来，实现中华民族伟大复兴的梦想一直指引着中国精神的前进方向，推动中国精神释放进步动力、实现激励价值。不同历史时期的社会理想决定了中国精神的不同主题，引导中国精神按照符合社会需要的方向前进。当社会理想的内容发生变化时，中国精神也会围绕新的目标进行相应的调整或更新，从而保证自身价值得以持续、稳定、有效地发挥。

中国梦是习近平新时代中国特色社会主义思想的重要组成部分，反映了党治国理政的新理念新思想新战略，顺应了国内外发展大势，昭示了国家和民族的宏伟图景。它既是中国特色社会主义的现实实践，为国家进步提供具体路径；也是马克思主义中国化的最新理论成果，为国家未来描绘美好愿景。中国梦不仅是过去时，更是现在时和未来时。它随着历史变迁日益丰富和完善，是引领当代中国精神前进方向的航标灯。实现中国梦迫切需要发挥中国精神的激励价值，鼓舞人们奋发前行、开拓进取，走过连接潜在与显在、抽象与具体、可能性与现实性的桥梁，将党的主张和国家意志转化为人民群众的自觉行动，转化为建成富强民主文明和谐的社会主义现代化国家的具体任务。中共十八大以来，实现中国梦的一系列战略部署相继出台，三大发展战略、“五位一体”总体布局、“四个全面”战略布局和五大发展理念确立了党和国家各项工作的战略重点和主要目标。这些新思维新举措引导中国精神不断增加新的内容、新的表现方式和新的特征，推动中国精神从个体的优秀品质逐步演变为社会风尚，成为实现中华民族伟大复兴的强大动力。

（三）艰辛历程验证中国精神的支撑价值

中国精神是中华民族赖以生存和发展的精神支撑，是中华儿女在推动社会发展进步的过程中凝练和升华出来的文化精髓，全面展现社会崇尚并遵循的精神品质，是历史发展潮流的集中反映和高度抽象。实现中国精神的支撑价值，就要在任何情境中都具备前进的信心和力量，尤其是在危难困境里保持坚韧不拔、永不言弃的信念，勇于面对挑战、迎难而上，敢于抵御风险、攻坚克难，一如既往地为国家和民族的前途命运努力奋斗。

中国梦是伟大的梦，也是充满风险挑战和曲折坎坷的梦。全球化背景下最大发展中国家的地位、社会主义初级阶段的基本国情，使得中国梦的实现不可能一帆风顺，更不可能一蹴而就，需要一代代中国人坚持不懈为之奋斗。在迈向中华民族伟大复兴的道路上，我们会面临意识形态斗争的日益激烈、人民内部矛盾的频繁出现、改革转型阵痛的不断加剧等诸多问题，需要一种强大的精神力量支撑我们坚持走下去。习近平曾高屋建瓴地指出："一个没有精神力量的民族难以自立自强，一项没有文化支撑的事业难以持续长久。"① 只有大力弘扬和培育中国精神，我们才能在"唱衰中国"的论调中牢牢把握意识形态领域的领导权和主动权，维护国家政治安全与政权稳定；在"贫富差距愈发严重"的质疑中逐步构建和谐安定的社会环境，全面建成小康社会；在"中国经济崩溃论"的声浪中坚持高举改革开放大旗，适应经济发展新常态。

弘扬中国精神实现中国梦，不仅要明确中国精神是中国梦的动力源泉，还要理解中国梦如何从各个方面对中国精神施加影响，中国精神如何呈现出具有历史底蕴和时代特色的当代精神样态。唯有如此，我们才能深刻把握新的时代条件下中国精神在党和国家整体布局中的战略地位，更好地培育和弘扬中国精神，增强人们践行中国精神的积极性和主动性，自觉投身中华民族伟大复兴的宏伟事业。

---

① 中共中央文献研究室．习近平关于实现中华民族伟大复兴的中国梦论述摘编［M］．北京：中央文献出版社，2013：39.

高校落实立德树人根本任务的实现路径和工作机制研究*

方　芳

党的十八大报告提出："把立德树人作为教育的根本任务，培养德智体美全面发展的社会主义建设者和接班人"。这为教育改革和高校发展指明了方向。高等教育肩负着人才培养的重任，必须按照党的十八大报告和全国高校思政工作会议的要求，积极担当立德树人的崇高使命。本研究结合我国高校当前落实立德树人的实际成果及问题进行高校立德树人实践路径和工作机制方面的理论研究，同时对相关政策和典型做法进行分析和评价，丰富和完善高校立德树人根本任务的理论和研究成果。通过文献及访谈研究，本研究将北京师范大学教育学部立德树人的典型做法进行梳理，为相关部门和高校制定政策和改革举措提供经验借鉴。

一、研究背景

（一）研究缘起

党的十八大报告提出，"把立德树人作为教育的根本任务，培养德智体美全面发展的社会主义建设者和接班人"。这为教育改革和高校发展指明了方向。高等教育肩负着人才培养的重任，必须按照党的十八大报告和全国高校思政工作会议的要求，积极担当立德树人的崇高使命。将社会主义核心价值观教育、立德树人贯穿于高等教育的全过程，应不断增强思政教育工作的针对性和实效性，探索特色路径，创新工作机制，注重将显性教育路径和隐性教育路径有机结合，以充分发挥思想政治教育工作的重要价值。

* 作者方芳，北京师范大学教育学部。

（二）研究意义

本研究结合我国高校当前落实立德树人的实际成果及问题进行高校立德树人实践路径、工作机制和实践意义方面的理论研究，同时对相关政策和北京师范大学教育学部的典型做法进行分析和评价，丰富和完善高校立德树人根本任务理论和研究成果。此外，通过对北京师范大学教育学部立德树人做法的可行性和推广性进行阐述，为高校践行社会主义核心价值体系和完善思想政治教育提供参考依据，探索高校立德树人根本任务的实现路径和工作机制，为相关部门和高校制定政策和改革举措提供依据。

二、研究综述

关于国内期刊论文、硕博士论文、会议等对立德树人问题的研究成果，笔者通过中国知网查询了相关文献资料，截至2017年12月，课题组以“立德树人”为主题并含“培养路径”进行二次检索，经过筛选得到文献344篇。现对已有研究的观点进行梳理和述评。

（一）立德树人内涵界定研究

2012年，党的十八大明确提出，立德树人是教育事业的根本任务。2014年，党的十八届三中全会再次重申了立德树人的现实价值。在当前的时代背景下，立德树人不仅指明了教育事业发展的方向，还指明了人才培养目标的方向，更为高等教育事业持续发展提出了新要求。

从立德树人的含义出发，有学者认为，立德树人中的“德”有两种内涵：一种是社会主义核心价值观，另一种是社会公德、职业道德、家庭美德、个人品德；立德树人既是理论问题，同时更是实践问题，应将社会主义核心价值观融入大学生学习生活的方方面面。张澍军、苏醒（2013）认为，立德树人既是对教育者提出的要求，也是对受教育者提出的要求。“德”是成才的根本，而“立德”之根本，在于学生之德育与师德之建设；树人，则要树“德才兼备，品德高尚”的人。也有学者进一步强调，立德树人既包括对学生的道德教育要求，也包括对师德师风的要求。肖蓉（2013）等认为立德与树人互为依存、不可分割。“立德”主要是在思想意识中形成社会主义核心价值观，“树人”则是要培养学生成为马克思主义理想信念坚定的人。树人是立德的目标与追求，立德是树人的关键途径。由此我们可以看到，“立德树人”体现的是一种唯物辩证关系。“立德”强调的是养成道德，“树人”强调的是培养能力；“立德”是“树人”的前提，“树人”是“立德”的目标。高校要坚持把立德树人作为中心环节，培养德才兼备的人。

（二）立德树人路径探索研究

我党站在教育事业全局的高度提出了立德树人的命题。高校在立德树人路径探索上的研究，引发了众多学者的关注。从高等教育改革方面来看，李金杰（2013）认为，高校落实立德树人的任务，主要是要适应时代的要求，理顺机制、统筹谋划、建立好切实可行的运行机制，包括激励机制、导向机制、能动机制和创新驱动机制。从以人为本、推进教育改革的角度来看，有学者认为，立德树人根本任务的实现，是要将培育社会主义核心价值观融入教育教学全过程；因地制宜，打造特色校园文化氛围；打造全方位就业服务，追求毕业生就业品质。从立德树人具体路径来看，王定华（2012）认为，可通过课程育人、文化育人、实践育人、礼仪育人、网络育人、制度育人、合力育人等方式，最终完成教育立德树人的根本使命。骆郁廷（2013）等阐述了课程育人、实践育人和文化育人三个途径及其重要程度。

1. 在课堂教学中立德树人

思想政治工作要用好课堂教学这个主渠道。一是坚持“育人为本，德育为先”的重要理念，着力加强和改进大学生思想政治教育。韩文乾（2015）认为，思想政治理论课教学中，教育者要善于在“小故事”方面进行探索，将“小故事”融入“大理论”中；在教学机制方面，要善于从“小细节”入手，由“小细节”转入“大问题”中；在教学理念方面，要善于将“小个体”延伸到“大环境”中。二是积极培育和践行社会主义核心价值观。李红星（2014）指出，在高校思想政治理论课教学中进行社会主义核心价值观教育，思想道德修养与法律基础课是主线，课堂教学中要厘清社会主义核心价值观教育与课程内容结构的逻辑关系，这是实现教学融入的前提与保障；教学实践是实现由教材融入向教学融入与信仰教育融入转化的关键实践。在当代大学生思想政治教育过程中，应当充分尊重大学生的主体性并发挥其主动性，在深入了解和真正理解大学生的认知特点、个性差异和接受习惯的基础上，激发他们自我教育的意识。

2. 在社会实践中立德树人

从搭建平台的角度来看，赵欣（2015）提出，搭建好实践平台要在“扩面、提质、接地”方面下功夫。“扩面”即明确社会实践教育的主要指导原则，扩大学生社会实践影响面和覆盖面；“提质”即进一步深化社会实践课程化的发展，增强社会实践的针对性和有效性；“接地”即进一步健全社会实践的保障功能和机制，进一步完善大学生社会实践的考评管理。从建好机制的角度来看，机制的建立要在“专”“精”“特”“新”方面努力，“专”是指需要专口理论支撑和专业方法指导，“精”主要是指教育者精心组织并引导学生进行精深研究，“特”主要是指有特色的选题和研究视角，“新”是指在社会实践的过程中要不断增强大学生的创新意识和创新能力。

从树立品牌的角度来看，在立德树人的实践中，要以榜样的力量鼓励人、影响人、带动人。要树立富有时代意义的先进典型，注重挖掘先进典型的生活化事例，提高大学生先进榜样正面宣传的质量。研究者们认为，有必要做好形势宣传、成就宣传、典型宣传、主题宣传。学者指出，大学生社会实践不仅能了解社会、熟知国情、增长才干，还有利于增强大学生对中国道路的认同，有利于增强对中华传统文化的认同。

3. 在校园文化中立德树人

习近平同志指出，“思想政治工作从根本上说是做人的工作，必须围绕学生，关照学生，服务学生”。因此，高校要坚持“以人为本”的教学理念，坚持服务学生的育人原则，在校园文化建设和教师师德师风队伍建设两方面实现立德树人。

一是高校要加强校园文化建设。习近平同志强调，“要坚持不懈促进高校和谐稳定，培育理性平和的健康心态，加强人文关怀和心理疏导，把高校建设成为安定团结的模范之地”。大学精神文化是高校理想、信念、价值观系统的总和，主要包括三方面内容：大学的办学指导思想和办学理念；校训、校风、学风、教风、格言警句、标语口号等形式表现出来的大学生的精神风貌；校徽、校歌、校旗等标志性文化符号。有学者指出，核心价值观是校园文化的力量之源，也应与校园文化共荣互哺。在多元文化思潮下，要用社会主义核心价值观来引领高校校园物质文化、精神文化、制度文化和行为文化。二是高校要加强师德师风建设。立德树人是教育的根本任务，师德更是每一名施教者所必须具有的品德。刘瑞平（2014）等学者认为，在师德建设过程中广泛、深入、持久地开展理想信念教育，把理论武装同思想道德建设结合起来；树立先进典型，以起到以点带面，推动整个师德建设发展的示范作用，从而重视职业发展，解决后顾之忧。陈鸿铭（2015）认为，高校应建立科学而具体的考核评价指标，避免人为因素的影响，构建师德监督体系，完善奖惩制度；高校要对青年教师的师德予以实时的监督和定期的考评，并切实将考评结果落到实处。

4. 在互联网平台上立德树人

习近平同志指出，“做好高校思想政治工作，要因时而进，因势而新”。教育事业“十三五”规划中也强调，加强网络环境下的德育工作，强化网络阵地建设，采取多种方式引导学生全面理解、正确对待重大理论和社会热点问题，增强是非辨别能力。

一是从战略高度重视高校网络文化阵地的建设。商懿秀（2014）认为，加强高校网络文化建设，发挥高校网络文化育人功能，要做好思想定位、制定基本原则，还要健全工作机制、创新德育形式和方法。

二是强化社会主义核心价值体系在网络文化中的渗透。杨立应（2015）认为，随着网民规模的扩大和网络的普及，应当从战略高度提升培育网络主体的网络媒介素养。姚荣（2013）认为，要用社会主义核心价值体系引领高校校园网络文化的建设和管理，强化社会主义核心价值体系在网络文化中的渗透，始终确保网络文化的社会主义前进方向。赵金科（2013）认为，应该提高青年价值观的科学化和现代化水平、加快网络队伍建设、树立正确的舆论导向、加大立法监管。

三是提升高校德育工作者的互联网素养。高校亟需建设一支强大的网络思想政治工作队伍，以提升高校校园网络建设管理能力、推进网络思想政治教育工作的开展。从加强思想业务素质的角度来看，有学者认为，应探索网络助力高校社会主义核心价值观教育的组织队伍、网络平台、作品创作和应急预案等方面的策略。从积极引导舆论的角度来看，广大社会专业人才、有影响力的"网络大V"，德育工作需要达成乐于接受自媒体、学习使用自媒体技术、提高运用自媒体本领的目标。从提高大学生媒介素养的角度来看，一是将大学生网络媒介素养教育纳入日常课程体系，二是依托丰富多彩的校园网络文化正确认识个人网络行为与国家治理、社会责任、网络文明之间的关系，养成健康向上、科学文明、守法守规的用网习惯。

（三）相关研究的述评

已有文献主要集中在对立德树人含义的探讨，以及如何根据立德树人的要求开展高校相关德育工作，已有研究明确了中国特色社会主义高校在立德树人过程中"立何种德"的问题，但还需要明确"树何种人"的问题。

一是对立德树人实施路径分析得不够透彻。当下我国社会发展进入深度转型期，高校面临着多元价值观的严峻挑战，基于实施路径对立德树人命题进行相关探讨具有很强的必要性。党的十九大对立德树人的进一步强调更值得我们在新背景下对该问题深入研究，然而现有论述缺乏系统性和针对性，对实现路径的分析过于强调理论或缺乏实践价值。

二是对高校与立德树人的关系研究不够。未来研究应针对高校如何有效实现立德树人做进一步探讨。立德树人主要覆盖了大中小学，后续对高校与立德树人关系的探讨有利于高校进一步聚焦德育工作。

三是对高校立德树人典型案例的梳理不够系统。立德树人从来不是纯粹的理论命题，高校在实践方面已做出众多尝试，之前的研究更加注重对学校或地区层面立德树人的关注，未来还需更加清晰系统地对典型做法进行梳理，以更有利于推广已有的有益经验。

三、高校立德树人的政策梳理

立德树人是我国教育的根本任务，贯彻落实立德树人，是党和国家高度重视的问题。新时代背景下，高等教育深化改革如何落实立德树人，全面加强高校党的建设和思想政治工作，把社会主义核心价值体系融入高等教育全过程，事关高等教育发展方向和中华民族伟大复兴的实现。

（一）高校立德树人政策的基本内容

落实立德树人根本任务，对深化教育领域综合改革，加快推进教育现代化，具有重大而深远的意义。为了加强落实高校立德树人，国家在相关政策中对高校工作指出诸多要点和措施。

1. 贯彻高校立德树人根本任务的政策

高校要全面贯彻党的教育方针，形成全员、全过程、全方位育人的工作格局，各项工作服务立德树人根本任务。高校要融合特色承担培养人才的使命，践行社会主义核心价值观，发挥应有的作用和功能，培养德智体美全面发展的社会主义合格的建设者和可靠的接班人。在强调贯彻立德树人根本任务的同时，还提出高校贯彻落实立德树人的基本原则，主要有以下四个维度。

育人为本，提高培养质量。在高等教育深化改革的过程中，要树立立德树人理念，以育人为根本任务，重视德育，以培养社会主义合格的建设者和靠谱的接班人为目标。实现高等教育全员育人、全面育人、全程育人，全面提高学生的综合素质，贯彻社会主义核心价值观，提高学生的创新能力和实践能力。

问题导向，补齐培养短板。以高等教育培养过程中的突出问题作为着力点，加强思想政治教育，培养高校学生的历史使命感和社会责任心，在高校教育管理、课程教学、教材教法、师资素质等多方面发现培养过程中存在的问题，全方面保障高校人才培养质量，完成立德树人根本任务。

学做结合，突破薄弱环节。思想政治教育除了传统的思想政治课程外，拓展理论培养形式，同时以实践为导向，提高高校学生践行社会主义核心价值观的机会，加强创新创业教育，提高党团组织及学生社团活力。高校为学生提供实践条件和保障。

协同推进，汇聚培养合力。首先要以高校体制机制改革作为支撑点，融合多种要素与资源，开放合作，加强高校与企业、社区等融合合作，齐抓共管，促进社会全员参与，共同推进高校内涵式发展，提高学生培养质量，形成高等教育良好生态。

2. 关于高校立德树人工作要点的政策

政策中对于高校各项工作服务立德树人有明确的指示，已有政策主要从以下五个方面对高校立德树人的工作重点做出规定：

第一，建立健全思想政治教育的领导体制与工作机制。全面加强党对高等教育工作的领导，加强和改进高校党的建设和思想政治工作，牢牢把握高校意识形态工作领导权主导权。2016 年 8 月 31 日，国务院《高等教育改革与发展工作情况的报告》指出，要强化政策引导，改革教育评价制度，完善协同育人机制。将立德树人纳入高校各项工作，加强党政领导班子建设，完善各项领导体制机制，把立德树人作为高校工作的中心环节。2017 年 8 月 1 日，中共教育部党组《关于加强新形势下高校教师党支部建设的意见》提出，要着力发挥党支部在团结凝聚师生方面的主体作用。

第二，充分发挥思想政治理论课的主干渠道作用。一是充分发挥课堂教学在思想政治教育中的主导作用。2015 年 7 月 27 日，中共中央宣传部和教育部在《普通高校思想政治理论课建设体系创新计划》中指出，思想政治理论课是巩固马克思主义在高校意识形态领域指导地位，坚持社会主义办学方向的重要阵地。要进行中国特色社会主义理论体系的学习，推动推动中华优秀传统文化融入教育教学，加强革命文化和社会主义先进文化教育，弘扬民族精神和时代精神。二是加强思想政治理论课建设。2017 年 9 月 14 日，《高等学校马克思主义学院建设标准（2017 年本）》指出，要学习全国高校思想政治工作会议和中共中央、国务院《关于加强和改进新形势下高校思想政治工作的意见》精神，进一步建强建好高校马克思主义学院，不断提升马克思主义学院建设的科学化、规范化、现代化水平，打造马克思主义理论教学、研究、宣传和人才培养的坚强阵地，使之成为办好高校思想政治理论课的坚强战斗堡垒。

第三，健全践行社会主义核心价值观的长效机制。《国家教育事业发展“十三五”规划》指出，要“强化学生实践动手能力，支持高校广泛开展大学生实践活动，引导大学生走出校门、深入基层，广泛宣传党的方针政策和中国特色社会主义理论，促进学生了解社会、认识国情、增长才干”。“强化社会实践育人，各地各高校要进一步提高实践教学比重，积极组织学生参加社会实践活动”

“进一步完善科教融合、校企合作等协同育人模式”“进一步加强实践教学基地建设，促进教学和科研紧密结合、学校和社会密切合作”“进一步广泛开展社会公益活动，引导学生奔赴革命老区、走进贫困地区、深入广大基层，了解体验国情民情，在亿万人民为实现中国梦而进行的伟大奋斗中实现人生价值”。2017年6月19日，教育部办公厅、中央文明办秘书局印发《全国高校文明校园测评细则》，将思想道德建设、领导班子建设、师风师德建设、校园文化建设、校园环境建设、阵地建设管理纳入评价体系，强调通过“文明校园创建”等活动的开展，大力培育优良校风和学风。

第四，加强高校教师队伍建设。提高教师队伍和管理队伍建设，提高高校教师队伍素质，是中国特色社会主义教育、中国梦宣传教育和社会主义核心价值观教育顺利展开，实现立德树人根本目标的有力保障。2015年9月11日，中共教育部党组发布的《关于教育系统学习贯彻中央领导同志教师节重要回信和讲话精神的通知》强调，要加强师德建设，落实师德建设长效机制，培养造就一支高素质专业化教师队伍。2017年，共青团中央和教育部联合发布《关于加强和改进新形势下高校共青团思想政治工作的意见》，意见指出，将思想政治工作贯穿高校共青团各项工作和建设的全过程各环节，加强工作队伍建设。2017年7月25日，中共教育部党组发布《关于加快直属高校高层次人才发展的指导意见》强调，“在人才引进、人才选聘、课题申报、职称评审、导师遴选等过程中，坚持思想政治素质和师德规范要求，实行‘一票否决’制”。2017年10月1日，教育部《普通高等学校辅导员队伍建设规定》指出，高等学校要坚持把立德树人作为中心环节，把辅导员队伍建设作为教师队伍和管理队伍建设的重要内容。

第五，注重以人才培养为核心的网络阵地建设。随着网络的发展，2000年起国家将网络育人作为教育的重要渠道之一，各项政策大力创新推动网络思想政治工作。《国家教育事业发展“十三五”规划》提出，要加强网络环境下的德育工作，强化网络阵地建设，采取多种方式引导学生全面理解、正确对待重大理论和社会热点问题，增强是非辨别能力。2017年5月5日，中共教育部党组发布的《关于深入学习贯彻习近平总书记在中国政法大学考察时重要讲话精神的通知》指出，要通过开展“大学生网络文化节”“高校网络宣传思想教育优秀作品推选展示”“网络文明进校园”等活动，引导广大青年师生提升网络素养，科学合理地开展网络学习。2017年6月19日，教育部办公厅、中央文明办秘书局印发《全国高校文明校园测评细则》，全面论述了高校思政教育的网络阵地建设方针和措施，如加强网上内容建设，制定网络舆情监管制度和舆论危机预防应对机制，激励引导师生积极参与网络文化建设。2017 年 10 月 1 日，教育部在发布的《普通高等学校辅导员队伍建设规定》中提到，建议运用新媒体新技术，推动思想政治工作传统优势与信息技术高度融合，构建网络思想政治教育重要阵地，积极传播先进文化。

（二）高校立德树人政策的不足及展望

国家和地方确立高校立德树人根本任务，构建我国高等教育立德树人政策体系，对于我国教育发展和社会主义现代化建设具有重要意义。对高校立德树人政策进行梳理后发现存在以下不足：一是政策中对立德树人的内涵界定不足，对于“怎样培养人”论述较多，而“培养什么样的人”论述不够具体；二是政策中强调社会主义价值观教育、创新创业教育和社会责任感培养，但是论述思想道德建设对高校学科、学生学术发展意义的内容较少；三是有关思想政治课程政策的论述中，缺乏对教学过程的关注，强调课程体系建设和教师队伍建设，而对实施路径的表述不足；四是高校立德树人网络阵地建设的政策论述中，强调网络对思想政治教育的服务功能，较少涉及网络交互功能对立德树人的重要作用。这些不足成为本课题后续研究中关注的重要内容。

四、高校落实立德树人根本任务的实践现状

（一）高校立德树人实践的典型模式

1. 在课堂教学中立德树人

各类课程同向同行发挥立德树人协同功能。在课程设置思路上面，高校努力将中央精神和学校思政工作实际结合起来，形成加强思政课建设的创新思路。

在思政课程设置方面，北京大学教授开设了国家级资源共享课“思想道德修养与法律基础”，让学生有意识地读一些经典的著作并进行交流；复旦大学开设的“思想道德修养与法律基础”第一讲“大学 · 人生”吸引了全国各地学生观看直播。除了思政课以外，专业课建设对于学生思想政治教育同样重要。

在专业课程建设方面，很多高校努力挖掘各类课程在陶冶情操、激励成才、塑造精神、探索真理方面的作用。同济大学年逾八旬的汪品先院士主动请缨，为全校学子开设“科学、文化与海洋”的公选课，激励同济青年深耕创新文化土壤，勇于投身科创实践；上海大学推出通选课“大国方略”，它依托“顾晓英工作室”，采用曾获国家级教学成果奖的“项链模式”教学，以立德树人主线，多学科串联；南京师范大学音乐学院韩中健结合专业方向，开设了毛泽东文艺理论课。也有高校通过加强传统文化课程的开展，最终达到培养学生高雅的文

化意识和审美情趣的目的。

在课程体系建设方面，各高校努力建立立德树人课程体系。如吉林大学立足马克思主义的价值引导性与学理性，开发与思想政治必修课相配套的选修课程群；上海师范大学深入推进思想政治理论课改革，构建涵盖思政课必修课程“闻道中国”、通识教育选修课程“中国与世界”、师范生教育课程“中国教育：教育家与民族复兴”等分层分类“中国系列”课程体系，全面推进以学生发展为中心的一流本科建设。

在教材建设方面，高校将活的现实、活的理论融入思政课教材。浙江省率先建设德育辅助教材体系，专门编写了《中国特色社会主义在浙江的实践》《浙江精神与浙江发展》等地方德育教材，初步形成了根植浙江大地、立足浙江实践、具有浙江特色的德育辅助教材体系；高校《马克思主义基本原理概论》从2005年教材编写开始到其后的几次修订，把党的十八大和十八届三中、四中全会取得的最新理论进展和习近平总书记系列重要讲话精神，从马克思主义基本原理的高度充实到教材中，体现了马克思主义的与时俱进。

在教学设计方面，生动呈现思想资源和实践案例。一是积极创新教学模式。中央财经大学马克思主义学院推行主题教学模式，即“问题链教学法”；东北师范大学提出“专题式教学”“三步教学法”“BB 教学平台”等；山东农业大学多年实行教学、科研、生产三结合，建立适应经济建设需要的教学体制，建构了“三田两地一课堂”模式等。二是积极突破教学体系。安徽师范大学打破了原有的教学组织框架，将教学对象依据文史、理工、艺体三大类进行划分，并给每个院系分配不同的思政课教师，因材施教、因需施教。三是积极探索教学方法。复旦大学鼓励任课教师立足当代中国语境和国际视野，积极探索教学方法改革，从而更好地将“毛泽东思想和中国特色社会主义理论体系概论”课程的教材内容转化为教学内容，涌现出教学整体设计、师生互动、课堂讨论、视频教学等成功教学案例。

2. 在实践中立德树人

高校搭平台促进实践育人工作。一是通过“请进来”，搭建平台促进立德树人工作的展开。复旦大学连续多年举办“复旦大学中国市长论坛”，组织“中国市长论坛”活动，聘请各地市长到课堂现身说法，为思政课教学提供了现实视角；上海体育大学举行“体育百家”讲坛，邀请体育界大咖应邀做客讲坛，传授自己的经验，为培养教师的育德意识和育德能力发挥了示范作用；江南大学创办了思政类校园文化脱口秀《宝哥说》，该节目以学校思政专家为顾问，以传播社会主义核心价值观、帮助青年成长为宗旨，颇受欢迎。二是坚持“走出去”，鼓励和支持师生开展社会调研。华中科技大学要求所有学生本科期间必须完成2个学分的思政课课外实践，做到思政课“课内课外结合、理论实践结合，四年不断线”；将社会调查实践作为思政课必修部分已经成为湖北高校“标配”，多地高校打造“三下乡”社会实践平台，搭建研究生志愿者支教平台，建设公益爱心组织平台。

高校建立长效激励机制促进实践育人工作。一是完善投入保障机制，促进区域合作。广东积极贯彻落实中央的决策部署，推动中山大学、华南理工大学、华南师范大学和暨南大学等高校成立马克思主义学院，多所高校的马克思主义学院自发成立广东省马克思主义学院协同创新联盟，加强对马克思主义的教育、宣传和研究。二是完善校企共建机制，促进实践合作。很多高校坚持将立德树人实践育人工作同国家重大战略需求、地方经济社会发展相结合，不断开辟实践育人新渠道。如武汉大学主动拓展校地合作，研究生挂职锻炼规模化。三是树立德育榜样，促进实践育人。高校树立榜样，设置专门奖项鼓励立德树人工作的展开。如北航设立北航人才培养最高荣誉——“立德树人奖”，包括“立德树人成就奖”“立德树人卓越奖”和“立德树人优秀奖”；山东大学设立思想政治理论课教学奖励基金，鼓励教师大力开展教学改革；也有高校重视传承英雄事迹，汇聚榜样力量。华中科技大学坚持将立德树人贯穿育人全过程，开设“胡吉伟班”，积极引导在校大学生坚定理想信念。

3. 在互联网背景下立德树人

运用“互联网+”打造立德树人绿色环境。在党的十九大报告中习近平提到，应该加强互联网内容建设，建立网络综合治理体系，营造清朗的网络空间，高校在营造健康网络空间方面具有义不容辞的责任。华南师范大学以“华南师大紫荆青年”微信平台为核心，自主搭建覆盖全校学生的党团学微平台矩阵，培育健康向上的网络舆论生态。

运用“互联网+”搭建思想道德教育新平台。充分利用“互联网+”的新机遇，让高校思想政治工作与时俱进；清华大学本科生的四门思想政治理论课全部登上慕课平台；冯务中“毛泽东思想和中国特色社会主义理论体系概论”的慕课登陆国际知名慕课平台 edX 以来，吸引了来自 130 多个国家和地区的 5000 多人选课；上海外国语大学围绕落实立德树人根本任务，统筹规划 21 个语种外文门户网站建设，运用“互联网+思想政治教育”“讲好中国故事+思想政治教育”新思维，打造网络育人、实践育人、课程育人、学术育人融合一体的新平台，弘扬网络正能量和主旋律。

运用“互联网+”构建师生扁平化交流平台。武汉大学把思政课搬到网上，建立讨论区，学生抛出问题，老师24小时内作答；清华大学冯务中利用学堂在线和清华大学联合开发的智慧教学软件“雨课堂”，将同学们在微信上的答题和评论一一投射在大屏幕上，并通过“雨课堂”的答题功能和弹幕功能，在现场对同学进行测试和学习成效调查。推动思想政治工作传统优势同信息技术高度融合，能够进一步增强时代感和吸引力。

4. 全方位加强各类教师队伍的建设

一是努力提升理论水平。教学改革的效果最终取决于教师队伍的质量。复旦大学依托马克思主义理论学科建设，积极引导思政课教师深入研究各种社会思潮和人民大众普遍关注的现实问题，不断提升自我理论水平并应用于教学实践，使教学改革与学科建设相互促进，形成良性循环。目前已形成“当代中国马克思主义研究报告”（双年度）和“马克思主义理论学科建设研究”等重要成果。

二是积极建设教学梯队。天津大学马克思主义学院与学工部合作，在“毛泽东思想和中国特色社会主义理论体系概论”课程中开展“授课小组制”的探索；复旦大学由学科带头人负责指导青年教师，发挥传帮带作用，形成老中青结合、梯队结构合理的教学团队，为“毛泽东思想和中国特色社会主义理论体系概论”课程教学改革可持续发展提供坚实支撑。

三是加强德育施教，培育核心价值观。华东师范大学成立人生发展导师工作制，聘请优秀导师组成团队，每周固定时间为学生提供专业发展、能力提升、教师素养、生涯规划等方面的指导，全方位支持学生的个性化发展，推动师生成长共同体建设；华中师范大学还推出了“校领导午餐会”，以拉近教员与学员的距离。

四是加强师德师风建设。以南开大学为例，近年来出台了加强和改进师德建设的意见，明确把思想政治素质和道德修养作为教师资格认定、聘用、培训的重要内容，把师德表现作为教师绩效考核、职称评聘和评优奖励的首要依据，实行一票否决。

（二）实施效果

高校学生思想政治状况滚动调查显示，高校学生思想政治状况持续向好，广大学生衷心拥护以习近平同志为核心的党中央，高度认同党中央治国理政新理念新思想新战略，对实现中国梦的信心不断增强。

1. 高校深入推进社会主义核心价值观教育

中共中央办公厅印发了《关于培育和践行社会主义核心价值观的意见》，推动社会主义核心价值观教育全方位贯穿、深层次融入人才培养全过程。高校多种形式广泛开展爱国主义和革命传统教育活动，教育部印发《完善中华优秀传统文化教育指导纲要》，推动中华优秀传统文化教育有机融入课程和教材体系，引导学生爱党、爱国、爱社会主义。

2. 高校进一步坚持立德树人，强化班子建设，加强高校党建工作

坚持和完善党委领导下的校长负责制，不断改革和完善高校体制机制；中央党校首次对全国所有公办普通高校的党委书记和校长进行了集中轮训，牢牢把握高校意识形态工作领导权主导权。扎实开展党的群众路线教育实践活动、“三严三实”专题教育和“两学一做”学习教育。加强高校基层党组织建设，不断增强战斗堡垒作用。深入推进高校党风廉政建设和反腐败工作，查处了一批高校招生、科研、基建等领域案件，坚持党要管党从严治党，深入推进高校党风廉政建设和反腐败工作，努力开创高校党建工作新局面。高校强化思想引领，牢牢把握高校意识形态工作领导权。

3. 高校扎实推进中国特色社会主义理论体系进教材进课堂进头脑

首批全国重点马克思主义学院建设正在全面推进。一方面，高校逐渐建设起充分反映马克思主义中国化最新成果的教材和教学体系。在党中央坚强领导下，各部门和各地各高校认真实施新课程方案，深入推进中国特色社会主义理论体系进教材进课堂进学生头脑；统一编写使用本专科 4 本教材和研究生 5 门课程教学大纲，加快马克思主义理论研究和建设工程重点教材编写出版，累计发行近 2 亿册，基本覆盖哲学社会科学主要学科专业领域。另一方面，高校进一步深化课程教学改革，高校打造了马克思主义理论教育重镇和马克思主义理论研究平台。马克思主义学院建设正在启动，加强马克思主义理论一级学科及所属 6 个二级学科建设。建设了一批马克思主义、中国特色社会主义理论体系研究基地，推出了一大批优秀成果；课堂秩序和教学效果明显改善，大学生学习兴趣和满意程度得到提升，思想政治理论课建设的良好局面已经形成，为加强和改进大学生思想政治教育，维护高校改革发展稳定大局做出了重要贡献。

4. 高校正在努力打造一支党和人民满意的教师队伍

注重队伍建设，打造马克思主义理论人才高地。把人才培养作为重要任务，对人才给予倾斜和重点支持，不断提高思想政治理论课教师和马克思主义理论学科专门人才的理论水平、业务能力，初步构建三级教师培训体系，不断扩大队伍规模，进一步优化结构，以加强和改进大学生思想政治教育，维护高校改革发展稳定大局。

（三）现存问题

1. 高校还需进一步加强立德树人的意识

十八届中央第十二轮巡视对北京大学、清华大学等29所中管高校党委开展专项巡视，从中纪委公布的14所学校巡视反馈来看，四个意识普遍不强，立德树人意识不够。师生的道德水准不仅表现在掌握道德知识的多少，更表现在能否将这些道德要求落实到实践中去的自觉性。高校需要进一步强化贯彻落实办学理念过程中的政治导向，加强师德师风建设，加强对新进教师的政治理论学习教育，增加思想政治素养模块的培训内容，将师德师风作为培训第一课，同时把师德师风作为课堂准入的首要考核指标。而从世界范围内来看，各种思想文化交流交融交锋更加频繁，如何发挥正能量，增强对重大理论和现实问题的阐释力，在多元中确立主导，给思想政治理论课提出了新的挑战。

2. 高校立德树人评价机制尚不健全，评价机制上重量轻质

思想政治理论课在高校考核评价体系中的地位和作用不够突出。高校虽然在人才培养目标定位上强调“立德树人”就是要培养德智体美全面发展的社会主义建设者和接班人，但是，由于在德育方面评价标准不健全，高校还无法对师生的品德做出准确评价。就是我们的德育评价机制重量轻质，没有形成从知到行的综合评价，高校应该建立健全教育评价制度，立德树人应该有标准健全、目标分层、多级评价、多元参与的评估体系。

3. 高校开展立德树人工作的投入还有待加强

思想政治理论课建设体系尚未完全形成，教师队伍整体素质亟待提升，创新思维的缺乏等因素很大程度上制约了思想政治理论课程的发展突破。国内多数高校，德育课程不系统、德育实践场所匮乏、缺乏专业的德育教材、考核机制缺乏针对性和有效性是非常普遍的。从理论建设层面来看，大学生思想政治教育工作的理论研究机制也应成为高校人才培养和思想政治教育工作的重要议题，可以通过课题立项的形式开展校本研究；从实践需求层面来看，大学生思想政治教育工作的课程建设、实践活动、硬件设施条件等都需要充足的物质保障。

4. 亟须打造高素质的思想政治教育工作团队

对于教师来说，立德树人工作的展开需要培养一支思想政治理论课的“金牌”教师团队，虽然目前很多高校都致力于打造高水平教师团队，但仍处于试验阶段，典型经验需予以进一步的梳理和推广。

对于学生来说，高校学生思想政治状况是积极、健康、向上的，然而部分学生仍不同程度地存在着理想信念模糊、集体观念淡薄、学术道德失范、知行

不够统一等问题。加强和改进研究生思想政治教育，是当前全面推进大学生思想政治教育工作中一项十分紧迫的任务。

五、北京师范大学教育学部落实立德树人的实践探索

（一）教育学部基本情况

教育学部成立于2009年，通过整合学校原有教育相关学科单位及优势资源，成为融教学、科研与社会服务于一体的北京师范大学二级单位。现有教学科研人员216人，其中教授占37%，副教授占35%；有全日制学生2317人，其中本科生530人，学术型硕士研究生664人，全日制专业硕士148人，博士研究生304人，各类留学生85人。此外，还有暑期教育硕士566人、伊拉斯谟项目学生20人。教育学部还是全国校长和教师培训的重要基地，教育学部培训学院、校长培训学院等每年都会积极开展教育行政干部、示范性校长、港澳台校长、培训者的培训和骨干教师培训。

教育部于2011年启动试点学院改革项目，北师大教育学部成为17所首批试点学院实施单位之一。北师大开展试点改革的宗旨是紧紧围绕教育领域拔尖创新人才培养这一核心目标，突破制约拔尖创新人才培养的关键瓶颈，充分调动实施院系和广大师生的积极性，为每名教师和学生提供更好的发展平台，最终以试点学院改革为支点，撬动整个学校办学体制、管理体制的深刻变革。这对教育学部的人才培养目标、课程教材、教学教法等都提出了更高的要求，同时也面临更多的挑战，其改革方案和模式一定要具有可操作、可持续，可复制、可推广、可示范的特性。

2012年11月8日，党的十八大报告明确把立德树人作为教育的根本任务，教育学部以此为核心实施多项改革措施，将社会主义核心价值观教育、立德树人贯穿学部育人全过程，不断增强思政教育工作的针对性和实效性，探索特色路径，创新工作机制，发挥思想政治工作重要价值，培养拔尖创新人才。

（二）教育学部落实立德树人根本任务的实施路径

教育学部的培养目标是教育领域拔尖创新人才，结合世界一流教育学科建设及国家发展需求，教育学部针对本、硕、博制定不同培养目标及培养方案，对人才素质、知识体系等培养做出具体规划，将培养管理、课程内容、教育实践、学生能力等紧密结合，以个性化、多互动的方式将立德树人贯穿学生培养过程，形成教育合力和良性循环。

1. 完善课程体系，发挥协同育人功能

在课程设置上，教育学部努力将中央精神和学校思政工作实际结合起来，

形成课程建设的创新思路，致力于增强课程的吸引力、说服力、感染力，提升学生的获得感。

一是在通识课教育方面，全方面课程保障人才培养质量，完成立德树人根本任务。从课程设置方面来看，教育学部采取“3 +5 分段培养模式”（即前3学期与后5 学期分段培养）。学生主要学习专业基础课程及相关通识基础课程两大类。专业课模块，除了专业基础和学位课程外，还开设多门专业选修课程，包括专业名著导读、学位论文写作规范等增强学生学术视野和学术道德的课程；通识教育模块，学生可以在学校开设的“家国情怀与价值理想”“经典研读与文化传承”“国际视野与文明对话”等六大通识教育模块中的近800门课程中选择课程，同时教育学部非常注重培养学生的国际视野，在硕博阶段开设了大量的英文课程。从课程内容上看，教育学部课程注重对学生进行包括思想政治课程在内的哲学社会科学知识教育，从道德教育、智力发展、身心健康、审美素养和健康生活方式等多维度构建多元育人通识课程体系。

二是在专业课程建设方面，教育学部立足于培养具有扎实学术基础、丰富实践能力、赤诚教育之爱、宽阔国际视野和不竭创新精神的各类教育人才。学部在落实立德树人根本任务方面，具有重要的学科优势、资源优势和专家优势。教育学部努力挖掘各类课程在陶冶情操、激励成才、塑造精神、探索真理方面的作用。学部自身丰富的课程使学生能够对教育理论有全面的了解，有助于加强学生的理论修养和人文修养，课程呈现了从一级学科到二级学科以及一般化到专门化的变化趋势。学部在专业课程中引进了专业前置课程，允许学生在教育学部之外院系中选修，即可以到教育学部外的其他学院的课程体系中任选自己感兴趣的课程，涵盖了人文学科、社会科学和自然科学的各个领域的知识，体现了“本研衔接，主辅修统筹”的特点，构建学术支撑体系，打造具有广泛知识体系、扎实专业知识和学术视野的社会主义教育事业的建设者。

2. 多元培养方式促进立德树人

课内外协同互动才能更好地实现立德树人的目标，教育学部在课外广泛探索多渠道的树人路径。

第一，实施本科导师制促进学生全面发展。

2013 年，北京师范大学制定了《北京师范大学本科新生导师制实施意见（试行）》，教育学部围绕文件精神实施本科新生导师制。学部认真对导师任职资格进行筛选，聘请能够恪守职业道德、责任心强、师德高尚、具有较高学术造诣的学部教师担任本科生导师。师生按照双向选择原则，学生和导师依据自身意愿、兴趣进行双向选择。

导师会在学期初、学期中、学期末对学生进行指导，在学业发展、学习态度、职业规划、人生态度和价值观等方面，帮助学生端正学习态度，注重学生身心健康和专业素质发展。学部很多本科生能够参与到导师的读书会、课题当中，在专业素质及道德品质等方面接受到更为个性化的指导，在导师的引导下，实现自我教育、自我塑造、自我完善。

第二，建立学而书院辅助教学体系育人。

2014 年 5 月 4 日，教育学部成立学而书院，书院以建设“师生共享的思想空间、学生自我管理与发展的平台、文化育人的住宿环境”为目标，促进学生和教师广泛、自由、平等地交流。学而学院通过开展博士生论坛、教育名家沙龙、硕士生论坛、桌边漫谈等研讨促进学生和教师之间的专业学习指导，例如桌边漫谈，10—13 人，活动在中午举行，书院为师生提供午饭，围绕学生关心的学术问题进行聚焦座谈。书院每周固定开展学业辅导室和生活辅导室，学业辅导室每周请一位专业课教师针对学生的学业问题进行一对一指导，生活辅导室每周请一位学部教师对学生的学习、情感、职业规划和论文写作等开设个体咨询。

书院注重学生的自我管理、自我教育、自我服务的意识，为学部学生提供广阔的平台和充足的资金，开展学生创新创意项目招标活动，鼓励学生围绕学习、创客空间建设、职业生涯规划、教育领导力提升、文化宣传等五个方面申报项目，促进学生在理论与实践结合、创新创业、职业发展、学部文化参与等方面有所发展。

第三，加强平台建设以优化社会实践活动。

教育学部积极鼓励学生参与社会实践。一是强化机制和平台建设。教育学部成立社会实践专项工作组，通过宣讲动员、项目申报、材料审核、公开答辩等遴选立项团队，编写实践项目评估指导方案，开设必修和选修相结合的实践培训课程，统筹推进实践育人各项工作。完善校院上下联动机制、部门横向联动机制和实践评价机制，建设社会实践一站式网络管理平台，推进实践基地、梦想导师、辅导员实践创新工作室等实践平台建设，提升社会实践工作水平。二是强化内容和渠道建设，丰富内涵形式。学部为学生提供“三助”岗位，让学生在工作中锻炼自我，同时在职业道德、人际交往方面获得较大提升。此外，还积极为学生提供各类实习信息，包括教育部、北京市等组织的学生实习岗位等，为学生全面发展和职业体验提供机会。教育学部承担了国际比较教育年会、基础教育年会等大型会议，为学生提供了志愿服务机会。教育学部与美国、加拿大、意大利、英国等多个境外地区达成合作协议，每年寒暑假组织学部学生参与境外交流或境外实习活动，在交流活动中要求学生对祖国文化及北师大、教育学部进行宣传，以增进学生爱国、爱校情怀。三是强化品牌和特色建设，增强育人实效。突出教师教育底色，教育学部每年组建十几支暑期支教团队，对农村留守儿童、城乡流动儿童等群体开展艺术体育、乡土文化、素质拓展、心理健康等内容的支教活动，引导学生在支教实践中不断充实自己、提高自己、丰富自己。围绕思想政治工作主线开展暑期实践，例如“重走长征路”“一带一路”教育行动，实地访谈，走访贵州、江西等地，让学生更加了解祖国一线教育现状，提高学生的创新能力和实践能力，增强学生的社会责任感，培养学生勇于担当、心系家国的爱国情怀。

第四，加强党建并积极发挥党员的模范带头作用。

教育学部作为北京师范大学二级党校，在加强教师与学生理论学习方面做了许多工作。各支部积极学习党的先进理论，定期组织理论学习，通过讲座促进学生对党的历史、党章的了解，提升党员质量，组织各类实地考察活动，增强学生对中国特色社会主义理论的了解，提高党员的党性修养，使他们在日常生活中更有模范作用。开展微党课大赛等，促进学生将理论学习与自己的专业相结合。党团支部要定期举办民主评议会、党建、团建活动，提高党员爱国意识、奉献意识和服务群众的意识。

第五，充分发挥网络阵地的教育作用。

教育学部拥有学部网站和英东洞等官方微信，通过这两大渠道，将学部学习与生活信息及时传播给每一位学生。学部每个年级也拥有自己的QQ群、微信群等交流平台，师生在网络中共享优势资源，打造学部健康的网络生活空间，构建健康的网络舆论生态。通过专业课程群，师生以平等对话的方式，打破课上课下沟通屏障，也能够帮助教师更好地引导学生思想的健康发展。

3. 加强师资队伍建设推动立德树人

学部通过师资队伍建设，提高师德，力争让每一位教师都达到“四有好老师”的目标，从而通过提升师德实现课内课外全方位立德树人。

一是努力提升教师理论水平。教育学部以教师职业发展为核心，开展教师专业培训研修、支持教师教改教研、完善教学资源平台建设，助力造就党和人民满意的高素质专业化创新型教师队伍。学部定期组织教师参与教师发展中心的相关培训，该中心面向全校教师定期开展各类教育教学方法的培训，如“组织有效的课堂讨论”“‘案例式教学’研讨会”“视频资源在教学中的应用与制作”等，帮助教师进一步提升理论水平。

二是积极建设学部教学梯队。北师大思政教育实践在先，学校思政课打造“立体课堂”，教师由马克思主义学院、哲学学院、社会学院、历史学院等多学科教师和校外专家共同组成；北师大教育学部也一直在致力于相关探索：教育学部的研究生课程积极采用教学团队授课制度，包括“教育的哲学与社会学基础”和“区域教育研究”在内的课程坚持通识教学与专业教学相结合，课内教育与辅学教育相结合。教学梯队的年龄结构合理、师资力量雄厚，由学部相关课程教师中坚力量为核心、辅之以中青年学者为骨干。

三是加强德育施教，培育核心价值观。在学部培养方案中，一方面强调学业指导的重要性，教育学部设置“2 段式”导师制，新生导师与专业导师全员全程导学，加强学生学业规划和指导。另一方面，教育学部学而书院的学业辅导室，在全方位对学生指导的过程中，也推动了师生成长共同体的建设，从而使得师生之间有了“朋辈”的联系，促进教师在德育过程中实现自我道德发展。

四是加强师德师风建设。教育学部按照《北京师范大学师德师风教育实施办法（试行)》要求，发挥学部的学科优势，一方面，遵循教师思想政治工作和师德师风建设规律，建立分类、系统性的教师教育培训体系，坚持让教育者先受教育，努力建设“四有”好老师队伍，做到坚持对新入职教师、教学科研系列教师、行政管理系列教师等开展分类培训，把教师思政工作贯穿教育教学全过程。另一方面，进一步深入研究制定教师思政工作和师德师风建设的制度规范，建设良好的学部师德师风文化，创造良好的人文环境，建立激励与惩处相结合的机制，引导广大教师要坚守底线，更要追求卓越。

（三）教育学部落实立德树人工作机制分析

教育学部通过完善课程体系、拓展多元课外育人方式和加强师资队伍建设三个主要途径落实立德树人根本任务，其工作机制主要有以下四个方面。

1. 坚持问题导向

教育学部要培养的是教育领域的拔尖创新人才，当前培养的人才和拔尖创新人才之间的差距就改善立德树人机制的重要导向和问题所在。首先要有一流的教师队伍，加强教师队伍建设是落实立德树人任务的基础；其次要改善培养方式，为了避免课程内容单一、滞后，调动多方课程资源为学生服务，促进学生内在专业兴趣，拓展学生知识体系；最后是原有人才培养机制相对封闭，教师在学生培养上的时间和精力不足，通过挖掘课外时间，提供机会和场所促进师生交流，改变以往重科研轻人才培养的状况。

2. 坚持学做结合

立德树人教育除了传统的思想政治课程外，还要积极拓展理论培养形式，完善课程体系，增加学生理论学习机会。教育学部通过课程体系建设，打破学科界限，为学生提供了更加丰富的课程范围，并且在系列专业及党课讲座中，增强学生的思想道德水平和知识水平。同时以实践为导向，通过各类实践活动增加学生践行社会主义核心价值观的机会，通过项目招标等方式进行创新创业教育，提高党团组织及学生社团活力，为学生提供实践条件和保障。

3. 坚持协调联动

教育学部的试点改革和立德树人培养改革涉及财经处、研究生院、教务处、兄弟院系等众多部门，涉及人才培养、教师考核评价、人财物投入、学院内部治理结构改革等诸多要素与环节，通过学校各方支持和学部内部各单位的配合，整合各项人财物资源，明确界定各项活动中的权力义务，动员可用资源，将课内外多方因素与资源进行融合，开放合作，全员参与，以推进立德树人工作顺利开展，形成良好的教育生态。

4. 注重激发动力

教育学部立德树人工作重要的机制在于鼓励创新，给予师生充分的自主权。学部通过顶层设计，设定好立德树人工作的管理制度、规范与标准，师生享有充分的自主权，可以通过调动资源，例如学而书院的各类指导室，创新多种立德树人教育模式。另外，学部注重学生的创新和创造能力，在各项活动中，通过良性竞争引导学生参与，鼓励有能力的学生投入其中，促进学生的自我教育和互相学习，在潜移默化中实现立德树人。

六、高校落实立德树人根本任务的经验及启示

（一）拓展立德树人实施途径

一要注重完善课程建设。首先，要建立完善的思想理论课体系，构建完善的德育课程体系，开发校本教材，强化优秀传统文化内容，推进中华优秀传统文化教育；其次，要建设更为丰富的专业课程体系，拓展学生学术水平和能力，加强专业道德教育和学术伦理教育；再次，要充分发挥课堂教学主渠道作用，全面深化课程改革，把党的教育方针和社会主义核心价值观细化为学生核心素养体系和学业质量标准；最后，要推进教学方法改革创新，引导高校各学科教师在传授知识和培养能力的同时，将积极的情感和正确的价值观自然融入教学全过程。

二要增加创新意识。高校要在顶层设计时创新，把培育和践行社会主义核心价值观作为推进教育治理和校园管理的重要内容，实现治理效能与道德提升相互促进的正向效应。要不断深化创新立德树人工作实现途径，把高校的科学发展同价值观的导向有机统一起来，借鉴国内外先进做法，遵循教育规律，办出特色的立德树人方式。同时，要充分发挥师生的能动性，给予师生充分的自主权，促进他们在弘扬社会主义核心价值观的体制方式上实现创新。

（二）加强立德树人的资源保障

立德树人作为高校的根本任务，需要人力、财力、物力多方面的资源保障。一要着力建设高水平的师资队伍。教师承担着最庄严、最神圣的使命，高校要着力引导广大教师和干部带头践行社会主义核心价值观。加强专业教师队伍建设和辅导员队伍建设，要将社会主义核心价值观纳入教师教育课程体系，融入教师职前培养和准入、职后培训和管理的全过程。加强高校干部队伍建设，抓党风促政风带校风，充分发挥党员干部特别是领导干部在培育和践行社会主义核心价值观中的引领带动作用。二要统筹高校经费、空间资源，适当下放权力。高校要建立学校层面跨部门联合研究和工作机制，定期对立德树人工作进行联合研讨，将学校的各项人财物资源、政策制度在学校层面协调一致后，整体下达给各学院实施单位执行。要保证各学院的经费充足，高校或院系要建立专项经费统筹使用，高校为立德树人工作提供完善的平台、教学和空间保障，同时注意提高使用效益。调动各方资源进行德育和树人工作，高校内外优势资源共享。

（三）德树人评价机制

当前对高校立德树人工作的考核机制缺乏针对性和有效性。首先，高校要进行管理体制机制改革，切实将立德树人作为高校工作的根本，制定相关文件，建立立德树人工作小组，引进多方力量支持高校立德树人工作，形成社会支持和监督的长效机制；其次，明确高校培养目标，将学生专业特色及立德树人目标有机结合，有的放矢；再次，完善学生培养方案及评价标准，健全德育评价体系，探索品德评价的新途径，构建从知到行的综合评价方式，建立标准健全、目标分层、多级评价、多元参与的评估体系；最后，要回归以人为本，高校立德树人是为了培养德智体美全面发展的社会主义建设者和接班人，立德树人工作的成果具有延迟性特点，因此要在立德树人工作中坚持以人为本，针对问题学生要有耐心、有爱心，建立长效的评价机制或者追踪机制。鼓励社会力量参与高校立德树人工作，形成社会、高校、家庭联动机制。

参考文献：

［1］王斯敏．“让思政理论课始终冒着热气”［N］．光明日报，2016－12－15（016）．

［2］彭德倩．听院士公选课，寻找科学表达的“幽默”［N］．解放日报，2017－03－08（005）．

［3］罗阳佳，薛婷彦．顾晓英、顾骏：在通识课中奏响中国最强音［J］．上海教育，2017（3）：48－51．

［4］安俊达．“微形式”中的高校思政教育［D］．长春：吉林大学，2015.

［5］高校社会主义核心价值观教育的有效路径 对话上海师范大学党委书记陆建非［J］．上海教育，2013（36）：53.

［6］冯秀军．聚焦问题深耕教材，着眼需求读懂学生：以主题教学模式推进思想政治理论课综合改革与创新［J］．北京教育（德育），2016（1）：52.

［7］用“心”铸就思想政治理论课教师的“为师之道”：记东北师范大学马克思主义学院郭凤志教授［J］．思想理论教育导刊，2014（7）：27－29.

［8］王琎．郭凤志：思政课改革“探路人”［N］．光明日报，2014－06－16（11）.

［9］戴兆国，王玉侠，牛菲．高校思想政治理论课分类教学模式探析：以安徽师范大学思想政治理论课改革为例［J］．思想理论教育导刊，2014（11）：66－69.

［10］潘晨聪．复旦大学：思治教改是个系统工程［J］．上海教育，2017（3）：34－35.

［11］杜沂蒙．清华大学2017年学生社会实践年会展示累累收获［N］．中国青年报，2017－11－15（007）.

［12］吴少敏．全面加强广东高校党建和思想政治工作［N］．南方日报，2016－05－27（A02）.

［13］姚晓丹．北航100万元奖立德树人名师［N］．光明日报，2017－10－31（006）.

［14］夏静．一个英雄与一个班的名称［N］．光明日报，2017－09－02（007）.

［15］高校思想政治理论课教学质量年调研活动剪影［J］．思想理论教育导刊，2017（9）：2.

［16］樊丽萍．让外语专业学生更懂讲好中国故事［N］．文汇报，2016－12－12（001）.

［17］肖安宝，谢俭，龚付强．雨课堂在高校思政课翻转教学中的运用［J］．现代教育技术，2017，27（5）：46－52.

［18］党波涛．构建师生交流新机制［N］．中国教育报，2013－04－29（005）.

［19］北京师范大学教育学部简介［EB/OL］．2018－03－20.

［20］精心做好顶层设计，务求试点学院改革实效［EB/OL］．2013－04－08.

［21］黄凌梅．北京师范大学“学而书院”运行现状研究［J］．教育．

2015 (17): 246 – 247.

[22] 北京师范大学深化实践育人 [EB/OL]. 2017 – 12 – 19.

[23] 毛帽. 北师思政课在案例教学中焕发生机 [N]. 中国教育报, 2009 – 03 – 30 (006).

全媒体时代高校突发舆情预判与应对研究

——以北京师范大学为例*

秦华俊

加强舆论引导既是弘扬社会主义核心价值体系、主动掌握舆论主导权的要求，更是对现实社会中突发事件与网络舆情相互影响造成恶劣后果的积极应对。高等学校承担着为社会主义事业培养接班人的责任，大学生是国家未来的建设者，如何在高校突发事件常态化、网络化和多元化的全媒体舆情形势中，采取积极有效的应对措施，对于大学生的教育和引导，有着至关重要的作用。

高校突发公共事件舆情应对是个很大的研究课题，课题组2017年6月得到学校党委宣传部立项支持与经费资助，以北京师范大学应对突发公共事件舆情措施为研究对象，为高校舆情引导机制的建立提供参考，对舆情的发生提供了一些预判依据，"事预则立，不预则废"，在学校应对突发事件舆情的实践工作中，为决策层提供了一些参考，为推动相关管理体制机制的不断完善、进一步改进和发展学校突发公共事件舆情应对管理工作做出了贡献，具有一定的现实意义。

一、课题概况

（一）选题背景

突发公共事件是影响高校安全稳定的重要因素之一，在当今各种自媒体竞相发声的环境下，冠以"大学生""女大学生"的新闻报道层出不穷，作为备受社会关注的高校，与社会之间早已不再有围墙间隔，每一位高校学子都是家长们关注的重点，一个家庭多个家庭，乃至全国的家长们无时无刻不在关注高

---

* 作者秦华俊，北京师范大学党委/校长办公室。

校的动态。网络技术快速发展的今天，不管是国内的社会新闻还是国际的时事热点，都能快速吸引大学生们的注意力，引发相应的讨论甚至风潮。

纵观历史的发展潮流，社会的进步、转型乃至动荡，很多是在高校中首先显露端倪，例如中国的五四运动、法国的“五月风暴”等，都是发源于高校，不断扩大影响，最终导致社会动荡和变革。这些活动，有的具有积极意义，推动了社会进步；有的则产生了负面影响，引发了社会动荡。可见，高校的安全稳定实际上关乎社会的安定局面，而突发公共事件目前已经是影响高校安全稳定的重要因素了。

高校突发公共事件的发生频率逐年升高，铺天盖地的媒体报道可能瞬间占据舆论阵地，这就凸显出研究高校面对突发公共事件舆情采取应急应对措施的紧迫性，高校内部的各种管理，面对教育体制的改革，都需要做出积极的调整，否则就容易引发矛盾或者激化矛盾，导致突发公共事件的发生。

加强对高校突发公共事件舆情应对的研究，将“不良事件”发现并处理在苗头阶段，避免“造谣一张嘴、辟谣跑断腿”的事后被动处理局面，事关高校稳定大局，对于保持良好的校园氛围，维护高校安全稳定，乃至保证我国高等教育事业健康发展，都有着十分重要的现实意义。

国内关于高校公共突发事件舆情应对的研究，主要体现在舆情的传播平台、形成、演化模式和规律等方面，例如张合斌、王中正等对高校论坛、高校百度贴吧、手机等舆情传播平台做了研究，认为高校突发事件网络舆情具有自由性、即时性、群体性、宣泄性等特征，将舆情发展分为“孕育、扩散、变换和衰减”四个阶段。刘燕、刘颖等认为高校网络舆情分为发泄型、交流型、意见型、求助型、求决型等，不同类型的舆情演变规律和应对措施都不一样。魏金明、陈少平、陈永福等立足于高校舆情的引导，构建了高校网络舆情引导和处置机制。李伟东等从高校的管理入手，提出高校在网络时代管理理念、管理能力、管理方法和机制的改革。

国外对于舆情、舆论和民意的研究起步较早，但主要集中于危机管理，如美国、日本、英国都出台相应危机处理指南，形成了包括预警、保障和公民危机意识教育等在内的危机机制，在高校网络舆情和舆论管理方面，侧重于高校的危机管理，注重量化研究和实证分析，鲜有实时应对措施研究。

可见对高校突发公共事件的舆情发生和应对研究呈现学术化趋势，专业化和多学科交叉也日趋明显。但对于高校舆情舆论的应对与管理仍然较为敏感和薄弱，主要表现为研究理论薄弱，研究方法也比较单一，所以课题组以北京师范大学突发公共事件舆情应对为研究对象，有较为现实的研究价值。

（二）研究内容

1. 研究内容

本课题研究的基本内容包括：第一，以北京师范大学舆情个案为例，从舆情的形成入手，研究分析舆论传播过程、学生群体关注点、舆情的发展或者转向等；第二，对校园舆情的形成、传播、发展等过程进行跟踪分析，研究应对措施，形成舆情报告即时处理，包括协调相关部门或报学校领导，引导形成快速反应机制；第三，从宏观视角调查研究国家及教育主管部门关于高校突发公共事件舆情的应对政策，同时从微观视角分析我校当前应对突发公共事件舆情的措施。

2. 核心问题

国内高校的突发公共事件近年发生的频率明显升高，很容易造成一定程度的社会影响，主要包括公共卫生类突发事件、事故灾难类突发事件、考试安全类突发事件、招生就业师德学风等。高校突发公共事件的舆情形成过程时间短、爆发性强，在极短的时间内做出分析、判断以及采取应对措施是工作难点。此外，对于有迹可循的突发公共事件，在日常的舆情监控过程中，提前做出预判也是本研究的核心问题，需要积累大量的资料，综合分析，做出预判，采取应对措施。

3. 研究特色

本研究以北京师范大学突发公共事件舆情应对措施研究为例，基于对北京师范大学 2017 年至今突发公共事件舆情收集、处置和结果的分析，为学校收集舆情、处理突发事件舆情提供了合理的应对措施和依据，同时，也可以为国内其他高校提供参考。

4. 研究思路

从学校突发事件舆情收集入手，分析事件引发的舆情类型、传播速度、发展趋势等特征，为学校完善应急管理机制提供参考，提出了学校在面对突发公共事件舆情应该加强和改进的建议。

（三）工作进度

本研究立足于北京师范大学实际情况，在国家法律、体制框架下，对高校突发公共事件舆情的应对措施进行了积极探索，具体工作进度如下。

2017 年 6 月：在前期工作基础之上，积极申报学校党委宣传部 2017 年度宣传思想工作专项课题，并得到立项资助。

2017 年 6 月—10 月：搜集北京师范大学历年突发公共事件舆情及应对措施，总结分析舆情类型、传播途径、发展趋势以及最终（处理）结果。

2017 年 10 月—12 月：查阅国内外高校应对突发公共事件舆情的措施，总结可借鉴的经验。

2017 年 12 月—2018 年 1 月：着手撰写研究报告。

2018 年 1 月—2018 年 3 月：完善、充实研究报告。

2017 年 6 月—2018 年 5 月：搜集学校突发事件舆情，研究采取的应对措施并报学校。

2018 年 6 月：提交项目结题报告，申请项目结题，并把研究报告提交学校分管舆情工作领导做决策参考。

二、研究成果

本研究自 2017 年 6 月正式立项以来，除 1 名项目组成员离职外，项目组其他成员按照课题申报的工作方案积极开展各项研究工作，取得如下研究成果：

（1）搜集整理了教育主管部门对于高校突发公共事件舆情应对的指导政策文献资料。

（2）截止 2018 年 3 月，搜集整理校内突发舆情报告 42 期并报送至学校领导，撰写的舆情分析及应对材料获得学校主要领导批示 7 件次，撰写《研究报告》1 份；

（3）将搜集的突发舆情（77 次）第一时间发与校内相关部门，为相关单位及时处理“苗头事件”提供了信息。

（4）促进校内部分二级单位设立突发事件信息员，在突发性舆情发生时，及时消化处理我们搜集到的信息。

（5）借助学校督察督办管理平台，设计搭建学校舆情报送信息化系统，已完成框架和流程设计。

三、自我评价

本研究对我校突发公共事件舆情应对措施以及管理有一定的参考意义，可以引起学校各级管理者对加强对突发公共事件舆情应对管理工作的重视，推动相关管理体制机制的不断完善，给学校领导制定舆情应对相关政策提供了部分的理论和实践依据，为进一步改进和发展我校突发公共事件舆情应对管理工作贡献了一定的力量。

四、存在的问题

本课题研究时间较短，尚未形成体系化的理论研究成果，在应用推广方面暂时也无法实现，主要存在的问题有：

1. 舆情信息来源有限，缺乏自媒体监测工具，难以做到快速搜集、精准遴选舆情信息。

2. 舆情预判难题：通过日常信息监控、采集分析，对可能发生的舆情进行预判，一直是专业难题，项目组尝试进行过预判，但对预判效果难以评价。比如，成功搜集到舆情，并会同相关部门将舆情扑灭在“苗头”期间，无法判断这种舆情如果没有得到第一时间的处理，会发展到什么程度，所以难以评价预判的效果。

3. 没有依托垂直主管部门，如教育部、北京市教工委等单位开展政策理论研究。

4. 未对如何降低舆情应对成本进行研究。

参考文献

[1] 中华人民共和国突发事件应对法［EB/OL］. 人民网，2007－08－31.

[2] 中共中央办公厅，国务院办公厅. 关于加强社会治安防控体系建设的意见［EB/OL］. 中国政府网，2015－04－13.

[3] 中共中央办公厅，国务院办公厅. 信访工作责任制实施办法，教育部信访工作责任制实施细则，北京市信访工作责任制实施细则［EB/OL］. 人民网，2017－07－17.

[4] 国务院办公厅. 关于在政务公开工作中进一步做好政务舆情回应的通知［EB/OL］. 中国政府网，2016－07－30.

[5] 张宁熙. 大数据在突发公共事件网络舆情信息工作中的应用［J］. 现代情报，2015，35（6）：38－42.

[6] 黄厚南. 对高校突发公共事件管理的思考［J］. 延边党校学报，2010，25（5）：60－61.

[7] 计卫舸，武宇清. 高校突发公共事件的特征、类型及诱因分析［J］. 河北科技大学学报（社会科学版），2007，7（4）：1－4.

[8] 贾水库，吴振民，何伟. 高校突发公共事件的应急管理［J］. 思想教育研究，2010（3）：86－88.

[9] 李建科. 高校突发公共事件的应急管理研究［D］. 兰州：兰州大学，2011.

[10] 陈萍. 高校突发公共事件微博舆论引导研究［J］. 学校党建与思想教育，2014（492）：60－74.

[11] 彭晰宇. 高校突发公共事件信息公开研究 [D]. 湘潭: 湘潭大学, 2014.

[12] 陈伟珂, 张力英. 高校突发公共事件应急管理能力评价研究 [J]. 中国安全生产科学技术, 2011, 7 (11): 92-96.

[13] 郭文艳. 公共突发事件与高校网络舆情分析及其引导 [D]. 西安: 陕西师范大学, 2015.

[14] 孙楹. 论新媒体视角下的高校突发事件的学生舆情监督 [J]. 改革与开放, 2011 (8): 171-172.

[15] 王平, 谢耘耕. 突发公共事件网络舆情的形成及演变机制研究 [J]. 现代传播 (中国传媒大学学报), 2013 (3): 63-69.

[16] 李纲, 陈璟浩. 突发公共事件网络舆情研究综述 [J]. 图书情报知识, 2014 (2): 111-119.

[17] 陈璟浩. 突发公共事件网络舆情演化研究 [D]. 武汉: 武汉大学, 2014.

[18] 刘媛, 陈玮. 网络视域下高校公共突发事件舆情特点及引导缺陷 [J]. 新闻研究导刊, 2015, 6 (19): 33.

[19] 陈萍, 于晴, 吴超. 新媒体环境下高校突发公共事件舆论应对研究 [J]. 浙江理工大学学报 (社会科学版), 2014, 32 (3): 245-248.